ELOGIOS A CRAFTSMANSHIP LIMPO

"Em *Craftsmanship Limpo*, Uncle Bob faz um excelente trabalho elucidando os objetivos das práticas técnicas ágeis junto com as raízes históricas profundas de como elas surgiram e do porquê sempre serão fundamentais. Nestas páginas, retrata-se vividamente seu envolvimento na história e na criação da metodologia ágil, assim como seu profundo entendimento das práticas e dos objetivos."

— *Tim Ottinger, um velho conhecido*
Agile Coach e autor

"O estilo de escrita de Bob é excelente. O conteúdo é fácil de ler e os conceitos são explicados com tamanho esmero que até mesmo um programador iniciante consegue entender. Bob ainda nos brinda com momentos engraçados que, agradavelmente, nos tiram um pouco do foco. Mas o verdadeiro valor desta obra reside no grito por mudanças, por melhorias... O grito para que os programadores sejam profissionais... A percepção de que o software e os programas são onipresentes. Além disso, acredito que a história de Bob é valiosa. Gosto do fato de ele não perder tempo culpando os outros por estarmos onde estamos agora. Bob faz um apelo à ação para as pessoas, pedindo-lhes que assumam a responsabilidade, melhorando seus padrões e seu nível de profissionalismo, mesmo que, às vezes, isso signifique dar um passo para trás."

— *Heather Kanser*

"Como desenvolvedores de software, temos que solucionar incessantemente problemas importantes para nossos empregadores, clientes, colegas e nossos futuros eus. Embora seja difícil, desenvolver um aplicativo não é o suficiente e não faz de você um craftsman. Desenvolver um aplicativo que funciona é como passar em uma *prova de app-tidão*. Você até pode ter aptidão para ser um craftsman, mas há muitas habilidades para se dominar. Nestas páginas, Bob apresenta de forma clara as técnicas e as responsabilidades que vão além de uma simples prova *ou* teste de aptidão, mostrando o caminho que um software craftsman sério deve percorrer."

— *James Grenning, autor do livro* Test-Driven Development for Embedded C *e coautor do Manifesto Ágil.*

"Bob é um dos poucos desenvolvedores famosos com quem eu gostaria de trabalhar em um projeto de tecnologia. Não porque ele é um bom desenvolvedor, famoso ou um ótimo comunicador, mas sim porque Bob me ajuda a ser um desenvolvedor e um membro de equipe melhor. Ele identificou todas as tendências significativas de desenvolvimento anos à frente dos outros e conseguiu explicar sua importância, o que incentivou minha aprendizagem. Na época em que comecei — além de ser honesto e uma boa pessoa —, a ideia de desenvolvimento craftsmanship e ética simplesmente não existia. Mas, atualmente, é um conceito imprescindível que os desenvolvedores profissionais devem aprender, antes mesmo de aprender a programar. Fico contente por ver Bob mais uma vez abrindo novos caminhos. Mal posso es[perar] para aprender com sua perspectiva e incorporá-la [...]"

— *Daniel Markham, Dire[tor...]*

Craftsmanship Limpo

Série Robert C. Martin

Craftsmanship Limpo

Disciplinas, Padrões e Ética

Robert C. Martin
Referência mundial em desenvolvimento de software e métodos ágeis

ALTA BOOKS
GRUPO EDITORIAL
Rio de Janeiro, 2022

Craftsmanship Limpo

Copyright © 2022 da Starlin Alta Editora e Consultoria Eireli.
ISBN: 978-65-5520-954-9

Translated from original Clean Craftsmanship. Copyright © 2022 Pearson Education, Inc. ISBN 9780136915713. This translation is published and sold by permission of Pearson Education, Inc., the owner of all rights to publish and sell the same. PORTUGUESE language edition published by Starlin Alta Editora e Consultoria Eireli, Copyright © 2022 by Starlin Alta Editora e Consultoria Eireli.

Impresso no Brasil — 1ª Edição, 2022 — Edição revisada conforme o Acordo Ortográfico da Língua Portuguesa de 2009.

Dados Internacionais de Catalogação na Publicação (CIP) de acordo com ISBD

M379c   Martin, Robert C.
         Craftsmanship Limpo: Disciplinas, Padrões e Ética / Robert C. Martin ; traduzido por Cibelle Ravaglia. - Rio de Janeiro : Alta Books, 2022.
         416 p. ; 16cm x 23cm.

         Tradução de: Clean Craftsmanship
         Inclui índice.
         ISBN: 978-65-5520-954-9

         1. Ciência da Computação. 2. Linguagem de programação. I. Ravaglia, Cibelle. II. Título.

                                           CDD 005.133
2022-3212   CDU 004.43

Elaborado por Vagner Rodolfo da Silva - CRB-8/9410

Índice para catálogo sistemático:
1. Ciência da Computação: linguagem de programação 005.133

Todos os direitos estão reservados e protegidos por Lei. Nenhuma parte deste livro, sem autorização prévia por escrito da editora, poderá ser reproduzida ou transmitida. A violação dos Direitos Autorais é crime estabelecido na Lei nº 9.610/98 e com punição de acordo com o artigo 184 do Código Penal.

A editora não se responsabiliza pelo conteúdo da obra, formulada exclusivamente pelo(s) autor(es).

Marcas Registradas: Todos os termos mencionados e reconhecidos como Marca Registrada e/ou Comercial são de responsabilidade de seus proprietários. A editora informa não estar associada a nenhum produto e/ou fornecedor apresentado no livro.

Erratas e arquivos de apoio: No site da editora relatamos, com a devida correção, qualquer erro encontrado em nossos livros, bem como disponibilizamos arquivos de apoio se aplicáveis à obra em questão.

Acesse o site www.altabooks.com.br e procure pelo título do livro desejado para ter acesso às erratas, aos arquivos de apoio e/ou a outros conteúdos aplicáveis à obra.

Suporte Técnico: A obra é comercializada na forma em que está, sem direito a suporte técnico ou orientação pessoal/exclusiva ao leitor.

A editora não se responsabiliza pela manutenção, atualização e idioma dos sites referidos pelos autores nesta obra.

Produção Editorial
Editora Alta Books

Diretor Editorial
Anderson Vieira
anderson.vieira@altabooks.com.br

Editor
José Ruggeri
j.ruggeri@altabooks.com.br

Gerência Comercial
Claudio Lima
claudio@altabooks.com.br

Gerência Marketing
Andréa Guatiello
andrea@altabooks.com.br

Coordenação Comercial
Thiago Biaggi

Coordenação de Eventos
Viviane Paiva
comercial@altabooks.com.br

Coordenação ADM/Financ.
Solange Souza

Direitos Autorais
Raquel Porto
rights@altabooks.com.br

Produtor Editorial
Thiê Alves

Produtores Editoriais
Illysabelle Trajano
Maria de Lourdes Borges
Paulo Gomes
Thales Silva

Equipe Comercial
Adenir Gomes
Ana Carolina Marinho
Daiana Costa
Everson Rodrigo
Fillipe Amorim
Heber Garcia
Kaique Luiz
Luana dos Santos
Maira Conceição

Equipe Editorial
Andreza Moraes
Beatriz de Assis
Betânia Santos
Brenda Rodrigues
Caroline David
Gabriela Paiva
Henrique Waldez
Kelry Oliveira
Marcelli Ferreira
Mariana Portugal
Matheus Mello
Milena Soares

Marketing Editorial
Amanda Mucci
Guilherme Nunes
Jessica Nogueira
Livia Carvalho
Pedro Guimarães
Talissa Araújo
Thiago Brito

Atuaram na edição desta obra:

Tradução
Cibelle Ravaglia

Copidesque
Matheus Araújo

Revisão Gramatical
Fernanda Lutfi
Kamila Wozniak

Diagramação
Catia Soderi

Editora afiliada à: ASSOCIADO

Rua Viúva Cláudio, 291 — Bairro Industrial do Jacaré
CEP: 20.970-031 — Rio de Janeiro (RJ)
Tels.: (21) 3278-8069 / 3278-8419
www.altabooks.com.br — altabooks@altabooks.com.br
Ouvidoria: ouvidoria@altabooks.com.br

Em memória de Mike Beedle.

Sumário

Preâmbulo xvii
Prefácio xxi
Agradecimentos xxvii
Sobre o Autor xxix

1. **Craftsmanship** 1

I. AS DISCIPLINAS

Extreme Programming (XP) 15
    Ciclo de Vida 16
Desenvolvimento Orientado a Testes (TDD) 17
Refatoração 18
Design Simples 19
Programação Colaborativa 20
Testes de Aceitação 20

2. Desenvolvimento Orientado a Testes 21

    Visão Geral   23

        Software   26

        As Três Regras TDD   27

        A Quarta Lei   38

    Princípios Básicos   40

        Exemplos Simples   40

        Pilha (Stack)   41

        Fatores Primos   56

        Jogo de Boliche   66

    Conclusão   83

3. TDD Avançado 85

    Sort 1   86

    Sort 2   90

    Ficando Empacado   98

    Padrão de Teste Triple A   106

        BDD   107

        Máquinas de Estados Finitos   108

        De Novo: BDD   110

    Dublê de Testes   110

        Dummy   113

        Stub   117

        Spy   119

        Mock   122

        Fake   125

        O Princípio da Incerteza TDD   127

        Escola de Londres versus Escola de Chicago   140

        O Problema da Certeza   141

        Escola de Londres   142

        Escola de Chicago   143

Síntese	144
Arquitetura	144
Conclusão	147

4. Testando o Design 149

Testando o Banco de Dados	150
Testando as GUIs	152
GUI Input	155
Padrões de Teste	156
Subclasse Específica de Teste	157
Padrão Self-Shunt	158
Padrão de Objeto Humble	159
Testando o Design	162
O Problema do Teste Frágil	163
A Correspondência Biunívoca	163
Quebrando a Correspondência	165
A Videolocadora	166
Especificidade versus Generalidade	185
Premissa de Transformação Prioritária (TPP)	186
{} → Nil	188
Nil → Constante	189
Incondicional → Seleção	190
Valor → Lista	191
Instrução → Recursão	191
Seleção → Iteração	192
Valor → Valor Mutável	192
Exemplo: Sequência de Fibonacci	193
Premissa de Transformação Prioritária (TPP)	197
Conclusão	198

5. Refatoração ... 199

- O Que É Refatoração? — 200
- O Toolkit Básico — 202
  - Renomear — 202
  - Refatoração Extract Method — 203
  - Extract Variable — 205
  - Extract Field — 206
  - Cubo Mágico — 219
- As Disciplinas — 219
  - Testes — 220
  - Testes Rápidos — 220
  - Quebrando Correspondências Biunívocas Profundas — 220
  - Refatore Continuamente — 221
  - Refatore sem Dó nem Piedade — 221
  - Mantenha os Testes Passando! — 221
  - Tenha uma Saída — 222
  - Conclusão — 223

6. Design Simples ... 225

- YAGNI — 229
- Cobertura de Testes — 230
  - Cobertura — 232
  - Meta Assintótica — 233
  - Design? — 234
  - Mas, Espere... Isso Não É Tudo — 234
- Maximize a Expressividade — 235
  - Abstração Subjacente — 237
  - Testes: A Outra Metade do Problema — 238
- Minimize a Duplicação — 239
- Minimize o Tamanho — 241
  - Design Simples — 241

7. Programação Colaborativa	**243**
8. Testes de Aceitação	**249**
A Disciplina	252
O Build Contínuo	253

II. OS PADRÕES

Seu Novo CTO	256
9. Produtividade	**257**
Nós Nunca Entregaremos M***A	258
Adaptabilidade Acessível	260
Estaremos Sempre Prontos	261
Produtividade Estável	263
10. Qualidade	**265**
Melhoria Contínua	266
Competência Destemida	267
Qualidade Extrema	268
Não Vamos Jogar a QA no Lixo	269
A Doença da QA	270
O Pessoal de QA Não Encontrará Nada	270
Automatização de Testes	271
Testes Automatizados e Interfaces de Usuário	272
Testando a Interface do Usuário	274
11. Coragem	**275**
Damos Cobertura Uns aos Outros	276
Estimativas Honestas	278
Você Precisa Dizer Não	280

Aprendizagem Determinante Contínua — 281
Mentoria — 282

III. ÉTICA

O Primeiro Programador — 284
Setenta e Cinco Anos — 285
Nerds e Salvadores — 290
Exemplos de Inspiração e de Vilões — 293
Nós Comandamos o Mundo — 294
Catástrofes — 296
O Juramento do Programador — 297

12. Prejuízo **299**

Primeiro, Não Prejudique — 300
    Não Prejudique a Sociedade — 301
    Não Prejudique Seu Ofício — 303
    Não Prejudique a Estrutura — 305
    Flexibilidade — 307
    Testes — 308
Meu Melhor Trabalho — 310
    Fazendo o Certo — 311
    O Que É uma Boa Estrutura? — 312
    Matriz de Eisenhower — 314
    Programadores e Desenvolvedores São Stakeholders — 316
    Seu Melhor — 318
Prova Reproduzível — 320
    Dijkstra — 320
    Provando a Precisão — 321
    Programação Estruturada — 323

Decomposição Funcional	326
Desenvolvimento Orientado a Testes	327

13. Integridade 331

Ciclos Curtos	332
A História Sobre o Controle do Código-fonte	332
Git	338
Ciclos Curtos	339
Integração Contínua	340
Branches versus Toggles	341
Implementação Contínua	343
Build Contínuo	345
Melhoria Implacável	346
Cobertura de Teste	346
Teste de Mutação	347
Estabilidade Semântica	348
Limpeza	349
Criações	350
Mantenha Alta Produtividade	350
Viscosidade	351
Gerenciando as Distrações	354
Gerenciamento de Tempo	357

14. Trabalho em Equipe 359

Trabalhe como uma Equipe	360
Trabalho Remoto ou Virtual	360
Faça uma Estimativa Honesta e Justa	362
Mentiras	363
Honestidade, Acurácia e Precisão	364
História 1: Vetores	365

História 2: pCCU	368
Lição Aprendida	369
Acurácia	369
Precisão	371
Agregação	373
Honestidade	374
Respeito	376
Nunca Pare de Aprender	377
Índice	379

Preâmbulo

Recordo-me de ter conhecido Uncle Bob na primavera de 2003, logo depois que a metodologia Scrum foi apresentada à nossa empresa e às equipes de TI. Como uma Scrum Master iniciante e cética, lembro-me de ouvir Bob nos ensinar Desenvolvimento Orientado a Testes (TDD) e uma simples ferramenta chamada FitNesse, e de pensar comigo mesma: "Por que *sequer* escreveríamos casos de teste que falham primeiro? O teste não vem *depois* da programação?" Eu costumava sair dessas reuniões preocupada, assim como muitos dos membros da minha equipe, mas, até hoje, recordo-me nitidamente, como se fosse ontem, do vasto conhecimento irrefutável que Bob tinha sobre o desenvolvimento craftsmanship. Lembro-me de sua sinceridade quando, um dia, ele analisou nosso backlog de bugs e nos perguntou por que diabos tomávamos decisões tão ruins sobre sistemas de software que de fato não eram nossos —, "esses sistemas são *ativos da empresa* e não seus *ativos pessoais*". Seu entusiasmo era tanto que despertou nossa curiosidade. Assim, um ano e meio depois, refatoramos quase tudo: 80% de testes automatizados e uma base limpa de código que facilitava muito o pivoteamento, resultando em clientes muito mais felizes — e equipes muito mais contentes. Depois disso, progredimos com a rapidez de um relâmpago, empunhando nossa definição de *produto entregue* como uma armadura para nos proteger das ciladas que viviam espreitando nosso código; em resumo, havíamos aprendido como nos proteger de nós mesmos. Com o tempo, passamos a gostar de Uncle Bob, pois ele realmente era como um tio para nós — um cara afetuoso, determinado e corajoso que, aos poucos, nos ajudaria a aprender a nos defender de nós mesmos e a fazer o que era certo. Enquanto o tio Bob de algumas crianças as ensinava a andar de bicicleta ou a pescar, o nosso Uncle Bob nos ensinava a não comprometer nossa integridade — e até hoje a habilidade e o desejo de se posicionar em todas as situações com coragem e curiosidade têm sido as melhores lições da minha carreira.

Levei comigo as primeiras lições de Bob durante a minha jornada, enquanto me aventurava pelo mundo como uma agile coach e, mais do que depressa, acabei percebendo que as melhores equipes de desenvolvimento de produto descobriam como acomodar suas próprias práticas recomendadas em seus contextos únicos, para clientes específicos e em seus respectivos segmentos de negócio. Lembrei-me das lições de Bob quando constatei que as melhores ferramentas de desenvolvimento do mundo eram tão boas quanto seus agentes humanos — as equipes que descobririam as melhores *aplicações* dessas ferramentas em seus próprios domínios. Reconheci que, certamente, as equipes podem alcançar altas porcentagens de cobertura de teste de unidade, marcando suas listas de verificações e satisfazendo as métricas, apenas para descobrir que uma grande porcentagem desses testes é instável — a métrica foi alcançada, mas o valor não foi entregue. De fato, as melhores equipes não precisavam se preocupar com as métricas; elas tinham objetivos, disciplina, orgulho e responsabilidade — e, em cada caso, as métricas falavam por si mesmas. *Craftsmanship Limpo* reúne todas essas lições e princípios em exemplos de códigos práticos e experiências a fim de exemplificar a diferença entre escrever um código para cumprir um prazo e realmente construir algo sustentável para o futuro.

Craftsmanship Limpo nos lembra de nunca nos contentarmos com menos, de trilhar nossos caminhos com *competência e sem medo*. Este livro, como um velho amigo, deve lembrá-lo do que é importante, do que funciona, do que não funciona, do que gera risco e do que mitiga os riscos. São lições clássicas, atemporais. Talvez você descubra que já pratica algumas das técnicas aqui mencionadas, mas aposto que encontrará coisas novas ou, pelo menos, coisas que você abriu mão, pois em algum momento cedeu a prazos ou a outras pressões em sua carreira. Caso seja novo no mundo do desenvolvimento — seja no segmento de negócio ou na tecnologia —, você aprenderá com os melhores, e até os mais experientes e esgotados da batalha encontrarão maneiras de se aperfeiçoar. Talvez esta obra o ajude a reencontrar sua paixão, a reavivar seu desejo de aprimorar seu trabalho ou a dedicar mais sua energia à busca pela perfeição, independentemente dos obstáculos em seu horizonte.

Os desenvolvedores de software comandam o mundo, e Uncle Bob está aqui novamente para nos lembrar da disciplina profissional daqueles com tanto poder em mãos. Ele retoma de onde parou no *Código Limpo*, pois os desenvolvedores de software praticamente criam as regras da humanidade. Ele nos lembra de que devemos praticar um código de ética rigoroso, que devemos ter a responsabilidade de saber o que o código faz, como as pessoas o usam e onde ele quebra. Erros de software custam às pessoas seus meios de sobrevivência — e suas vidas. O desenvolvimento de software influencia a forma como pensamos, as decisões que tomamos e, em decorrência da inteligência artificial e da análise preditiva, influencia o comportamento social e de manada. Assim sendo, devemos ser responsáveis e agir com muito cuidado e empatia — a saúde e o bem-estar das pessoas dependem disso. Uncle Bob nos ajuda a confrontar essa responsabilidade para nos tornarmos *os profissionais que nossa sociedade espera e exige que sejamos*.

Conforme o Manifesto Ágil se aproxima de seu vigésimo aniversário no momento em que escrevo este prefácio, este livro é a oportunidade perfeita para voltar às origens: um alerta oportuno e singelo da complexidade cada vez maior de nosso mundo programático e como devemos isso ao legado da humanidade — e a nós mesmos — praticando o desenvolvimento ético. Não se apresse ao ler *Craftsmanship Limpo*. Deixe-se impregnar pelos princípios. Pratique-os. Melhore-os. Oriente outras pessoas. Deixe esta obra sempre à mão, à vista de todos. Deixe este livro ser seu velho amigo — *seu* Uncle Bob, *seu* guia — à medida que você avança e percorre os caminhos deste mundão com curiosidade e coragem.

— *Stacia Heimgartner Viscardi, CST & Mentora Ágil*

Prefácio

Antes de começarmos, precisamos lidar com duas questões para garantir que você, meu querido leitor, compreenda a perspectiva referencial em que este livro é apresentado.

Sobre o Termo *Craftsmanship*

O início do século XXI foi marcado por algumas controvérsias a respeito da terminologia das linguagens de programação. Nós, do segmento de software, temos nossa parcela nessa controvérsia. Um termo que muitas vezes é tido como um fracasso em ser inclusivo é a palavra *craftsman*.

Pensei bastante sobre essa questão, conversei com muitas pessoas de opiniões diferentes e cheguei à conclusão de que não há termo melhor para se usar no contexto deste livro.

Considerei outras alternativas, incluindo as palavras inglesas *craftsperson*, *craftsfolk*, *crafter*, dentre outras, mas nenhuma delas carrega a seriedade e o peso histórico como o vocábulo *craftsman*. E essa seriedade histórica é importante para a mensagem que esta obra deseja passar. No Brasil, usa-se com frequência o termo *software craftsman* como *artesão de software*.

A palavra *craftsman* nos traz à memória uma pessoa extremamente especializada e capacitada em uma determinada tarefa — alguém que se sente à vontade com suas ferramentas e seu ofício, que se orgulha de seu trabalho e em quem é possível confiar para se comportar com a dignidade e o profissionalismo de sua vocação.

Talvez alguns de vocês discordem de minha decisão. Eu entendo o porquê. Só espero que você não interprete a minha decisão como uma tentativa de ser excludente — pois essa não é, de forma alguma, a minha intenção.

Sobre um Único Caminho a Percorrer

Ao ler *Craftsmanship Limpo: Disciplinas, Padrões e Ética*, você pode ter a sensação de que este é o *Único Caminho para o Desenvolvimento Craftsmanship*. Pode ter sido *para mim*, mas não necessariamente será para você. Escrevi este livro como exemplo do *meu caminho*. Obviamente, você precisará escolher seu próprio caminho.

Será que trilharemos *um único caminho*? Não sei. Talvez. Conforme você lerá nestas páginas, a pressão por uma definição rigorosa a respeito do profissional de software aumenta cada vez mais. Podemos trilhar vários caminhos diferentes, dependendo da criticidade do software que está sendo criado. No entanto, como você lerá, não é tão fácil dissociar o software crítico do não crítico.

Disso eu tenho certeza: os dias dos "Juízes"[1] acabaram. Já não é o suficiente que cada programador faça o que é certo aos seus próprios olhos. *São necessários* padrões, disciplinas e ética. Atualmente, a decisão com que nos deparamos é se nós, programadores, os definiremos por nós mesmos ou se eles nos serão impostos por aqueles que nem ao menos nos conhecem.

---

1 Referência ao Livro dos Juízes do Antigo Testamento.

Introdução ao Livro

Este livro foi escrito para programadores e para os gerentes dos programadores. Mas, em outro sentido, este livro foi escrito para toda a sociedade humana, já que somos nós, programadores, que sem querer nos encontramos nos alicerces desta mesma sociedade.

Para Você Mesmo

Caso seja um programador com diversos anos de estrada, você conhece muito bem a satisfação de ter um sistema implementado que funcione. Você sente certo orgulho por ter participado dessa realização. Você sente orgulho de entregar o sistema para o cliente.

Mas será que você sente orgulho da *forma* pela qual entregou este sistema? Seu orgulho tem a ver com o orgulho de finalizá-lo? Ou seu orgulho tem a ver com o grau de suas habilidades? Você sente orgulho da implementação do sistema? Ou você sente orgulho da forma como construiu esse sistema?

Ao voltar para casa, após um dia difícil programando, você se olha no espelho e diz: "Mandei bem hoje?" Ou você tem que tomar banho?

Muitos de nós se sentem sujos no fim do dia. Muitos de nós se sentem encurralados em um trabalho medíocre. Muitos de nós acham que qualidade inferior é sinônimo de alta velocidade e é até mesmo necessária. Muitos de nós pensam que produtividade e qualidade estão do lado oposto.

Neste livro, me esforço para acabar com essa mentalidade. Trata-se de um livro sobre como *trabalhar bem*. Sobre como fazer um bom trabalho. Este é um livro que descreve as disciplinas e as práticas que todo programador deve conhecer para trabalhar rápido, ser produtivo e ter orgulho do que escreve todo santo dia.

Para a Sociedade

Pela primeira vez na história da humanidade, o século XXI evidencia a dependência da sobrevivência de nossa sociedade, assim como a sua sobrevivência, de uma tecnologia que praticamente não assumiu qualquer caráter de disciplina ou de controle. Os programas de computador têm dominado todos os aspectos da vida moderna, desde preparar nosso café da manhã até sugerir nosso entretenimento noturno, desde lavar nossas roupas até dirigir nossos carros, desde nos conectar em uma rede mundial até nos segregar social e politicamente. Não existe praticamente nenhum aspecto da vida no mundo moderno que não seja dominado por um software ou um programa. E, mesmo assim, aqueles de nós que desenvolvem esses softwares e programas não passam de um grupo desorganizado, atrapalhado e ocupado demais que não tem a menor ideia do que está fazendo.

Se nós, programadores, entendêssemos melhor o que fazemos, os resultados das primárias democratas de Iowa (Iowa Caucus 2020) atrasariam? Ocorreriam dois acidentes aéreos com dois Boings 737 Max, resultando na morte de 346 pessoas? O Knight Capital Group teria perdido US$460 milhões em 45 minutos? Ocorreriam acidentes de aceleração involuntária da Toyota, provocando a morte de 89 pessoas?

A cada cinco anos, o número de programadores no mundo dobra. Esses programadores aprendem pouco sobre sua profissão. São lhes apresentadas as ferramentas, eles participam de alguns projetos toy a fim de aprender a desenvolver e então são jogados em um mercado de trabalho que cresce exponencialmente para atender à demanda cada vez maior por software. Todo santo dia, o castelo de cartas que chamamos de software se infiltra profundamente e cada vez mais em nossa infraestrutura, nossas instituições, nossos governos e nossas vidas. E, a cada dia, o risco de catástrofe aumenta.

De que catástrofe estou falando? Não se trata do colapso de nossa civilização, nem da desintegração repentina de todos os sistemas de software de uma vez. Os alicerces do castelo de cartas prestes a desmoronar não residem nos sistemas de software. Ao contrário, são os alicerces debilitados da confiança da sociedade que estão em risco.

Ocorrem cada vez mais incidentes como os dos Boings 737 Max, como a aceleração involuntária dos carros da Toyota e como aqueles que aconteceram na Volkswagen da Califórnia e no Iowa Caucus — mais e mais casos de falhas de software de ampla repercussão ou de conduta ilegal. E a ausência de disciplinas, de ética e de padrões se tornou alvo de uma sociedade desconfiada e enfurecida. E, com isso, virão à tona as regulamentações: regulamentos que nenhum de nós quer; regulamentações que colocarão em risco nossa capacidade de explorar e disseminar livremente a arte do desenvolvimento de software; regulamentos que estabelecerão medidas restritivas gravíssimas ao crescimento de nossa tecnologia e de nossa economia.

O objetivo deste livro não é prejudicar a corrida desenfreada rumo à adoção cada vez maior de software nem desacelerar o ritmo da produção de software. Isso seria perda de tempo. Nossa sociedade precisa de software e de programas, e as pessoas não têm como fugir deles. A tentativa de suprimir essa necessidade não impedirá a catástrofe iminente da confiança da sociedade.

O objetivo desta obra é sensibilizar e alertar os desenvolvedores de software e seus gerentes sobre a necessidade de disciplina; de ensinar a esses desenvolvedores e gerentes as disciplinas, os padrões e a ética mais eficazes a fim de potencializar suas habilidades de criar produtos robustos e tolerantes a falhas; e de criar softwares eficientes. Somente mudando a forma como nós, programadores, trabalhamos, aumentando nossa disciplina, ética e padrões, é que os muros do castelo de cartas podem ser reforçados para evitar o desmoronamento.

A Estrutura Deste Livro

Esta obra apresenta três partes que descrevem três níveis: disciplinas, padrões e ética.

As *disciplinas* representam o nível mais baixo. Trata-se da parte pragmática, técnica e prescritiva. Programadores de todos os tipos e tendências se divertirão com a leitura e o entendimento dessa parte. Nessas páginas, fiz diversas indicações de referências e de vídeos. Esses vídeos mostram o ritmo das disciplinas de desenvolvimento orientado a testes e refatoração em tempo real. As páginas do livro tentam acompanhar esse ritmo também, porém nada melhor do que um vídeo para demonstrar as coisas.

Os *padrões* representam o nível médio. É a seção que ressalta as expectativas que o mundo tem de nossa profissão. É uma boa parte para os gerentes lerem com o intuito de saber o que esperar dos programadores profissionais.

A *ética* representa o nível mais alto. É a seção que descreve o contexto ético da profissão programador, apelando para um juramento ou um conjunto de promessas. Nela, temos uma boa dose de discussões históricas e filosóficas. Deve ser lida por programadores e gerentes.

Aviso aos Gerentes

As páginas deste livro estão repletas de informações que podem ser úteis para você. Elas também abarcam muitas informações técnicas de que você provavelmente não precisa. Meu conselho: leia a introdução de cada capítulo e pare de ler quando o conteúdo se tornar mais técnico do que o necessário. Em seguida, vá para o próximo capítulo e comece novamente.

Faça questão de ler a Parte II, "Os Padrões", e a Parte III, "Ética". Faça questão de ler as introduções de cada uma das cinco disciplinas.

Agradecimentos

Quero agradecer aos meus bravos revisores: Damon Poole, Eric Crichlow, Heather Kanser, Tim Ottinger, Jeff Langr e Stacia Viscardi. Eles me salvaram de muitos vacilos.

Obrigado também a Julie Phifer, Chris Zahn, Menka Mehta, Carol Lallier e a todos aqueles da Pearson que trabalham tão incansavelmente para que nossas palavras se tornem livros perfeitos.

Como sempre, obrigado à minha talentosa e criativa ilustradora Jennifer Kohnke. Suas ilustrações sempre me fazem sorrir.

E, claro, obrigado à minha querida esposa e família maravilhosa.

SOBRE O AUTOR

Robert C. Martin (Uncle Bob) escreveu sua primeira linha de código aos 12 anos de idade, em 1964. Ele trabalha como programador desde 1970. É cofundador da cleancoders.com, que oferece treinamento online para desenvolvedores de software, e fundador da Uncle Bob Consulting LLC, que oferece serviços de consultoria em software, treinamento e desenvolvimento de habilidades para as principais empresas do mundo. Uncle Bob trabalhou como Master Craftsman na 8th Light, Inc., uma empresa de consultoria de software sediada em Chicago.

O Sr. Martin publicou muitos artigos em diversas revistas especializadas e é palestrante assíduo em conferências e feiras internacionais. Ele também é o criador da aclamada série de vídeos educacionais em cleancoders.com.

O Sr. Martin escreveu e editou muitos livros, inclusive:

Designing Object-Oriented C++ Applications Using the Booch Method
Patterns Languages of Program Design 3
More C++ Gems
Extreme Programming in Practice
Agile Software Development: Principles, Patterns, and Practices
UML for Java Programmers
Código Limpo
O Codificador Limpo
Arquitetura Limpa
Desenvolvimento Ágil Limpo

Líder no setor de desenvolvimento de software, Martin trabalhou por três anos como editor-chefe do *C++ Report* e foi o primeiro presidente da Agile Alliance.

CRAFTSMANSHIP 1

Sem dúvidas, o sonho de voar é quase tão imemorial quanto a humanidade. O antigo mito grego que retrata a fuga de Dédalo e de Ícaro data de cerca de 1550 a.C. Nos milênios que se seguiram, diversas almas corajosas, ainda que tolas, amarraram geringonças desajeitadas a seus corpos, pulando de penhascos e torres rumo à morte certa em busca desse sonho.

As coisas começaram a mudar há cerca de quinhentos anos, quando Leonardo Da Vinci esboçou projetos de máquinas que, embora não fossem capazes de voar, demonstravam certo raciocínio fundamentado. Foi Da Vinci quem percebeu que voar seria possível, visto que a resistência do ar funciona em ambas as direções. Ao pressionar o ar para baixo, a resistência ocasionada pelo movimento cria uma elevação na mesma proporção. Graças a esse mecanismo, todos os aviões modernos conseguem voar.

Até meados do século XVIII, não tivemos contato com as ideias de Da Vinci. Mas então iniciou-se uma exploração quase alucinada sobre a possibilidade de voar. Os séculos XVIII e XIX foram uma época de intensa pesquisa e experimentação aeronáutica. Construíram-se protótipos sem motores que foram testados, descartados e aprimorados. A ciência aeronáutica começou a tomar forma e a ganhar vida. As forças de sustentação, arrasto, empuxo e gravidade foram identificadas e compreendidas. Algumas almas corajosas tentaram voar.

E algumas se chocaram contra o solo e morreram.

Nos últimos anos do século XVIII, e durante o meio século que se seguiu, Sir George Cayley, o pai da aerodinâmica moderna, construiu plataformas experimentais, protótipos e modelos em tamanho real, o que resultou no primeiro voo tripulado de um planador.

E, mesmo assim, alguns se chocaram contra o solo e morreram.

Então veio a era do vapor e a possibilidade de um voo tripulado e motorizado. Construíram-se dezenas de protótipos e experimentos. Cientistas e entusiastas se juntaram ao enxame de pessoas que exploravam as possibilidades de voar. Em 1890, Clément Ader pilotou uma máquina bimotora a vapor por cinquenta metros.

Mas alguns continuavam a se chocar contra o solo e morrer.

No entanto, o motor de combustão interna foi o verdadeiro divisor de águas. É bem provável que o primeiro voo tripulado e motorizado tenha ocorrido em 1901 por Gustave Whitehead, mas foram os irmãos Wright que, no dia 17 de dezembro de 1903, em Kill Devil Hills, Carolina do Norte, conduziram o primeiro voo tripulado duradouro, motorizado e controlado de uma máquina mais pesada que o ar.

E, mesmo assim, alguns se chocaram contra o solo e morreram.

Entretanto, o mundo mudou da noite para o dia. Onze anos depois, em 1914, biplanos rasgavam os céus de toda a Europa em combates aéreos.

E, apesar de muitas pessoas terem caído e morrido sob fogo inimigo, um número semelhante caiu e morreu aprendendo a voar. Ainda que os princípios de voar tenham sido dominados, as *técnicas* de voo foram mal compreendidas.

Nas duas décadas seguintes, os hediondos caças e bombardeiros da Segunda Guerra Mundial semeavam o caos na França e na Alemanha. Eles atingiam altitudes extremas, eram equipados fortemente com armas e ostentavam um poder destrutivo avassalador.

Durante a guerra, perdeu-se 65 mil aeronaves norte-americanas. Porém, somente 23 mil delas foram perdidas em combate. Os pilotos voavam e morriam em batalha, mas era muito mais comum que voassem e morressem quando ninguém estava atirando. Ainda não sabíamos *como* voar.

Na década seguinte, presenciamos aviões a jato, a quebra da barreira do som e a explosão de companhias aéreas comerciais e viagens aéreas domésticas. Era o início da era do jato, quando pessoas endinheiradas (os famigerados *jet set*) podiam voar de cidade em cidade e de país em país em questão de horas.

E os aviões a jato se chocaram contra o solo e despencaram do céu em números aterrorizantes. Havia tanta coisa que ainda não entendíamos sobre a fabricação e o voo de aeronaves.

Isso nos leva à década de 1950. Os Boeing 707 transportariam passageiros de um lugar para outro do mundo até o fim da década. Duas décadas depois, veríamos o primeiro jato jumbo de grande porte, o 747.

A Aeronáutica e as viagens aéreas se consolidaram, tornando-se o meio de viagem mais seguro e eficiente da história mundial. Foi preciso muito tempo e custou muitas vidas, mas, finalmente, aprendemos a construir e a pilotar aviões com segurança.[1]

Chesley Sullenberger nasceu em 1951, em Denison, Texas. Na era do jato, ele não passava de um menino. Aos 16 anos, Sullenberger aprende a pilotar e acaba pilotando um caça-bombardeiro McDonnell Douglas F-4 Phantom II para a Força Aérea dos Estados Unidos. Em 1980, ele se tornou piloto da US Airways.

Em 15 de janeiro de 2009, logo após decolar do Aeroporto LaGuardia, o Airbus A320 que ele pilotava com 155 almas atingiu um bando de gansos e perdeu os dois motores a jato. O Capitão Sullenberger, confiando em suas mais de 20 mil horas de experiência no ar, conduziu o avião avariado para um "pouso na água" no rio Hudson e, por meio de sua competência inabalável, salvou cada uma daquelas 155 almas a bordo. O Capitão Sullenberger se destacou em sua arte de voar. O capitão Sullenberger é um craftsman.

E, sem dúvidas, o sonho de processamento computacional e gerenciamento de dados rápidos e seguros é quase tão antigo quanto a humanidade. O ato de fazer contas com os dedos da mão e contar gravetos remonta a milhares de anos. Há mais de 4 mil anos, as

---

[1] A despeito do Boeing 737 Max.

pessoas construíam coisas e usavam ábacos. Há cerca de 2 mil anos, artefatos mecânicos foram utilizados para prever o movimento de estrelas e planetas. Há aproximadamente 400 anos, as réguas de cálculo foram inventadas.

Em meados do século XIX, Charles Babbage começou a construir máquinas de calcular à manivela. Estas eram verdadeiros computadores digitais, com memória e processamento aritmético, mas, por conta da tecnologia de metalurgia da época, elas eram difíceis de construir e, embora ele tenha construído alguns protótipos, elas não foram comercialmente bem-sucedidas.

Em meados do século XIX, Babbage tentou construir uma máquina muito mais poderosa. Era um dispositivo a vapor, capaz de executar até programas. Ele a chamou de *A Máquina Analítica*.

A filha de Lord Byron, Ada — a condessa de Lovelace — traduziu as notas de uma palestra ministrada por Babbage e percebeu um fato que aparentemente não havia ocorrido a ninguém na época: *os números em um computador não precisam representar números propriamente ditos, mas podem representar coisas no mundo real.* Por conta dessa descoberta repentina, ela é geralmente considerada a primeira programadora do mundo.

Problemas com tecnologias precisas de metalurgia continuaram a frustrar Babbage e, no fim, seu projeto foi por água abaixo. E, durante o resto do século XIX e o início do século XX, não houve mais avanços em relação aos computadores digitais. No entanto, durante esse período, os computadores *analógicos* e mecânicos alcançaram seu apogeu.

Em 1936, Alan Turing demonstrou que não há uma maneira geral de provar que uma dada equação diofantina[2] pode ser solucionada. Ele sustentou sua prova imaginando um computador digital simples, mesmo que infinito, e depois evidenciando que havia números que esse computador não conseguia calcular. Em decorrência de sua prova, ele inventou máquinas de

---

2   Equações de inteiros.

estados finitos, linguagem de máquina, linguagem simbólica, macros e sub-rotinas primitivas. Alan inventou o que hoje chamamos de software.

Quase ao mesmo tempo, Alonzo Church construiu uma prova totalmente diferente para o mesmo problema e, como resultado, desenvolveu o cálculo lambda — o conceito-chave da programação funcional.

Em 1941, Konrad Zuse construiu o primeiro computador digital programável eletromecânico, o Z3. A máquina tinha mais de 2 mil relés e operava a uma velocidade de clock (taxa de bits transmitida na interface serial) de 5Hz a 10Hz. A máquina usava aritmética binária organizada em palavras de 22 bits.

Durante a Segunda Guerra Mundial, Turing foi recrutado para ajudar os cientistas militares britânicos em Bletchley Park (onde ficava a instalação secreta militar Government Code and Cypher School) a descriptografar os códigos alemães da Enigma. A máquina Enigma era um computador digital simples que randomizava os caracteres de mensagens textuais, normalmente transmitidas por meio de radiotelégrafos. Turing ajudou a criar um mecanismo eletromecânico de busca digital que identificasse as chaves desses códigos.

Após a guerra, Turing teve papel fundamental na construção e na programação de um dos primeiros computadores eletrônicos de tubo a vácuo do mundo — o Automatic Computing Engine, ou ACE. O protótipo original usava 1 mil tubos de vácuo e manipulava números binários a uma velocidade de 1 milhão de bits por segundo.

Em 1947, depois de escrever alguns programas para essa máquina e estudar suas funcionalidades, Turing ministrou uma palestra na qual fez as seguintes declarações visionárias:

> *Precisaremos de um grande número de matemáticos habilidosos [para lidar com os problemas] na forma de computação.*

> *Uma das nossas dificuldades será a manutenção de uma disciplina adequada a fim de não perdermos a noção do que estamos fazendo.*

E o mundo mudou da noite para o dia.

Em poucos anos, a memória core foi inventada. A possibilidade de ter centenas de milhares, talvez milhões, de bits de memória acessíveis em microssegundos se tornou uma realidade. Ao mesmo tempo, a produção em massa de tubos a vácuo possibilitou que os computadores ficassem cada vez mais baratos e confiáveis. A produção em massa limitada estava se tornando uma realidade. Em 1960, a IBM havia vendido 140 computadores modelo 70x. Estas eram máquinas gigantescas de tubo a vácuo que valiam milhões de dólares.

Turing havia programado sua máquina em binário, porém todo mundo entendia que isso não era nada prático. Em 1949, Grace Hopper cunhou a palavra *compilador* e, em 1952, criou o primeiro sistema A-0. No fim de 1953, John Bachus apresentou a primeira especificação FORTRAN. Em 1958, seguiram as invenções das linguagens ALGOL e LISP.

O primeiro transistor funcional foi criado por John Bardeen, Walter Brattain e William Shockley em 1947. Em 1953, eles começaram a fazer parte dos computadores. Substituir os tubos a vácuo por transistores mudou totalmente o jogo. Os computadores se tornaram menores, mais rápidos, mais baratos e mais confiáveis.

Em 1965, a IBM havia produzido 10 mil computadores do modelo 1401. Eles eram alugados por US$2.500 por mês. Isso estava ao alcance das empresas de médio porte. Essas empresas precisavam de programadores e, assim, a demanda por programadores começou a se intensificar.

Quem estava programando todas essas máquinas? Não havia cursos universitários de computação. Em 1965, ninguém aprendia a programar na escola. Esses programadores vinham dos negócios. Eram pessoas mais velhas, que já trabalhavam em seus negócios há algum tempo. Estavam na casa dos 30, 40 e 50 anos.

Em 1966, a IBM produzia mensalmente 1 mil computadores modelo 360. As empresas não se cansavam dessas máquinas. Elas tinham memórias que atingiam 64kB ou mais, além de poder executar centenas de milhares de instruções por segundo.

Nesse mesmo ano, trabalhando em um Univac 1107 no Norwegian Computer Center, Ole-Johan Dahl e Kristen Nygard inventaram a linguagem Simula 67, uma extensão da ALGOL. Era a primeira linguagem orientada a objetos.

A palestra de Alan Turing fora somente duas décadas antes!

Dois anos depois, em março de 1968, Edsger Dijkstra escreveu sua famosa carta à revista *Communications of the ACM (CACM)*. O editor deu a essa carta o título "Go To Statement Considered Harmful",[3] frase que se popularizou por causa da crítica de Dijkstra sobre o uso do comando Goto. Nascia a programação estruturada.

Em 1972, no Bell Labs em Nova Jersey, Ken Thompson e Dennis Ritchie estavam sem projetos para trabalhar. Eles imploraram para usar um PDP 7 de uma equipe de projeto diferente e simplesmente inventaram o UNIX e a C.

Agora o ritmo computacional atingia velocidades quase vertiginosas. Falarei de algumas datas importantes. Pergunte a si mesmo: quantos computadores existem no mundo para cada pessoa? Quantos programadores existem no mundo? E de onde vieram esses programadores? O que comem e como vivem?

1970 — Desde 1965, a Digital Equipment Corporation produziu 50 mil computadores PDP-8.

1970 — Winston Royce escreveu o artigo "waterfall" [Método Cascata], "Managing the Development of Large Software Systems" [Gerenciando o Desenvolvimento de Grandes Sistemas de Software].

1971 — A Intel lançou o microprocessador 4004 em um chip único.

---

3   Edsger W. Dijkstra, "Go To Statement Considered Harmful", Communications of the ACM 11, nº 3 (1968).

1974 — A Intel lançou o microprocessador 8080 em um chip único.

1977 — A Apple lançou o Apple II.

1979 — A Motorola lançou o 68000, um microprocessador de chip único de 16 bits.

1980 — Bjarne Stroustrup inventou *o C com classes* (um pré-processador que faz o C parecer Simula).

1980 — Alan Kay inventou a linguagem de programação Smalltalk.

1981 — A IBM lançou o IBM PC.

1983 — A Apple lançou o Macintosh de 128K.

1983 — Stroustrup renomeou o C com Classes para C++.

1985 — O Departamento de Defesa dos EUA adotou o Método Cascata como processo oficial de desenvolvimento de software (DOD-STD-2167A).

1986 — Stroustrup publicou *The C++ Programming Language*. No Brasil, *Princípios e Práticas de Programação com C++*.

1991 — Grady Booch publicou *Object-Oriented Design with Applications*.

1991 — James Gosling inventou a linguagem de programação Java (chamada de Oak na época).

1991 — Guido Van Rossum lançou a linguagem de programação Python.

1995 — A obra *Padrões de Projetos: Soluções Reutilizáveis de Software Orientados a Objetos* foi escrita por Erich Gamma, Richard Helm, John Vlissides e Ralph Johnson.

1995 — Yukihiro Matsumoto lançou a linguagem de programação Ruby.

1995 — Brendan Eich criou o JavaScript.

1996 — A Sun Microsystems lançou o Java.

1999 — A Microsoft inventou a linguagem C#/.NET (até então chamada de *Cool*).

2000 — O bug Y2K! O Bug do Milênio.

2001 — O Manifesto Ágil foi escrito.

Entre 1970 e 2000, a velocidade de clock dos computadores aumentou em três ordens de grandeza. A densidade aumentou em quatro ordens de grandeza. O espaço em disco aumentou em seis ou sete ordens de grandeza. A capacidade RAM aumentou em seis ou sete ordens de grandeza. Os custos caíram de dólares por bit para dólares por gigabit. É difícil visualizar as mudanças de hardware, mas, se somarmos as ordens de grandeza que mencionei, chegaremos a um aumento de processamento computacional em torno de trinta ordens de grandeza.

E tudo isso apenas cerca de cinquenta anos depois da palestra de Alan Turing.

Atualmente, quantos programadores existem no mundo? Quantas linhas de código foram escritas? Qual é o nível de qualidade dessas linhas de código?

Compare essa linha temporal com a linha da Aeronáutica. Percebeu a semelhança? Você consegue ver o aumento teórico gradual, a pressa e o fracasso dos entusiastas, e o aumento gradual da competência? Notou as décadas que passamos sem saber o que estávamos fazendo?

E nos dias atuais, visto que a própria existência da nossa sociedade depende de nossas habilidades, será que temos os Sullenbergers de quem precisamos? Será que preparamos os programadores tão bem quanto os pilotos de avião para entenderem seu ofício? Temos os craftsmen de quem certamente precisaremos?

O significado da palavra inglesa craftsmanship é saber fazer algo perfeitamente bem. E esse fazer algo perfeitamente bem é fruto de uma boa orientação e de vasta experiência. Até recentemente, o mercado de software tinha pouquíssimo de ambos. Os programadores costumavam não permanecer na carreira de programador, pois enxergavam a programação como um degrau para o gerenciamento. Ou seja, havia poucos programadores que adquiriam experiência suficiente para ensinar o ofício a outras pessoas. Para piorar as coisas, o número de programadores novos que entram em campo dobra a cada cinco anos ou mais, mantendo a proporção de programadores experientes muito baixa.

O resultado é que a maioria dos programadores nunca aprende as disciplinas, os padrões e a ética que podem definir seu ofício. Durante sua carreira relativamente breve de escrever códigos, eles seguem como principiantes sem formação. E, obviamente, isso significa que boa parte do código escrito por esses programadores inexperientes fica abaixo dos padrões, sendo mal estruturada, insegura, com erros e geralmente uma verdadeira bagunça.

Neste livro, descrevo os padrões, as disciplinas e a ética que acredito que todo programador deve conhecer e adotar a fim de adquirir gradualmente o conhecimento e as habilidades que seu ofício de fato exige.

As Disciplinas

I

O que é uma disciplina? Uma disciplina é um conjunto de regras composto de duas partes: a essencial e a arbitrária. A parte essencial é o que faculta à disciplina seu poder; é a razão pela qual a disciplina existe. A parte arbitrária é o que proporciona à disciplina seus aspectos e sentidos. A disciplina não pode existir sem essa arbitrariedade.

Por exemplo, os cirurgiões lavam as mãos antes da cirurgia. Se você observasse, veria que a lavagem das mãos tem aspectos muito específicos. O cirurgião não lava as mãos simplesmente as ensaboando com água corrente, como você e eu fazemos. Ao contrário, o cirurgião adota uma disciplina ritualizada para lavar as mãos. Uma das rotinas que reparei funciona mais ou menos assim:

- Uso do sabonete adequado.
- Uso da escova adequada.
- Lavar cada dedo assim:
  - Escovar a ponta dos dedos no mínimo dez vezes.
  - Escovar dez vezes o lado esquerdo de cada dedo.
  - Escovar dez vezes a parte inferior de cada dedo.
  - Escovar dez vezes o lado direito de cada dedo.
  - Escovar as unhas no mínimo dez vezes.
- E assim sucessivamente.

A parte essencial da disciplina deve ser transparente. As mãos do cirurgião devem estar bem limpas. Mas você percebeu a parte arbitrária? Por que dez escovadas, em vez de oito ou doze? Por que dividir as mãos em cinco seções? Por que não três ou sete?

Tudo isso é arbitrário. Não há nenhum motivo real para essa quantidade de vezes a não ser para que sejam consideradas suficientes.

Neste livro, estudaremos cinco disciplinas de desenvolvimento de software craftsmanship. Algumas delas já têm cinco décadas, enquanto outras têm apenas duas. Porém, ao longo dessas décadas, todas elas provaram sua serventia. Sem elas, a própria noção de software como uma profissão seria praticamente inimaginável.

Cada uma dessas disciplinas apresenta as próprias características essenciais e arbitrárias. Talvez, ao ler, você descubra que sua mente refuta uma ou mais disciplinas. Se isso acontecer, preste atenção e procure saber se a rejeição tem a ver com as características essenciais das disciplinas ou com as características arbitrárias. Não se deixe levar erroneamente pela arbitrariedade. Foque as características essenciais. Depois de internalizar a natureza de cada disciplina, a parte arbitrária provavelmente perderá a importância.

Por exemplo, em 1861, Ignaz Semmelweis publicou suas descobertas para a aplicação da disciplina de lavagem das mãos para médicos. Os resultados de sua pesquisa foram impressionantes. Ele conseguiu demonstrar que, quando os médicos lavavam cuidadosamente as mãos com água sanitária antes de examinar as pacientes grávidas, a taxa de mortalidade em relação a infecções graves posteriores, que antes era de uma para cada dez pacientes, praticamente zerava.

Contudo, os médicos da época não separaram o essencial do arbitrário e criticaram a disciplina proposta por Semmelweis. A água sanitária era a parte arbitrária, mas a lavagem era essencial. Os médicos rechaçaram a teoria, pois lavar as mãos com água sanitária era um incômodo para eles. Assim, rejeitaram a evidência da natureza essencial da lavagem das mãos.

Passaram-se muitas décadas até os médicos realmente começarem a lavar as mãos.

Extreme Programming (XP)

Em 1970, Winston Royce publicou o artigo que popularizou o processo de desenvolvimento em cascata. Levou-se quase trinta anos para corrigir esse erro.

Em 1995, os especialistas em software começaram a considerar uma abordagem diferente e mais incremental. Processos como Scrum, Desenvolvimento Orientado à Funcionalidade (FDD), Metodologia de Desenvolvimento de Sistemas Dinâmicos (DSDM) e as Metodologias Crystal foram apresentados. Mas, em geral, pouca coisa na área mudou.

Então, em 1999, Kent Beck publicou o livro *Programação Extrema (XP) Explicada*. A Programação Extrema (XP) foi construída com base nas ideias dos processos anteriores, mas acrescentou algo novo. Ela acrescentou *práticas de engenharia*.

Entre 1999 e 2001, o entusiasmo com a XP cresceu exponencialmente. Foi esse entusiasmo que originou e impulsionou a revolução ágil. Até hoje, a XP continua sendo o mais bem definido e o mais completo de todos os métodos ágeis. As práticas de engenharia que residem em seu centro nevrálgico são o foco desta seção de disciplinas.

Ciclo de Vida

Na Figura I.1, você vê o *Ciclo de Vida* de Ron Jeffries, que mostra as práticas XP. As disciplinas que abordamos neste livro são as quatro do centro e a da extrema esquerda.

Figura I.1 Ciclo de vida: práticas XP

As quatro no centro são as práticas de engenharia XP: Desenvolvimento Orientado a Testes (TDD), Refatoração, Design Simples e Programação em Dupla (que aqui neste livro chamaremos de *programação colaborativa*).

A prática no canto esquerdo, Testes de Aceitação, é a mais técnica e de engenharia, orientada às práticas de negócios XP.

Essas cinco práticas são as disciplinas indispensáveis do desenvolvimento craftsmanship.

Desenvolvimento Orientado a Testes (TDD)

TDD é a disciplina crucial. Sem ela, as outras disciplinas são impossíveis ou ineficazes. Por essa razão, as duas próximas seções que abordam o TDD representam quase metade das páginas deste livro e são intensamente técnicas. Talvez essa organização lhe pareça incongruente.
Na verdade, também me parece isso, e me esforcei para saber o que fazer a respeito. Minha conclusão, no entanto, é que essa incongruência é resultado da incongruência correspondente em nossa área. Poucos programadores conhecem essa disciplina a fundo.

TDD é a disciplina que governa a forma pela qual um programador trabalha, diariamente e a cada segundo. Não é uma disciplina prévia nem posterior. O TDD está integrado e presente durante todo o processo e bem debaixo do seu nariz. Não há como fazer TDD parcial; é uma disciplina do tipo tudo ou nada.

A essência da disciplina TDD é muito simples. Em primeiro lugar, os pequenos ciclos e testes. Os testes vêm em primeiro lugar em tudo.
Os testes são escritos primeiro. Os testes são limpos primeiro. Em todas as atividades, os testes vêm em primeiro lugar. E todas as atividades são divididas no mais ínfimo dos ciclos.

A duração dos ciclos é mensurada em segundos, não em minutos. É calculada em caracteres, não em linhas. O ciclo de feedback é finalizado quase imediatamente após iniciado.

O objetivo do TDD é criar uma suíte de testes em que você confiaria sua vida. Caso a suíte de testes seja aprovada, você deve se sentir seguro para fazer o deploy do código.

De todas as disciplinas, a TDD é a mais onerosa e a mais complexa. É onerosa porque domina tudo. É a primeira e a última coisa em que você pensa. É a restrição que impacta absolutamente tudo o que você faz. É a disciplina que comanda e mantém o ritmo constante, independentemente da pressão e dos problemas do ambiente.

O TDD é complexo devido à complexidade do código. Para cada estrutura ou formato de código, há uma estrutura e um formato TDD correspondente. O TDD é complexo porque os testes devem ser desenvolvidos para se ajustar ao código, não para ser acoplados, devendo abranger quase tudo e, ainda assim, ser executados em segundos. TDD é uma técnica sofisticada e complexa, muito difícil de ser aprendida, mas imensamente gratificante.

Refatoração

Refatoração é a disciplina que nos possibilita escrever um código limpo. Refatorar sem TDD[4] é difícil, ou mesmo impossível. Assim sendo, escrever um código limpo sem TDD é absurdamente difícil ou impossível.

A refatoração é a disciplina em que alteramos o código mal estruturado, melhorando sua estrutura interna *sem afetar seu comportamento*. O comportamento é a parte crítica. Ao garantir que o comportamento do código não seja afetado, temos também a garantia de que as melhorias na estrutura são *seguras*.

O motivo pelo qual não limpamos o código — o motivo pelo qual os sistemas de software se deterioram e apodrecem com o tempo — é que temos medo de que a limpeza do código prejudique seu comportamento. Mas, se tivermos uma forma segura de limpar o código, *conseguiremos* limpá-lo e nossos sistemas não apodrecerão.

---

4 Talvez haja outras disciplinas que poderiam apoiar a refatoração tão bem como o TDD. O test && commit || revert de Kent Beck é uma possibilidade. No momento em que este livro foi escrito, no entanto, ele não tinha desfrutado de um alto grau de adoção e continua sendo mais uma curiosidade acadêmica.

Como garantimos que nossas melhorias não prejudicarão o comportamento do código? Temos os testes TDD.

Refatorar também é uma disciplina complexa, pois há muitas maneiras de se escrever um código mal estruturado. Ou seja, existem inúmeras estratégias para limpar esse código. Além do mais, cada uma dessas estratégias deve se ajustar sem impedimento algum e simultaneamente no primeiro ciclo de teste TDD. Na verdade, essas duas disciplinas estão tão arraigadas que são praticamente inseparáveis. É quase impossível refatorar sem TDD, e é basicamente impossível praticar TDD sem praticar a refatoração.

DESIGN SIMPLES

A vida na Terra pode ser descrita em camadas. No topo está a camada da ecologia, o estudo dos sistemas de coisas vivas. Abaixo, está a camada de fisiologia, o estudo dos mecanismos inerentes à vida. A próxima camada pode ser a microbiologia, o estudo das células, dos ácidos nucleicos, das proteínas e de outros sistemas macromoleculares. E, por sua vez, todas essas camadas são abordadas pela ciência química, enquanto esta última é estudada pela mecânica quântica.

Vamos estender essa mesma analogia à programação: se o TDD é a mecânica quântica da programação, logo a refatoração é a química e o design simples é a microbiologia. Prosseguindo com a analogia, os princípios SOLID, o Design Orientado a Objetos e a Programação Funcional representam a fisiologia, e a arquitetura é a ecologia da programação.

O design simples é quase impossível sem a refatoração. Na realidade, o design simples é o objetivo final da refatoração, e a refatoração é o único meio prático de alcançar esse objetivo. Tal objetivo é a produção de grãos atômicos simples de design que se encaixam bem em grandes estruturas de programas, sistemas e aplicativos.

O design simples não é uma disciplina complexa. Ele é orientado por quatro regras bem simples. No entanto, ao contrário do TDD e da refatoração, o design simples é uma disciplina imprecisa. Ela depende de discernimento e de experiência. Quando bem-feito, é o primeiro indício que separa um aprendiz que conhece as regras de um artesão que entende os princípios. É o começo do que Michael Feathers chamou de *senso de design*.

Programação Colaborativa

A programação colaborativa é a disciplina e a arte de trabalhar junto em uma equipe de software. Isso inclui subdisciplinas como programação em duplas, programação mob, revisões de código e brainstorms. A programação colaborativa envolve todos na equipe, programadores e não programadores. Esse é o principal meio pelo qual compartilhamos conhecimento, asseguramos consistência e integramos a equipe em um todo funcional.

De todas as disciplinas, a programação colaborativa é a menos técnica e a menos prescritiva. Mas talvez seja a mais importante das cinco disciplinas, visto que a formação de uma equipe eficaz é algo raro e valioso.

Testes de Aceitação

O teste de aceitação é a disciplina que vincula a equipe de desenvolvimento de software ao segmento de negócio. O objetivo do negócio é a especificação dos comportamentos desejados do sistema. Esses comportamentos são codificados em testes. Se esses testes forem aprovados, o sistema se comportará conforme especificado.

Os testes devem ser legíveis e passíveis de alteração pela equipe de negócio. É por meio da escrita, da leitura e da aprovação desses testes que a equipe de negócios sabe como o software funciona e faz o que o segmento de negócio precisa que ele faça.

Desenvolvimento Orientado a Testes

Nossa conversa sobre Desenvolvimento Orientado a Testes (TDD) se estende por dois capítulos. Primeiro, apresentaremos os fundamentos básicos do TDD de uma forma bem técnica e detalhada. Neste capítulo, você aprenderá a disciplina passo a passo. Nele, apresento uma boa dose de código para ler e muitos vídeos para assistir.

Lembre-se de que os vídeos disponibilizados estão em inglês. Para acessá-los, registre-se em informit.com/register com o ISBN do livro (9780136915713). O site solicitará a chave de identificação, que é sempre a última palavra (em inglês) da legenda de uma das figuras da obra original. Seguem as legendas em inglês:

Figure I.1 — The Circle of Life: The Practices of XP
Figure 2.1 — Red » Green » Refactor
Figure 2.2 — Rearranged Screen
Figure 2.3 — The Infamous Gutter Ball
Figure 2.4 — Score Sheet of a Typical Game
Figure 2.5 — A UML Diagrama of the Scoring of Bowling
Figure 3.1 — Transition/State Diagram for a Subway Turnstile
Figure 3.2 — Test Doubles
Figure 3.3 — Dummy
Figure 3.4 — Stub
Figure 3.5 — Spy
Figure 3.6 — The Mock Object
Figure 3.7 — The Fake
Figure 3.8 — A Set of Classes and the Four Components that Contaim Them
Figure 4.1 — Testing the Databse
Figure 4.2 — The Interactor is Responsible for Telling the Presenter what Data Should Be Presentes to the Screen
Figure 4.3 — Testing the GUI
Figure 4.4 — Test Specific Subclass Pattern
Figure 4.5 — Self-Shunt Pattern
Figure 4.6 — The General Strategy
Figure 4.7 — Structural Coupling
Figure 4.8 — Interface Layers
Figure 4.9 — Interposing a Polymorphic Interface Between the Test and

the α Family
Figure 4.10 — The Result
Figure 4.11 — The Suite of Test Becomes More Specific, While the Family of Modules Being Tested Becomes More General
Figure 5.1 — Extract Method Dialog
Figure 6.1 — Polymorphism
Figure 6.2 — An Example of an Early Program
Figure 8.1 — A Portion of the Results of One of the Acceptance Tests from the FitNesse Tool
Figure 10.1 — Tests Driven Through the User Interface
Figure 10.2 — Tests Through the API Are Independent of the User Interface
Figure 10.3 — The Stub Supplies Canned Values to the User Interface
Figure 12.1 — Eisenhower's Decision Matrix
Figure 12.2 — A Simple Java Program
Figure 12.3 — Handwritten Proof of the Algorithm
Figure 13.1 — Punch Card
Figure 13.2 — A Bulletin Board

No Capítulo 3, "TDD Avançado", abordaremos muitas das armadilhas e dos dilemas com os quais os iniciantes em TDD se deparam, como bancos de dados e interfaces gráficas de usuário. Nós também nos aprofundaremos nos princípios de design que orientam um bom design de teste e nos padrões de design de teste. Por fim, investigaremos algumas possibilidades teóricas interessantes e abrangentes.

Visão Geral

Zero é um número importante. É o número do equilíbrio. Quando os dois lados de uma balança estão equilibrados, o ponteiro da balança indica zero. Um átomo neutro, em que o número de elétrons e de prótons é igual, tem carga zero. A soma das forças em uma ponte é igual a zero. Zero é o número do equilíbrio. Você já se perguntou por que o montante de dinheiro em sua conta-corrente se chama saldo? Porque o saldo da sua conta é a soma de todas as transações que depositaram ou retiraram dinheiro dessa conta. Mas as transações sempre têm dois lados, pois as transações movimentam dinheiro *entre* contas.

De um lado, temos uma transação que afeta sua conta. Do outro, uma transação que afeta alguma outra conta. Cada transação cujo lado deposita dinheiro em sua conta tem um lado oposto que retira essa quantia de alguma outra conta. Sempre que você preenche um cheque, um lado da transação retira o dinheiro de sua conta e o lado oposto deposita esse dinheiro em alguma outra conta. Logo, o saldo em sua conta é a soma dos lados adjacentes das transações. A soma dos lados opostos deve ser igual e oposta ao saldo da sua conta. A soma de todos os lados, que debita e que retira, deve ser zero.

Há 2 mil anos, Gaius Plinius Secundus, conhecido como Plínio, o Velho, percebeu essa lei da contabilidade e inventou a disciplina de escrituração contábil das partidas dobradas. Ao longo dos séculos, essa disciplina foi aperfeiçoada pelos banqueiros do Cairo e, depois, pelos mercadores de Veneza. Em 1494, Luca Pacioli, um frade franciscano amigo de Leonardo Da Vinci, documentou a primeira descrição definitiva da disciplina. Ela fora publicada em forma de livro, impressa pela prensa recém-inventada, e a técnica ganhou o mundo.

Em 1772, à medida que a Revolução Industrial ganhava força, Josiah Wedgwood estava tendo dificuldades para alcançar o sucesso. Ele foi o fundador de uma fábrica de cerâmica e seu produto tinha uma demanda tão alta que ele quase faliu tentando atendê-la. Wedgwood adotou a contabilidade por partidas dobradas e, assim, foi capaz de enxergar como o dinheiro estava entrando e saindo de seu negócio, uma solução que antes não havia lhe ocorrido. E, ao acertar esses fluxos de movimentação, evitou a falência iminente e construiu um negócio que existe até hoje.

Wedgwood não estava sozinho nessa. A industrialização impulsionou o amplo crescimento econômico da Europa e dos Estados Unidos. Para administrar todos os fluxos de dinheiro resultantes desse crescimento, um número cada vez maior de empresas adotou a disciplina. Em 1795, Johann Wolfgang von Goethe escreveu o seguinte em *Os Anos de Aprendizado de Wilhelm Meister*. Preste muita atenção neste trecho literário, pois, em breve, retomaremos esta citação.

> "Põe-no de lado, atira-o ao fogo!", respondeu Werner. "O argumento não tem nenhum mérito; já na época essa tua composição literária me causou muito dissabor, além de atrair a irritação de teu pai. É possível que

contenha bons versos, mas a ideia é falsa por natureza. Ainda me lembro de tua personificação do Comércio, de tua encarquilhada e deplorável sibila. Deves ter apanhado essa imagem de um empório miserável qualquer. Do comércio não fazias então a menor ideia; quanto a mim, não saberia dizer que espírito tem mais envergadura, ou pelo menos deveria ter, que o espírito de um verdadeiro comerciante. Que panorama nos oferece a ordem com que conduzimos nossos negócios! Permite-nos abarcar a todo momento o conjunto, sem que tenhamos de nos embaraçar com as minúcias. Que de vantagens não proporcionam ao comerciante as partidas dobradas! É uma das mais belas invenções do espírito humano, e todo bom gestor deveria introduzi-las em seus negócios."[1]

Hoje, as partidas dobradas da contabilidade funcionam como uma lei em quase todos os países do globo. Em grande parte, essa disciplina define a profissão contábil. Mas retomemos a citação de Goethe. Repare as palavras que Goethe usou para descrever os meios de "comércio" que ele tanto detestava:

> "...tua encarquilhada e deplorável sibila. Deves ter apanhado essa imagem de um empório miserável qualquer."

De acordo com o Grande Dicionário Etimológico-Prosódico da Língua Portuguesa, encarquilhada tem o sentido de sem viço, grosseiro, sem vigor. Por outro lado, a palavra sibila, de origem greco-romana, significa feiticeira, profetisa. Você já viu algum código que corresponda a essa descrição? Um código grosseiro, que mais parece feitiçaria? Tenho certeza que sim. Eu também já vi. Na verdade, se você é como eu, então já viu muitos, muitos códigos assim. Se você é como eu, já *escreveu* muito código encarquilhado e deplorável.

Agora, vamos dar uma última espiada nas palavras de Goethe:

> "Que panorama nos oferece a ordem com que conduzimos nossos negócios! Permite-nos abarcar a todo momento o conjunto, sem que tenhamos de nos embaraçar com as minúcias."

É significativo que Goethe atribua essa poderosa vantagem à simples disciplina contábil das partidas dobradas.

---

1 N. da T.: Tradução de Nicolino Simone Neto.

Software

A contabilidade adequada é absolutamente vital para o funcionamento de uma empresa moderna, e a disciplina contábil das partidas dobradas é vital para a manutenção apropriada da contabilidade. Será que a manutenção adequada de um software é menos vital para o funcionamento de uma empresa? De jeito nenhum! No século XXI, o software está no cerne de todos os negócios e empresas.

Mas, então, o que os desenvolvedores de software podem usar como disciplina para que tenham o controle e a visualização de seu software, assim como os contadores e os gerentes têm por meio das partidas dobradas que lhes possibilita toda a visão dos créditos e dos débitos? Talvez você pense que software e contabilidade são conceitos tão divergentes que não é possível relacioná-los. Permita-me discordar.

Considere a contabilidade como um tipo de ofício mágico. Como não somos versados em seus rituais nem sabemos seus segredos cabalísticos, não entendemos nada sobre a complexidade da profissão contábil. E qual é o produto do trabalho dos contadores? É um conjunto de documentos organizados de forma complicada que, para um leigo, é bem confuso. Esses documentos estão repletos de conjuntos de símbolos que poucos, exceto os próprios contadores, conseguem entender. Mas, se um desses símbolos estiver errado, isso resultaria em consequências terríveis. Empresas entrariam em colapso e executivos seriam presos.

Agora, veja como a contabilidade é semelhante ao desenvolvimento de software. Na verdade, o desenvolvimento de software é um ofício mágico, feitiçaria. As pessoas que não são versadas em seus rituais e nem sabem os segredos cabalísticos do desenvolvimento não têm a menor ideia do que se passa debaixo da ponta do iceberg. E o produto? A mesma coisa, um conjunto de documentos: o código-fonte — documentos organizados de uma forma bastante complicada e confusa, repletos de símbolos que somente os próprios programadores conseguem decifrar. No entanto, se um desses símbolos estiver errado, isso resultaria em consequências terríveis.

As duas profissões são extremamente parecidas. Ambas se preocupam com o gerenciamento intenso e meticuloso de detalhes intrincados. Ambas exigem treinamento e experiência substanciais para um bom desempenho. Ambas estão envolvidas na elaboração de documentos complexos cuja precisão, no âmbito de símbolos individuais, é determinante.

Contadores e programadores podem até não admitir, mas são parecidos por natureza. E a disciplina da profissão mais antiga deve ser atentamente estudada pela profissão mais jovem.

Como você verá a seguir, o TDD *é* como o conceito das partidas dobradas. É a mesma disciplina, realizada com o mesmo propósito e que entrega os mesmos resultados. Tudo passa por uma dupla verificação, tudo deve corresponder e ser equilibrado, visando a aprovação dos testes.

As Três Regras TDD

Antes de apresentarmos as três regras — ou leis, se você preferir — vamos abordar algumas questões prévias. O TDD é uma disciplina cuja essência tem os seguintes objetivos:

1. Criação de uma suíte de testes que permita a refatoração e seja confiável, de modo que a aprovação se traduza em capacidade de implementação. Ou seja, se a suíte de testes for aprovada, se passar, o sistema pode ser implementado.
2. Desenvolvimento de um código de produção que seja desacoplado o suficiente para que possa ser testado e refatorado.
3. Criação de um ciclo de feedback extremamente curto, garantindo a tarefa de escrever programas com um ritmo e uma produtividade estáveis.
4. Criação de testes e de códigos de produção que sejam suficientemente desacoplados um do outro a fim de possibilitar a manutenção funcional de ambos, sem o impedimento de replicar as mudanças entre os dois.

A disciplina TDD está personificada em três regras completamente arbitrárias. A comprovação da arbitrariedade dessas regras é que a essência pode ser alcançada por meios bastante diferentes, em especial a disciplina de Kent Beck, chamada test && commit || revert (TCR). Embora o TCR seja completamente diferente do TDD, a técnica alcança precisamente os mesmos objetivos essenciais.

As três regras TDD são os fundamentos básicos da disciplina. Segui-las é muito difícil, sobretudo no início. Adotá-las também exige um pouco de habilidade e conhecimento difíceis de se obter. Caso tente adotar essas regras práticas sem o mínimo de habilidade e conhecimento, provavelmente se frustrará e desistirá da disciplina. Abordaremos essa habilidade e esse conhecimento nos próximos capítulos. Por ora, esteja avisado: adotar essas regras sem o devido preparo será dificílimo.

A Primeira Regra

Não escreva nenhum código de produção antes de elaborar um teste que falhou devido à falta desse mesmo código.

Se você for um programador com anos de experiência, talvez ache essa regra um absurdo. Talvez você esteja se perguntando como escrever um teste para um código que ainda nem existe. E você se pergunta isso porque normalmente a expectativa é que os testes sejam escritos após o código. Mas, se pensarmos a respeito, você perceberá que, se pode escrever o código de produção, também pode escrever o código que testa o código de produção. Talvez lhe pareça desorganizado, porém não lhe faltam informações que o impeçam de escrever o teste primeiro.

A Segunda Regra

Não escreva mais testes do que o suficiente para a identificação da falha ou para a falha na compilação. Resolva a falha escrevendo um pouco do código de produção.

De novo, se você for um programador experiente, provavelmente se dará conta de que a primeira linha do teste não será compilada, já que essa primeira linha será escrita para interagir com o código que ainda não existe. E, logicamente, isso significa que você não conseguirá escrever mais de uma linha de teste, antes de ter que começar a escrever o código de produção.

A Terceira Regra

> *Quando o teste falhar, não escreva mais códigos de produção do que o suficiente para a falha corrente. Depois que o teste for aprovado, escreva mais código de teste.*

Agora o ciclo está completo. O que deve ficar óbvio é que essas três leis o envolvem em um ciclo de apenas alguns segundos. Funciona assim:

- Você escreve uma linha de código de teste, mas não compila (logicamente).
- Você escreve uma linha de código de produção que faz o teste compilar.
- Você escreve outra linha de código de teste, mas não compila.
- Você escreve outra linha de código de produção que faz o teste compilar.
- Você escreve outra linha ou duas de código de teste que compila, mas falha na asserção.
- Você escreve outra linha ou duas de código de produção que passa na asserção.

E essa será sua vida de agora em diante. Mais uma vez, o programador experiente provavelmente achará isso um absurdo. As três regras o envolvem em um ciclo de apenas alguns segundos.

Sempre que percorrer esse ciclo, você está revezando entre o código de teste e o código de produção. Você nunca escreverá somente uma instrução `if` ou um loop `while`. Você nunca escreverá apenas uma função. Você ficará atrelado indefinidamente a esse minúsculo loop de alternância de contextos entre o código de teste e o código de produção.

Talvez você ache isso tedioso, monótono e demorado. Você pode achar que esse ciclo atrapalhará seu progresso e dificultará sua linha de raciocínio. E que tudo isso não passa de uma tremenda bobagem. Talvez você ache que essa abordagem o leve a produzir "código espaguete" ou um código com pouco ou nenhum design — uma salada mista inconsistente de testes e de código que faz com que esses mesmos testes passem.

Deixe de lado esses pensamentos por um momento e me acompanhe.

Esqueça o Debug-foo

Quero que você imagine uma sala tomada de pessoas que seguem essas três regras — uma equipe de desenvolvedores trabalhando para a implementação de um sistema importante. Escolha qualquer um deles, a qualquer momento. Tudo em que o programador está trabalhando foi executado e acabou de passar em todos os testes em menos de um minuto. E as coisas são sempre assim. Não importa quem você escolhe ou quando escolhe. Tudo acabou de funcionar em menos de um minuto.

Como seria sua vida se tudo funcionasse em menos de um minuto? O quanto você teria que debugar? O fato é que, se tudo funcionou em menos de um minuto, provavelmente não há muito o que debugar.

Você é bom em usar um debugger? Você é bom no debug-foo? Já memorizou todas as teclas de atalho? Para você, é natural definir os breakpoints e os watchpoints, e mergulhar de cabeça em uma bela sessão de debugging?

Essa não é uma habilidade desejável!

Não é muito legal ser fera em debugar. O único modo de você ficar bom em usar um debugger é passar um bom tempo debugando. Mas eu não quero que você gaste muito tempo debugando. E você também não deveria querer. Quero que você gaste o máximo de tempo possível escrevendo código que funcione e menos tempo corrigindo código que não funciona.

Quero que o uso do debugger seja tão raro que você esqueça as teclas de atalho até se esquecer do debug-foo. Quero que você olhe para o stepping over (F10) e para o stepping into (F11) e fique confuso. Quero que você perca a prática no debugger a tal ponto de ele lhe parecer esquisito e lento. E você deve querer isso também. Quanto mais à vontade se sentir com um debugger, mais coisa errada você está fazendo.

Agora, não posso prometer que essas três regras eliminarão a necessidade do debugger. Você ainda terá que debugar de vez em quando. Ainda é um software; ainda é difícil. Mas a frequência e a duração de suas sessões de debugging sofrerão uma queda drástica. Você gastará mais tempo escrevendo código que funciona e menos tempo corrigindo código que não funciona.

Documentação

Caso já tenha feito a integração do pacote de outra pessoa, você sabe muito bem que junto com o pacote de software vem um PDF escrito por um redator de tecnologia. O propósito desse documento é descrever como integrar o pacote de outra pessoa. No fim desse documento, quase sempre há um apêndice horroroso com todos os *exemplos de código* para integrar o pacote.

Claro, esse apêndice é a primeira coisa que você olha. Mas você não quer ler o que um redator de tecnologia escreveu *sobre* o código; você quer ler o código. E esse código lhe dirá muito mais do que as palavras escritas pelo redator de tecnologia. Se tiver sorte, poderá até copiar/colar o código para a sua aplicação, onde poderá lidar com ele para que funcione.

Ao seguir as três regras, você está escrevendo os *exemplos de código* para todo o sistema. E esses testes que você está escrevendo explicam cada detalhe a respeito do funcionamento do sistema. Se você quiser saber como criar um determinado objeto de negócio [business object ou BO], existem testes que mostram como criá-lo de todas as formas possíveis. Se quiser saber como chamar uma determinada função de API, existem testes que demonstram essa função de API e todas as suas possíveis condições de erro e exceções. Na suíte de testes, existem testes que lhe informarão tudo o que você deseja saber sobre os detalhes do sistema.

Esses testes são documentos que especificam todo o sistema em seu nível mais baixo. Esses documentos são escritos em uma linguagem que você entende bem. São totalmente claros, sem qualquer ambiguidade. Eles são tão explícitos que podem ser executados. E eles têm que estar sincronizados com o sistema.

No que diz respeito aos documentos, eles são quase perfeitos.

Não quero exagerar, sabe? Os testes não são bons assim para descrever a motivação de um sistema. Eles não são documentos refinados. Mas, no nível mais baixo, eles são melhores do que qualquer outro tipo de documento que possa ser escrito. Eles são códigos. E você sabe que o código lhe dirá a verdade.

Talvez você esteja preocupado, pois os testes serão tão difíceis de entender quanto o sistema como um todo. Mas não é o que acontece. Cada teste é um pequeno fragmento de código que se concentra em uma parte muito restrita do sistema como um todo. Sozinhos, os testes não formam um sistema. Os testes não se conhecem, logo não existe um emaranhado desorganizado de dependência entre eles. Cada teste funciona sozinho. Cada teste é compreensível por si só. Cada teste informa exatamente o que você precisa entender dentro de uma parte muito restrita do sistema.

Novamente, não quero exagerar as coisas. É possível escrever testes pouco transparentes e complexos, difíceis de ler e de entender, mas isso não é necessário. Na verdade, um dos objetivos deste livro é ensiná-lo a escrever testes que sejam documentos transparentes e limpos, capazes de descrever o sistema subjacente.

Lacunas no Design

Você já escreveu testes a posteriori? A maioria de nós já escreveu. Escrever testes depois de escrever o código é a forma mais comum de escrever os testes. Mas não é muito divertido, não é?

Não é lá muito divertido porque, no momento em que escrevemos os testes, já sabemos que o sistema funciona, pois o testamos manualmente.

Estamos apenas escrevendo os testes por obrigação ou culpa ou, talvez, porque nossa gerência exigiu um pouco de cobertura de teste. Assim, a contragosto, arregaçamos as mangas e escrevemos um teste após o outro, sabendo que cada teste que escrevermos será aprovado. Tedioso, chato, chato demais.

Fatalmente, chegamos ao teste difícil de escrever. Difícil de escrever porque não arquitetamos o código para ser testável; ao contrário, estávamos focados em fazê-lo funcionar. Agora, para testar o código, teremos que alterar o design.

Mas isso é um saco. Leva muito tempo e pode quebrar outras partes do código. E já sabemos que o código funciona, pois o testamos de forma manual. Como resultado, abrimos mão desse teste, deixando uma lacuna na suíte de testes. Não me diga que nunca fez isso. Você sabe muito bem que já fez.

Você também sabe que, se deixou uma lacuna na suíte de testes, todo mundo na equipe também deixou, logo você sabe que a suíte de testes está repleta de lacunas.

Na suíte de testes, é possível determinar a quantidade de lacunas pelo volume e pela duração das risadas dos programadores quando ela é aprovada. Agora, se os programadores estiveram rachando o bico de rir, então a suíte de testes tem muitas lacunas.

Uma suíte de testes que faz todos rirem quando passa não é uma suíte lá muito útil. Talvez ela informe algumas quebras, mas, quando ela passa, você não pode tomar nenhuma decisão. Quando aprovada, tudo que você sabe é que algumas coisas funcionam.

Uma boa suíte de testes não tem lacunas. Uma boa suíte de testes possibilita que você tome uma decisão quando aprovada. E essa decisão é fazer o *deploy*. Caso a suíte de testes passe, você deve se sentir seguro em recomendar que o sistema seja implementado. Agora, se a suíte de testes não inspira confiança, ela serve para quê?

Diversão

Ao seguir as três regras, algo muito diferente acontece. Em primeiro lugar, é divertido. Mais uma vez, não quero exagerar. TDD não é tão divertido quanto ganhar o *jackpot* num cassino em Las Vegas. Não é tão divertido quanto ir a uma festa ou mesmo jogar *Chutes and Ladders* com seu filho de quatro anos. Na realidade, *diversão* talvez não seja a palavra ideal para se usar.

Você se lembra de seu primeiro programa que rodou? Você se lembra de como se sentiu? Talvez tenha sido em uma loja de departamentos local, com antigo um TRS-80 ou um Commodore 64. Talvez você tenha escrito um reles e pequeno loop infinito que printava seu nome na tela e não acabava nunca. Talvez você tenha saído do computador e estampando um sorrisinho no rosto, sabendo que agora era o dono do mundo e que todos os computadores se ajoelhariam perante a você para sempre em sinal de reverência.

Sempre que completar um ciclo TDD, é justamente um pouco desse sentimento que tomará conta de você. Cada teste que falha do jeito que você esperava lhe faz balançar a cabeça e sorrir um pouco. Sempre que escrevemos um código em que o teste com falha é aprovado, nos lembramos de que uma vez fomos os donos do universo e de que ainda somos *poderosos*. Sempre que completar o ciclo TDD, uma pequena dose de endorfina será liberada na parte primitiva de seu cérebro, fazendo com que você se sinta um bocado mais competente, confiante e preparado para enfrentar o próximo desafio. E, embora seja uma sensação ínfima, ainda assim é um pouco divertida.

Design

Mas esqueça a diversão. Outra coisa mais importante acontece quando você escreve os testes primeiro. Acontece que você não pode escrever um código difícil de testar caso escreva os testes primeiro. O simples ato de escrever primeiro um teste faz com que você seja coagido a desenvolver um código fácil de testar. Não há como fugir disso. Se você seguir as três regras, seu código será fácil de testar.

O que faz com que o código seja difícil de testar? Acoplamento e dependências. O código fácil de testar não tem acoplamentos, nem dependências. O código fácil de testar é desacoplado! Ao adotar as três leis aqui propostas, você é obrigado a escrever um código desacoplado. De novo, não há como fugir disso. Caso escreva os testes primeiro, o código que passar será desacoplado de uma forma que você nunca viu.

E isso é uma coisa muito boa.

E Todos Foram Felizes para Sempre

Vejamos a série de benefícios que o uso das três leis TDD proporciona:

- Você gastará mais tempo escrevendo código que funciona e menos tempo corrigindo código que não funciona.
- Você elaborará um conjunto de documentação de baixo nível quase perfeito.
- É divertido — pelo menos, é encorajador.
- Você desenvolverá uma suíte de testes que lhe dará confiança para fazer o deploy.
- Você desenvolverá designs menos acoplados.

Talvez essas razões lhe convençam de que o TDD é uma coisa boa. Quem sabe elas sejam o bastante para que você ignore seu primeiro impulso inicial, até mesmo sua resistência. Talvez.

Mas existe uma razão indiscutível no que diz respeito à importância da disciplina TDD.

Medo

Programar não é fácil. Talvez seja a coisa mais difícil que os humanos tentam conhecer a fundo. Nossa civilização atualmente depende de centenas de milhares de aplicações de software interconectados, e cada um deles tem centenas de milhares, senão dezenas de milhões de linhas de código. Não existe outra engrenagem humana com tantos elementos complexos.

Cada uma dessas aplicações é sustentada por equipes de desenvolvedores que estão morrendo de medo de mudanças. O que é uma ironia do destino, pois a verdadeira razão dos softwares existirem é a possibilidade de alterarmos facilmente o comportamento de nossas máquinas. No entanto, os desenvolvedores de software sabem que qualquer mudança representa um risco de quebrar o código, e isso pode ser absurdamente difícil de identificar e de corrigir.

Imagine que você está encarando a tela do computador e se depara com um emaranhado horroroso de código. Talvez você nem precise se esforçar tanto para imaginar porque, para a maioria de nós, isso é uma cena comum do nosso cotidiano.

Agora, digamos que, ao espiar o código, por um breve momento, lhe ocorre a ideia de que você deve limpá-lo um pouco. Mas o próximo pensamento que martela em sua cabeça é "NÃO VOU PÔR A MÃO NISSO!" porque você sabe que, se colocar a mão no código, vai quebrá-lo; e, se quebrá-lo, esse código passará a ser *seu para sempre*.

É uma reação medrosa. Você tem medo de fazer a manutenção do código. Tem medo das consequências de quebrá-lo.

E o resultado desse medo é a deterioração do código. Ninguém o limpará. Ninguém fará melhorias nele. E, quando as alterações forem necessárias, elas serão realizadas da forma mais segura para o programador e não pensando na melhoria do sistema. Isso prejudicará o design, o código apodrecerá e a produtividade da equipe diminuirá, continuando a diminuir até que a equipe não produza mais nada.

Pergunte-se: já aconteceu de você não sair do lugar e ficar atrasado devido a um código ruim em seu sistema? Claro que já aconteceu. E agora você sabe por que esse código ruim existe. Existe porque ninguém tem coragem de fazer alguma coisa para melhorá-lo. Ninguém se atreve nem se arrisca a limpá-lo.

Coragem

Mas e se você tivesse uma suíte de testes em que confiasse tanto que pudesse recomendar a implementação sempre que essa suíte de testes fosse aprovada? E se essa suíte de testes fosse executada em segundos? Você teria medo de limpar aos poucos o sistema?

Imagine aquele código na sua tela de novo. Imagine uma ideia perdida de que você poderia limpá-lo um pouco. O que lhe impediria? Você tem os testes. No exato momento em que você quebrar alguma coisa, esses testes lhe informarão.

Com essa suíte de testes, você consegue, de forma segura, limpar o código. Com essa suíte de testes, você consegue, *de forma segura*, limpar o código. *Com essa suíte de testes, você consegue, de forma segura, limpar o código.*

Não, não foi um erro de digitação. Eu queria que ficasse claro, muito claro para você, leitor. Com essa suíte de testes, você consegue, de forma segura, limpar o código! E, se consegue limpar o código de forma segura, você *limpará* o código. E o mesmo acontecerá com todos os outros membros da equipe, porque ninguém gosta de bagunça.

A Regra do Escoteiro

Se você tem aquela suíte de testes na qual confia sua vida profissional, pode seguir tranquilamente esta simples diretriz:

Verifique o código de forma mais limpa do que você verificou antes.

Imagine se todo mundo fizesse isso? Antes de verificar o código, o programador faz um gesto de gentileza no código. Ele limpa um pouco o código. Imagine se cada verificação deixasse o código mais limpo? Imagine que, ao verificar o código, ninguém o tenha deixado pior do que estava e sim melhor do que antes.

Como seria a manutenção de um sistema desses? O que aconteceria com as estimativas e os cronogramas se, com o tempo, o sistema ficasse cada vez mais limpo? Qual seria o tamanho de sua lista de bugs? Você precisaria de um banco de dados automatizado para manter essas listas de bugs?

O Motivo

Mantenha o código limpo. Limpe constantemente o código. É por esse motivo que praticamos o TDD. Praticamos o TDD a fim de nos orgulharmos do trabalho que fazemos. Para, quando olharmos o código, sabermos se está limpo ou não. A fim de sabermos que, sempre que colocarmos a mão nesse código, ele ficará melhor do que antes. E para que quando voltarmos para casa à noite possamos nos olhar no espelho e sorrir, sabendo que fizemos um bom trabalho hoje.

A Quarta Lei

Falarei muito, muito mais sobre a refatoração nos próximos capítulos. Por enquanto, quero afirmar que a refatoração é a quarta regra do TDD.

A partir das três primeiras regras, é fácil enxergar que o ciclo TDD compreende escrever um pouco de código de teste que falha e, em seguida, escrever um pouco de código de produção que seja aprovado no teste de falha. Podemos imaginar um semáforo que alterna entre vermelho e verde a cada poucos segundos.

No entanto, se deixássemos esse ciclo prosseguir dessa forma, o código de teste e o código de produção se deteriorariam rapidamente. Por quê? Porque os humanos não são lá muito bons em fazer duas coisas ao mesmo tempo. Se nos concentrarmos em escrever um teste que falha, provavelmente não será um teste bem elaborado. Se nos concentrarmos em escrever um código de produção que seja aprovado no teste, provavelmente não será um bom código de produção. Se nos concentrarmos no comportamento que queremos, não estaremos nos concentrando na estrutura que desejamos.

Não se iluda. Você não consegue fazer as duas coisas ao mesmo tempo. Já é difícil fazer com que o código se comporte da maneira que queremos. Mais difícil ainda é escrever um código que tenha o comportamento e a estrutura desejadas. Assim, vamos seguir o conselho de Kent Beck:

Primeiro faça o código funcionar. Então faça o código funcionar adequadamente.

Por isso, adicionamos uma nova regra às três regas TDD: a regra da refatoração. Primeiro, você escreve um pouco de código de teste para a falha. Em seguida, você escreve um pouco de código de produção para ser aprovado no teste. Então, você limpa a bagunça que acabou de fazer.

O semáforo ganha uma nova cor: vermelho → verde → refatorar (Figura 2.1).

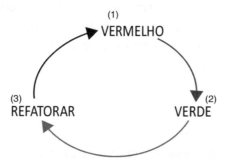

Figura 2.1 Vermelho → verde → refatorar

Provavelmente você já ouviu falar em refatoração e, como eu disse antes, gastaremos muito tempo falando a respeito nos próximos capítulos. Por ora, deixe-me refutar alguns mitos e equívocos:

- Refatorar é uma atividade constante. A cada ciclo TDD completo, você limpa as coisas.
- Refatorar não muda o comportamento. Você somente faz a refatoração quando os testes passam, e os testes continuam a passar à medida que você refatora.
- A refatoração *nunca* aparece em um cronograma ou no planejamento. Você não reserva tempo para refatoração. Você não pede autorização para refatorar. Você refatora *sempre* e o *tempo todo*.

A refatoração é o equivalente a lavar as mãos depois de usar o banheiro. É o tipo de coisa que você sempre faz por uma questão de senso comum.

Princípios Básicos

É muito difícil elaborar bons exemplos de TDD em um livro. O ritmo TDD simplesmente não transparece muito bem. Nas páginas a seguir, tento expressar esse ritmo com timestamps e callouts adequados. Mas, para de fato entender a verdadeira frequência desse ritmo, você precisa vê-la.

Ou seja, cada um dos exemplos a seguir tem um vídeo online correspondente que o ajudará a ver o ritmo. Assista a cada vídeo na íntegra e, em seguida, volte ao livro e leia a explicação com timestamps. Caso não tenha acesso aos vídeos, preste atenção aos timestamps nos exemplos para que possa deduzir o ritmo.

Exemplos Simples

Conforme você analisa esses exemplos, é provável que os desconsidere porque tratam de problemas pequenos e simples. Talvez você chegue à conclusão de que o TDD só é eficaz em "exemplos de demonstração" e não funciona em sistemas complexos. Isso seria um tremendo erro.

O objetivo fundamental de qualquer designer de software bom é dividir sistemas grandes e complexos em um conjunto de problemas pequenos e simples. A tarefa de um programador é dividir esses sistemas em linhas individuais de código. Ou seja, os exemplos a seguir são exemplos inteiramente representativos de TDD, *independentemente do tamanho do projeto*.

E posso reiterar isso. Já trabalhei em sistemas enormes, construídos com TDD, e posso afirmar por experiência própria que o ritmo e as técnicas TDD não dependem do escopo. Não importa o tamanho. Ou melhor, quando se trata de procedimento e de ritmo, o tamanho pouco importa. No entanto, o tamanho impacta profundamente a velocidade e o acoplamento dos testes, mas isso é assunto para os próximos capítulos.

Pilha (Stack)

Assista ao vídeo: StackAccess. Registre-se em informit.com/register (conteúdo em inglês, mais informações na introdução deste capítulo).

Começamos com um problema bem simples: criar uma pilha de inteiros. À medida que analisamos esse problema, repare que os testes responderão a quaisquer perguntas que você tenha sobre o comportamento da pilha. É um típico exemplo da importância da documentação dos testes. Repare também que, ao fazer os testes serem aprovados quando inserimos valores absolutos, parece que estamos trapaceando. Essa é uma estratégia TDD comum cujo papel é imprescindível. Falarei sobre ela conforme avançamos. Que os jogos comecem:

```java
// T: 00:00 StackTest.java
package stack;

import org.junit.Test;

public class StackTest {
  @Test
  public void nothing() throws Exception {
  }
}
```

É uma boa prática sempre começar com um teste que não faz nada e garantir que ele passe. Isso ajuda a garantir que todo o ambiente de execução esteja funcionando. A seguir, nos deparamos com o problema do que testar. Se não temos código, testaremos o quê?

A resposta para essa pergunta é simples. Vamos supor que já conhecemos o código que queremos escrever: pilha de classe pública. No entanto, não podemos escrevê-lo, pois não temos um teste que falha à sua ausência. Assim, seguindo a primeira regra, escrevemos um teste que nos obriga a escrever o código que já sabemos que queremos escrever.

> *Regra 1: escreva um teste que o obrigue a escrever o código que você já sabe que quer escrever.*

Essa é a primeira de muitas regras que estão por vir. Essas "regras" são uma espécie de heurística. São conselhos que darei vez ou outra, à medida que avançamos nos exemplos.

A Regra 1 não é nenhum bicho de sete cabeças. Se você consegue escrever uma linha de código, então consegue escrever um teste que testa essa linha de código, e você pode escrevê-la primeiro. Portanto:

```java
// T:00:44 StackTest.java
public class StackTest {
  @Test
  public void canCreateStack() throws Exception {
    MyStack stack = new MyStack();
  }
}
```

Utilizo o **negrito** para mostrar o código que foi alterado ou adicionado, e a fonte com destaque cinza para representar o código que não compila. Escolhi o nome `MyStack` para nosso exemplo, pois a palavra `stack` já é velha conhecida do ambiente Java.

Observe que, no trecho de código, mudamos o nome do teste para expressar nossa intenção. Assim, podemos criar uma pilha. Agora, como `MyStack` não compila, é melhor seguirmos a segunda regra. Porém, conforme a terceira regra, é melhor não escrevermos mais do que precisamos:

```java
// T: 00:54 Stack.java
package stack;

public class MyStack {
}
```

Após dez segundos, o teste é compilado e aprovado. De início, quando escrevi este exemplo, boa parte desses dez segundos foi gasta reorganizando minha tela para que eu conseguisse ver os dois arquivos ao mesmo tempo. Minha tela agora se parece com a Figura 2.2. Os testes estão à esquerda, e o código de produção à direita. Normalmente, ajeito minha tela desse modo. É bom ter espaço na tela.

Desenvolvimento Orientado a Testes

Figura 2.2 Tela reajustada

MyStack não é lá um nome bom, mas evita o conflito de nomes. Agora que MyStack está declarado no stack package, vamos alterá-lo de volta para Stack. Levou quinze segundos. **Os testes ainda foram aprovados**.

```
// T:01:09 StackTest.java
public class StackTest {
  @Test
  public void canCreateStack() throws Exception {
    Stack stack = new Stack();
  }
}

// T: 01:09 Stack.java
package stack;

public class Stack {
}
```

Aqui vemos outra regra: vermelho → verde → refatorar. Nunca perca a oportunidade de limpar as coisas.

Regra 2: faça o teste falhar. Faça o teste passar. Limpe o código.

Escrever um código que funcione não é nada fácil. Agora, escrever um código que funcione e seja limpo é mais difícil ainda. Felizmente, podemos dividir nossa tarefa em duas etapas. Podemos escrever um código horrível que funcione. Depois, se tivermos os testes, podemos limpar esse código horrível com facilidade enquanto ele ainda funciona.

Assim, a cada ciclo TDD completo, aproveitamos a oportunidade para limpar um pouco qualquer bagunça que possamos ter feito. Você deve ter percebido que nosso teste não faz nenhuma asserção sobre nenhum comportamento. Apesar de compilar e passar, o teste não faz assertiva alguma sobre a pilha recém-criada, mas podemos corrigir isso em quinze segundos:

```
// T: 01:24 StackTest.java
public class StackTest {
  @Test
  public void canCreateStack() throws Exception {
    Stack stack = new Stack();
    assertTrue(stack.isEmpty());
  }
}
```

Aqui, a segunda regra entra em cena, então é melhor compilarmos:

```
// T: 01:49
import static junit.framework.TestCase.assertTrue;

public class StackTest {
  @Test
  public void canCreateStack() throws Exception {
    Stack stack = new Stack();
    assertTrue(stack.isEmpty());
  }
}

// T: 01:49 Stack.java
public class Stack {
  public boolean isEmpty() {
    return false;
  }
}
```

Após 25 segundos, ele compila, mas **falha**. A falha é proposital: `isEmpty` é programado especificamente para retornar `false`, já que a primeira regra postula que o teste deve falhar — mas por que ela exige isso? Porque agora conseguimos ver que nosso teste falha quando deveria falhar. Testamos nosso teste. Ou melhor, testamos metade dele. Podemos testar a outra metade alterando `isEmpty` para retornar `true`:

```
// T: 01:58 Stack.java
public class Stack {
  public boolean isEmpty() {
    return true;
  }
}
```

Após nove segundos, o teste **passa**. Levou nove segundos para garantir que o teste fosse aprovado e reprovado. A primeira vez que os programadores veem `false`, e depois `true`, costumam dar risada, pois parece um tanto ridículo. Parece trapaça. Só que não é trapaça nem ridículo. Levou meramente nove segundos para garantir que o teste fosse aprovado e reprovado. Por que cargas d'água *não* faríamos isso?

Qual é o próximo teste? Bem, sabemos que precisamos escrever a função `push`. Então, segundo a Regra 1, escrevemos o teste que nos obriga a escrever a função `push`:

```
// T 02:24 StackTest.java
@Test
public void canPush() throws Exception {
  Stack stack = new Stack();
  stack.push(0);
}
```

Mas o código não compila. De acordo com a Regra 2, devemos escrever o código de produção que fará com que ele seja compilado:

```
// T: 02:31 Stack.java
public void push(int element) {

}
```

Logicamente, compilou, mas agora temos outro teste sem assertiva. O que podemos afirmar com clareza é que, após usar a função push, a stack não está vazia:

```java
// T: 02:54 StackTest.java
@Test
public void canPush() throws Exception {
  Stack stack = new Stack();
  stack.push(0);
  assertFalse(stack.isEmpty());
}
```

Claro que o teste falha, pois isEmpty retorna true, assim precisamos fazer algo um pouco mais inteligente, como criar um flag booleano a fim de rastrear o Empty:

```java
// T: 03:46 Stack.java
public class Stack {
  private boolean empty = true;

  public boolean isEmpty() {
    return empty;
  }

  public void push(int element) {
    empty=false;
  }
}
```

Agora **aprovou**. Já se passaram dois minutos desde que o último teste passou. Agora, segundo a Regra 2, precisamos limpar o código. A duplicação dessa stack me incomoda, então vamos extraí-la para um campo da classe e inicializá-la:

```
// T: 04:24 StackTest.java
public class StackTest {
  private Stack stack = new Stack();

  @Test
  public void canCreateStack() throws Exception {
    assertTrue(stack.isEmpty());
  }

  @Test
  public void canPush() throws Exception {
    stack.push(0);
    assertFalse(stack.isEmpty());
  }
}
```

Trinta segundos depois, e os testes ainda **passam**. O nome canPush é um nome horroroso para esse teste.

```
// T: 04:50 StackTest.java
@Test
public void afterOnePush_isNotEmpty() throws Exception {
  stack.push(0);
  assertFalse(stack.isEmpty());
}
```

Agora está melhor. E, claro, o teste ainda **passa**. Bora lá, voltemos à Regra 1. Se usarmos a função push e a função pop uma vez, a pilha deve ficar vazia de novo:

```
// T: 05:17 StackTest.java
@Test
public void afterOnePushAndOnePop_isEmpty() throws Exception {
  stack.push(0);
  stack.pop()
}
```

A Regra 2 entra em cena porque a função `pop` não compila, logo:

```
// T: 05:31 Stack.java
public int pop() {
  return -1;
}
```

E, assim, a Regra 3 nos possibilita finalizar o teste:

```
// T: 05:51
@Test
public void afterOnePushAndOnePop_isEmpty() throws Exception {
  stack.push(0);
  stack.pop();
  assertTrue(stack.isEmpty());
}
```

Falhou, pois não tem nada para definir o flag `empty` de volta para `true`, então:

```
// T: 06:06 Stack.java
public int pop() {
  empty=true;
  return -1;
}
```

E, claro, o teste **passa**. Setenta e seis segundos desde que o último teste foi aprovado. Não temos nada para limpar, então de volta à Regra 1. O tamanho da stack deve ser 2 após usar duas vezes a função `push`:

```
// T: 06:48 StackTest.java
@Test
public void afterTwoPushes_sizeIsTwo() throws Exception {
  stack.push(0);
  stack.push(0);
  assertEquals(2, stack.getSize());
}
```

A Regra 2 entra em cena devido aos erros de compilação, porém eles são fáceis de corrigir. Acrescentamos o `import` necessário ao teste e a seguinte função ao código de produção:

```
// T: 07:23 Stack.java
public int getSize() {
  return 0;
}
```

Agora tudo compilou, mas os testes **falharam**. Mas fazer com que o teste seja aprovado é bem simples:

```
// T: 07:32 Stack.java
public int getSize() {
  return 2;
}
```

Parece até idiotice, mas agora vimos o teste ser reprovado e aprovado corretamente, e isso levou somente onze segundos. Ou seja, mais uma vez, a pergunta que não quer calar: por que não faríamos isso?

Mas essa claramente é uma solução simplória, então, de acordo com a Regra 1, alteramos o teste anterior de um modo que nos obrigasse a escrever uma solução melhor. E fizemos cagada, óbvio (pode me culpar):

```
// T: 08:06 StackTest.java
@Test
public void afterOnePushAndOnePop_isEmpty() throws Exception {
  stack.push(0);
  stack.pop();
  assertTrue(stack.isEmpty());
  assertEquals(1, stack.getSize());
}
```

Tá bom, isso foi estúpido. Mas os programadores cometem erros estúpidos de vez em quando, e eu não sou exceção. Não identifiquei esse erro de cara quando escrevi o exemplo pela primeira vez, pois o teste **falhou** exatamente como eu esperava. Agora, partindo do pressuposto de que temos bons testes, vamos fazer as alterações que acreditamos que farão com que esses testes sejam aprovados:

```java
// T: 08:56
public class Stack {
  private boolean empty = true;
  private int size = 0;

  public boolean isEmpty() {
    return size == 0;
  }

  public void push(int element) {
    size++;
  }

  public int pop() {
    --size;
    return -1;
  }

  public int getSize() {
    return size;
  }
}
```

Fiquei surpreso ao ver o teste **falhar**. Mas, depois de me recuperar do baque, identifiquei rapidamente meu erro e corrigi o teste. Bora lá:

```java
// T: 09:28 StackTest.java
@Test
public void afterOnePushAndOnePop_isEmpty() throws Exception {
  stack.push(0);
  stack.pop();
  assertTrue(stack.isEmpty());
  assertEquals(0, stack.getSize());
}
```

E eis que todos os testes **passam**. Já se passaram 3 minutos e 22 segundos desde que os testes foram aprovados pela última vez. Para fins de integridade, adicionaremos a verificação do size a outro teste:

```
// T: 09:51 StackTest.java
@Test
public void afterOnePush_isNotEmpty() throws Exception {
  stack.push(0);
  assertFalse(stack.isEmpty());
  assertEquals(1, stack.getSize());
}
```

E, claro, o teste **passa**.

Voltemos à Regra 1. O que deve acontecer se usarmos a função pop em uma stack vazia? Devemos esperar uma exceção de underflow:

```
// T: 10:27 StackTest.java
@Test(expected = Stack.Underflow.class)
public void poppingEmptyStack_throwsUnderflow() {
}
```

A Regra 2 nos obriga a adicionar esta exceção:

```
// T: 10:36 Stack.java
public class Underflow extends RuntimeException {
}
```

E assim conseguimos completar o teste:

```
// T: 10:50 StackTest.java
@Test(expected = Stack.Underflow.class)
public void poppingEmptyStack_throwsUnderflow() {
  stack.pop();
}
```

O teste **falha**, logicamente, mas é fácil fazê-lo passar:

```
// T: 11:18 Stack.java
public int pop() {
  if (size == 0)
    throw new Underflow();
  --size;
  return -1;
}
```

Agora foi. Já se passou 1 minuto e 27 segundos, desde que os testes foram aprovados pela última vez. Voltemos à Regra 1. A pilha deve lembrar o que foi inserido nela por meio da função `push`. Vejamos o caso mais simples:

```
// T: 11:49 StackTest.java

@Test
public void afterPushingX_willPopX() throws Exception {
  stack.push(99);
  assertEquals(99, stack.pop());
}
```

Falhou porque a função `pop` está retornando -1. Faremos o teste ser aprovado, retornando 99:

```
// T: 11:57 Stack.java
public int pop() {
  if (size == 0)
    throw new Underflow();
  --size;
  return 99;
}
```

Óbvio que isso é insuficiente. Logo, segundo a Regra 1, adicionamos o suficiente ao teste para nos obrigar a ser um pouco mais inteligentes:

```
// T: 12:18 StackTest.java
@Test
public void afterPushingX_willPopX() throws Exception {
  stack.push(99);
  assertEquals(99, stack.pop());
  stack.push(88);
  assertEquals(88, stack.pop());
}
```

Falhou porque estamos retornando 99. Fazemos o teste passar, adicionando um campo para gravar a última função push:

```
// T: 12:50 Stack.java
public class Stack {
  private int size = 0;
  private int element;

  public void push(int element) {
    size++;
    this.element = element;
  }

  public int pop() {
    if (size == 0)
      throw new Underflow();
    --size;
    return element;
  }
}
```

Foi. Já se passaram 92 segundos desde que os testes foram aprovados pela última vez.

A essa altura, você provavelmente está muito frustrado comigo. Talvez esteja gritando e espernando com o livro, exigindo que eu pare de conversa fiada e apenas escreva a maldita pilha. Mas, na realidade, estou seguindo a Regra 3.

Regra 3: não corra atrás do melhor resultado.

Ao executar o TDD pela primeira vez, a tentação de enfrentar as coisas difíceis ou interessantes antes é irresistível. Alguém que está escrevendo uma pilha ficaria tentado a testar o comportamento FILO (First-In, Last-Out) primeiro. Isso se chama: "correr atrás do melhor resultado" ou "do ouro", se preferir. Lembre-se de que nem tudo que reluz é ouro. Agora, repare que evitei de propósito testar qualquer coisa semelhante a uma pilha. Foquei todas as coisas secundárias em torno da pilha, como o empty e o size.

Por que não estou correndo atrás do resultado? Por que existe a Regra 3? Porque, quando você corre atrás do resultado muito cedo, costuma perder todos os detalhes externos. Além do mais, como verá em breve, você costuma perder as oportunidades de simplificação que esses detalhes secundários viabilizam. Seja como for, a Regra 1 acaba de entrar em cena. Precisamos escrever um teste que falhe. E o teste mais transparente de se escrever é o comportamento FILO:

```java
// T: 13:36 StackTest.java
@Test
public void afterPushingXandY_willPopYthenX() {
  stack.push(99);
  stack.push(88);
  assertEquals(88, stack.pop());
  assertEquals(99, stack.pop());
}
```

Falhou. Fazê-lo ser aprovado exigirá que nos lembremos de mais de um valor, então provavelmente deveríamos usar um array. Vamos renomear o campo para `elements` e transformá-lo em um array:

```java
// T: 13:51 Stack.java
public class Stack {
  private int size = 0;
  private int[] elements = new int[2];

  public void push(int element) {
    size++;
```

```
      this.elements = element;
    }

    public int pop() {
      if (size == 0)
        throw new Underflow();
      --size;
      return elements;
    }
}
```

Vixe, agora temos erros de compilação. Lidaremos com eles, um de cada vez. A variável `elements` na função `push` precisa de colchetes:

```
// T: 14:01 Stack.java
public void push(int element) {
  size++;
  this.elements[] = element;
}
```

Precisamos inserir alguma coisa nesses colchetes. Hummm. Temos o `size++` dos fragmentos de código anteriores:

```
// T: 14:07 Stack.java
public void push(int element) {
  this.elements[size++] = element;
}
```

Há também a variável `elements` na função `pop`, que também precisa de colchetes:

```
// T: 14:13
public int pop() {
  if (size == 0)
    throw new Underflow();
  --size;
  return elements[];
}
```

Olhe só! Temos aquele `--size` legal que poderíamos inserir aqui:

```
// T: 14:24
public int pop() {
  if (size == 0)
    throw new Underflow();
  return elements[--size];
}
```

Agora os testes **passaram** mais uma vez. Já se passaram 94 segundos desde que os testes foram aprovados pela última vez.

Terminamos. Mas espera um pouco... podemos fazer mais. A pilha contém apenas dois elements e não lida com overflows. No entanto, não há mais nada que eu queira demonstrar neste exemplo. Portanto, caro leitor, considere essas melhorias como um exercício.

Levou-se 14 minutos e 24 segundos para escrever uma pilha de inteiros do zero. O ritmo que você acabou de ver aqui foi real e usual. É assim que se pratica o TDD, independentemente do escopo do projeto.

Exercício

Implemente uma fila FIFO de inteiros usando a técnica demonstrada anteriormente. Utilize um array de tamanho fixo para armazenar os inteiros. Provavelmente serão necessários dois ponteiros para rastrear onde os elements devem ser adicionados e removidos. Ao terminar, você pode descobrir que implementou um buffer circular.

Fatores Primos

Assista ao vídeo Prime Factors, registrando-se em informit.com/register (conteúdo em inglês, mais informações na introdução deste capítulo).

Nosso próximo exemplo tem a ver com uma história e uma lição de casa. A história começa lá em 2002, aproximadamente. Naquela época, eu já usava o TDD há alguns anos e estava aprendendo a linguagem de programação Ruby. Meu filho, Justin, voltou da escola e me pediu ajuda com a lição de casa, um problema matemático. A lição era encontrar os fatores primos de um conjunto de inteiros.

Falei para Justin tentar resolver o problema sozinho e que eu escreveria um programinha básico para ele verificar sua lição de casa. Ele foi para seu quarto, coloquei meu notebook na mesa da cozinha e comecei a pensar sobre como programar um algoritmo que encontrasse os fatores primos.

Decidi usar o algoritmo Crivo de Eratóstenes a fim de gerar uma lista de números primos para depois dividir esses números primos pelos números candidatos a primos. Eu estava prestar a fazer o programa quando um pensamento me ocorreu: *e se eu simplesmente começar a escrever testes e ver o que acontece?*

Comecei a escrever os testes, fazendo com que fossem aprovados e seguindo o ciclo TDD. E veja o que aconteceu.

Primeiro assista ao vídeo, se puder. Você verá muitos detalhes que não consigo ilustrar no livro. A seguir, procurei evitar o aborrecimento de todos os timestamps, erros de tempo de compilação e assim por diante. Demonstro somente o progresso incremental dos testes e do código.

Começaremos com o caso mais óbvio e degenerado. Na verdade, seguimos uma regra:

> Regra 4: escreva o teste mais simples, específico e degenerado[2] que falhará.

O caso mais degenerado são os fatores primos de 1. A solução de falha mais degenerada é simplesmente retornar um valor null.

```
public class PrimeFactorsTest {
  @Test
  public void factors() throws Exception {
    assertThat(factorsOf(1), is(empty()));
  }
```

---

2 A palavra *degenerado* refere-se, aqui, ao ponto de partida mais absurdamente simples possível.

```
private List<Integer> factorsOf(int n) {
  return null;
}
}
```

Veja que estou incluindo a função que está sendo testada na classe de teste. Isso não é usual, mas é prático para este exemplo e possibilita que eu evite as idas e voltas dos dois arquivos de origem. Apesar do teste ter falhado, é fácil fazê-lo passar. Nós precisamos simplesmente retornar uma lista vazia:

```
private List<Integer> factorsOf(int n) {
  return new ArrayList<>();
}
```

Passou, claro. O próximo teste mais degenerado é 2.

```
assertThat(factorsOf(2), contains(2));
```

Falhou; mas, de novo, é fácil fazê-lo passar. Este é um dos motivos pelos quais escolhemos os testes degenerados: quase sempre é fácil fazê-los passar.

```
private List<Integer> factorsOf(int n) {
  ArrayList<Integer> factors = new ArrayList<>();
  if (n>1)
    factors.add(2);
  return factors;
}
```

Caso tenha assistido ao vídeo, você viu que o processo foi feito em duas etapas. A primeira etapa foi extrair o novo `ArrayList<>()` como uma variável denominada `factors`. A segunda etapa foi acrescentar a instrução `if`. Reforço essas duas etapas, pois a primeira segue a Regra 5.

Regra 5: generalize sempre que possível.

A constante original, new ArrayList<>(), é bem específica. Podemos generalizá-la se a inserirmos em uma variável que possa ser manipulada. É uma generalização singela, mas, normalmente, generalizações singelas são tudo o que precisamos.

Agora os testes passaram mais uma vez. O próximo teste mais degenerado gera um resultado fascinante:

```
assertThat(factorsOf(3), contains(3));
```

Falhou. Seguindo a Regra 5, precisamos generalizar. Podemos fazer uma generalização bem simples que faz esse teste ser aprovado. Talvez você fique surpreso. Analise atentamente; caso contrário, poderá se enrolar.

```
private List<Integer> factorsOf(int n) {
  ArrayList<Integer> factors = new ArrayList<>();
  if (n>1)
    factors.add(n);
  return factors;
}
```

Sentado à mesa da cozinha, fiquei admirado com o fato de que a simples mudança de um caractere que substituiu uma constante por uma variável, uma simples generalização, fez com que o novo teste passasse e manteve a aprovação de todos os testes anteriores.

Eu diria que estamos mandando bem, mas o próximo teste será decepcionante. O teste em si é óbvio, veja:

```
assertThat(factorsOf(4), contains(2, 2));
```

Mas como podemos resolvê-lo usando a generalização? Não consigo pensar em um jeito. A única solução que consigo pensar é testar se n é divisível por 2, mas isso não é bem generalização. Ainda assim:

```
    private List<Integer> factorsOf(int n) {
      ArrayList<Integer> factors = new ArrayList<>();
      if (n>1) {
        if (n%2 == 0) {
          factors.add(2);
          n /= 2;
        }
        factors.add(n);
      }
      return factors;
    }
```

Além de não ser bem uma generalização, o teste anterior falha. O teste reprovou no teste dos fatores primos de 2. O motivo deve ficar claro. Quando reduzimos n por um fator de 2, ele se torna 1, que então é colocado na lista. Podemos resolver isso com um pouco de código menos geral:

```
   private List<Integer> factorsOf(int n) {
     ArrayList<Integer> factors = new ArrayList<>();
     if (n > 1) {
       if (n % 2 == 0) {
         factors.add(2);
         n /= 2;
       }
       if (n > 1)
         factors.add(n);
     }
     return factors;
   }
```

Nesse ponto, você pode simplesmente me acusar de apenas inserir diversas instruções `if` para fazer os testes passarem. O que não é bem mentira. Você também pode me acusar de infringir a Regra 5, pois nenhum desses códigos anteriores é especificamente geral. Em contrapartida, não vejo alternativas.

Mas vejamos uma sugestão de uma generalização. Repare que as duas instruções `if` têm predicados idênticos. É quase como se elas fossem parte de um unwound loop [desenrolamento de loop ou de laço]. De fato, não há razão para que a segunda instrução `if` precise estar dentro da primeira.

```
private List<Integer> factorsOf(int n) {
  ArrayList<Integer> factors = new ArrayList<>();
  if (n > 1) {
    if (n % 2 == 0) {
      factors.add(2);
      n /= 2;
    }
  }
  if (n > 1)
    factors.add(n);
  return factors;
}
```

O teste passa e se parece bastante com um loop desenrolado. Os próximos três testes passam sem nenhuma mudança:

```
assertThat(factorsOf(5), contains(5));
assertThat(factorsOf(6), contains(2,3));
assertThat(factorsOf(7), contains(7));
```

Essa é uma boa indicação de que estamos no rumo certo e faz com que eu me sinta melhor sobre as instruções `if` horrorosas.

O próximo teste mais degenerado é 8 e deve falhar, já que a solução de nosso código simplesmente não pode inserir três coisas na lista:

```
assertThat(factorsOf(8), contains(2, 2, 2));
```

O modo de fazer com que esse teste passe é outra surpresa — e o uso poderoso da Regra 5. Substituímos o `if` pelo `while`:

```
private List<Integer> factorsOf(int n) {
  ArrayList<Integer> factors = new ArrayList<>();
```

```
    if (n > 1) {
      while (n % 2 == 0) {
        factors.add(2);
        n /= 2;
      }
    }
    if (n > 1)
      factors.add(n);
    return factors;
  }
```

Sentado à mesa da cozinha, fiquei admirado de novo. Pareceu-me que algo radical havia acontecido. Naquela época, eu não sabia o que era, mas agora eu sei. Era a Regra 5. Acontece que o `while` é uma forma geral de `if`, e `if` é a forma degenerada do `while`.

O próximo teste, 9, também deve falhar, pois nada em nossa solução fatora 3:

```
assertThat(factorsOf(9), contains(3, 3));
```

Para solucionar isso, precisamos fatorar 3s. Podemos fazer isso mais ou menos assim:

```
  private List<Integer> factorsOf(int n) {
    ArrayList<Integer> factors = new ArrayList<>();
    if (n > 1) {
      while (n % 2 == 0) {
        factors.add(2);
        n /= 2;
      }
      while (n % 3 == 0) {
        factors.add(3);
        n /= 3;
      }
    }
    if (n > 1)
      factors.add(n);
    return factors;
  }
```

Mas o código fica deplorável. Não se trata somente de um desrespeito repugnante à Regra 5, como também uma tremenda duplicação de código. Não tenho certeza de qual infração de regra é pior! E é neste momento que o *mantra da generalização* entra em cena:

> À medida que os testes ficam mais específicos, o código fica mais genérico.

Cada teste novo que escrevemos especifica ainda mais a suíte de testes. Sempre que invocamos a Regra 5, a solução do código fica mais genérica. Mais adiante, retomaremos esse mantra. Afinal, ele é de suma importância para o design de testes e para a prevenção de *testes precários*.

Podemos eliminar a infração de duplicação e da Regra 5 colocando o código de fatoração original em um loop:

```
private List<Integer> factorsOf(int n) {
  ArrayList<Integer> factors = new ArrayList<>();
  int divisor = 2;
  while (n > 1) {
    while (n % divisor == 0) {
      factors.add(divisor);
      n /= divisor;
    }
    divisor++;
  }
  if (n > 1)
    factors.add(n);
  return factors;
}
```

Mais uma vez, caso assista ao vídeo, você verá que isso foi feito em diversas etapas. A primeira etapa foi extrair os três 2s dentro da variável `divisor`. A próxima etapa foi introduzir a declaração `divisor++`. Depois, a inicialização da variável `divisor` foi deslocada para cima da instrução `if`. Por fim, o `if` foi substituído pelo `while`.

De novo, temos a transição de `if`-> `while`. Você reparou que o predicado da instrução `if` original acabou se transformando no predicado do loop `while` externo? Achei extraordinário, pois há algo de genético nisso. É como se o que venho tentando criar germinasse de uma simples semente e crescesse aos poucos por meio de uma sequência de mutações insignificantes.

Observe que a instrução `if` na parte inferior se tornou supérflua. A única maneira de o loop encerrar é se n for 1. Essa instrução `if` era a condição final de um loop desenrolado!

```
private List<Integer> factorsOf(int n) {
  ArrayList<Integer> factors = new ArrayList<>();
  int divisor = 2;
  while (n > 1) {
    while (n % divisor == 0) {
      factors.add(divisor);
      n /= divisor;
    }
    divisor++;
  }

  return factors;
}
```

Basta refatorar um pouco, e obteremos:

```
private List<Integer> factorsOf(int n) {
  ArrayList<Integer> factors = new ArrayList<>();

  for (int divisor = 2; n > 1; divisor++)
    for (; n % divisor == 0; n /= divisor)
      factors.add(divisor);

  return factors;
}
```

Terminamos. Se assistir ao vídeo, verá que acrescentei mais um teste, provando que esse algoritmo é suficiente.

Sentado à mesa da cozinha, vi essas três linhas evidentes e fiquei me perguntando duas coisas: de onde veio esse algoritmo e como ele funciona? Veio da minha cabeça, obviamente. Afinal, quem digitou no teclado fui eu. Mas sem dúvidas não era o algoritmo que planejei criar. Onde estava o Crivo de Eratóstenes? Onde estava a lista de números primos? Nada disso estava lá!

Pior, por que esse algoritmo funciona? Fiquei atônito por conseguir criar um algoritmo funcional e ainda por cima não entender como ele funcionava. Tive que estudar um tempo para descobrir o que acontecia. Meu problema era o incrementador do loop externo, `divisor++`, que assegura que cada inteiro será verificado como um fator, incluindo fatores compostos! Dado o inteiro 12, esse incrementador verificará se 4 é um fator. Por que não inserir 4 na lista?

A resposta é a ordem de execução, claro. No momento em que o incrementador atingiu 4, todos os 2s foram removidos de n. E, se você pensar um pouco, perceberá que é o Crivo de Eratóstenes — mas de uma forma bem diferente da normal.

O aspecto preponderante aqui é que gerei esse algoritmo, um caso de teste por vez. Nem pensei nisso com antecedência e nem sabia como ficaria esse algoritmo quando comecei. O algoritmo parecia tomar forma bem diante dos meus olhos. Novamente, era como presenciar uma semente ou um embrião crescendo aos poucos, transformando-se em um organismo cada vez mais complexo.

Mesmo agora, caso analise essas três linhas, poderá ver como ele despretensiosamente começou. Você consegue até enxergar os resquícios daquela instrução `if` inicial e os fragmentos de todas as outras mudanças. Os vestígios estão por toda a parte. E assim nos deparamos com uma possibilidade desconcertante: e se, por ventura, o TDD for uma técnica geral para derivar algoritmos de forma incremental? Talvez, dada uma suíte de testes corretamente ordenada, possamos usar o TDD para derivar qualquer programa de computador de forma determinante e passo a passo.

Em 1936, Alan Turing e Alonzo Church demonstraram separadamente que não havia um procedimento geral a fim de determinar se havia um programa para todo tipo de problema.[3] Nesse contexto, eles separada

---

3   Foi o "problema de decidibilidade" de Hilbert. Ele questionou se havia uma forma generali-

e respectivamente inventaram a programação procedural e funcional. Parece que agora o TDD pode ser um procedimento geral para derivar os algoritmos que solucionam problemas que *podem* ser solucionados.

Jogo de Boliche

Em 1999, eu e Bob Koss fomos junto a uma conferência C++. Tínhamos um pouco de tempo sobrando, então decidimos colocar em prática uma ideia nova: o TDD. Escolhemos um problema simples: calcular a pontuação de um jogo de boliche.

Cada partida de um jogo de boliche consiste em dez rodadas (frames). Em cada rodada, o jogador tem duas tentativas para arremessar a bola em direção aos dez pinos de madeira a fim de derrubá-los. O número de pinos derrubados por bola é a pontuação dessa bola. Caso todos os dez pinos sejam derrubados no primeiro arremesso, chamamos a jogada de *strike*. Caso todos os dez pinos sejam derrubados por dois arremessos, chamamos a jogada de *spare*. A famigerada bola na canaleta na Figura 2.3 não gera nenhum ponto.

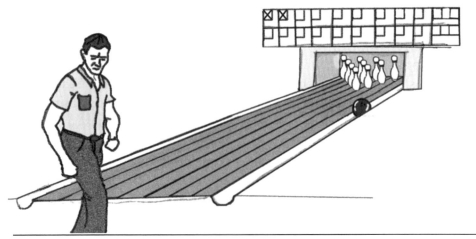

Figura 2.3 A famigerada bola na canaleta

---

zada de provar que qualquer equação diofantina era solucionável. Uma equação diofantina é uma função matemática com entradas e saídas de inteiros. Um programa de computador também é uma função matemática com entradas e saídas de inteiros. Logo, o questionamento de Hilbert pode ser pertinente a programas de computador.

As regras de pontuação podem ser declaradas mais ou menos assim:

- Se a rodada marcar um strike, a pontuação é 10 mais as próximas duas bolas.
- Se a rodada marcar um spare, a pontuação é 10 mais a próxima bola.
- Caso contrário, a pontuação são as duas bolas na rodada.

Veja a folha de pontuação de um jogo (embora um tanto imprevisível).

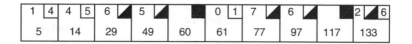

Figura 2.4 Folha de pontuação de um jogo típico

Na primeira tentativa, o jogador derrubou um pino. Na segunda tentativa, ele derrubou mais quatro pinos, totalizando cinco pontos.

Na segunda rodada, ele acertou quatro pinos, depois cinco, o que lhe deu uma rodada de nove pontos e um total de quatorze.

Na terceira rodada, ele acertou seis pinos e depois quatro (um spare). O total dessa rodada não pode ser calculado até que o jogador comece a próxima rodada.

Na quarta rodada, o jogador acerta cinco pinos. Agora, a pontuação da rodada anterior pode ser calculada, que é 15, para um total de 29 na terceira rodada.

Na quarta rodada, o spare deve esperar até a quinta rodada, na qual o jogador faz um strike. Assim, a quarta rodada é 20 pontos para um total de 49.

Na quinta rodada, o strike não pode ser pontuado até que o jogador arremesse as duas bolas na sexta rodada. Infelizmente, ele acerta só um pino, o que lhe dá somente onze pontos na quinta rodada, totalizando sessenta.

E assim por diante até a décima e última rodada. Mas então o jogador faz um spare e, desse modo, ganha uma jogada extra para finalizar o spare.

Agora, você é um programador, um bom programador orientado a objetos. Quais são as classes e as relações que você utilizaria para representar o problema de cálculo da pontuação de um jogo de boliche? É possível modelá-lo em UML?[4] Talvez você possa chegar a algo semelhante ao mostrado na Figura 2.5.

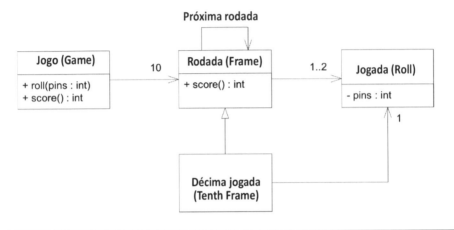

Figura 2.5 Um diagrama UML da pontuação do boliche

`Game` tem dez `Frames`. Cada rodada tem um ou dois `Rolls`, exceto a subclasse `TenthFrame`, que herda o `1..2` e acrescenta mais uma jogada para torná-lo `2..3`. Cada objeto `Frame` aponta para o próximo `Frame`, de modo que a função `score` possa considerá-lo, caso precise marcar um spare ou um strike.

`Game` tem duas funções. A função `roll` é chamada sempre que o jogador faz uma jogada, sendo passada a quantidade de pinos que o jogador derrubou. A função `score` é chamada assim que todas as jogadas são finalizadas, retornando a pontuação de todo o jogo.

Temos aqui um modelo orientado a objetos simples e conveniente.

---

4   Unified Modeling Language. Caso não conheça UML, não se preocupe — são apenas setas e retângulos. Você descobrirá lendo o texto.

Deveria ser bem fácil programá-lo. Na prática, com uma equipe de quatro pessoas, poderíamos dividir o trabalho em quatro classes e nos reunir um ou dois dias depois a fim de integrá-las e fazê-las funcionar.

Ou podemos usar o TDD. Caso consiga assistir ao vídeo, faça isso agora. De qualquer forma, por favor, leia os parágrafos a seguir.

Assista ao vídeo Bowling Game. Registre-se em informit.com/register (conteúdo em inglês, mais informações na introdução deste capítulo).

Começamos, como de costume, com um teste que não faz nada, apenas para provar que conseguimos compilar e executar. Assim que esse teste for executado, nós o excluímos:

```
public class BowlingTest {
  @Test
  public void nothing() throws Exception {
  }
}
```

A seguir, usamos uma assertiva para criar uma instância da classe `Game`:

```
@Test
public void canCreateGame() throws Exception {
  Game g = new Game();
}
```

Depois, fazemos a compilação e a passagem, direcionando nosso IDE para criar a classe ausente:

```
public class Game {
}
```

A seguir, veremos se conseguimos arremessar uma bola, a jogada:

```
@Test
public void canRoll() throws Exception {
  Game g = new Game();
  g.roll(0);
}
```

Depois fazemos a compilação e a passagem, direcionando o IDE para criar a função `roll`, e damos ao argumento um nome coerente:

```
public class Game {
  public void roll(int pins) {
  }

}
```

Provavelmente, você já está entediado. Até agora, você não viu nada de novo. Mas tenha paciência comigo — a coisa está prestes a ficar interessante. Já temos um pouco de duplicação nos testes. Como devemos nos livrar dela, fatoramos a criação do Game dentro da função `setup`:

```
public class BowlingTest {
  private Game g;

  @Before
  public void setUp() throws Exception {
    g = new Game();
  }
}
```

Isso faz com que o teste fique completamente vazio, então o excluímos. O segundo teste também não tem muita serventia, pois não faz asserção alguma. Nós também o excluímos. Esses testes já cumpriram seu propósito. Eles foram tipo um teste de degrau, um teste de performance.

> **Testes de degrau:** *alguns testes são escritos somente para nos obrigar a criar classes, funções ou outras estruturas de que precisaremos. Às vezes, esses testes são tão degenerados que não fazem nenhuma asserção. Outras vezes, fazem asserções bastante*

simplórias. Esses testes normalmente são substituídos por testes mais abrangentes depois e podem ser excluídos com segurança. Chamamos esses tipos de testes de "testes de degrau", pois eles são como os degraus de uma escada que nos possibilitam aumentar gradativamente a complexidade até o nível adequado.

Em seguida, queremos fazer uma asserção de que podemos pontuar um jogo. Mas, para tal, precisamos jogar o jogo completo. Lembre-se de que a função `score` só pode ser chamada depois de todas as jogadas. Retomamos a Regra 4 e jogamos o jogo mais simples e degenerado que podemos imaginar:

```
@Test
public void gutterGame() throws Exception {
  for (int i=0; i<20; i++)
    g.roll(0);
  assertEquals(0, g.score());
}
```

Fazer essa passagem é simples. Só precisamos retornar zero do `score`. Só que primeiro retornamos -1 (não mostrado) somente para conferir a falha. Em seguida, retornamos zero para o teste passar:

```
public class Game {
  public void roll(int pins) {
  }

  public int score() {
    return 0;
  }
}
```

Vamos lá: não falei que as coisas estavam prestes a ficar interessantes? E estão mesmo. Vamos fazer só mais um pequeno setup. O próximo teste é outro exemplo da Regra 4. O próximo teste mais degenerado em que consigo pensar é uma partida apenas com jogadas de um ponto. Podemos escrever o teste apenas copiando e colando o último teste:

```
@Test
public void allOnes() throws Exception {
  for (int i=0; i<20; i++)
    g.roll(1);
  assertEquals(20, g.score());
}
```

Mas ele acaba gerando um pouco de duplicação. Os dois últimos testes são praticamente idênticos. Quando refatorarmos, teremos que corrigir isso. Mas primeiro é necessário fazer com que esse teste passe, e isso é bem fácil. Tudo o que precisamos fazer é somar todas as jogadas:

```
public class Game {
  private int score;

  public void roll(int pins) {
    score += pins;
  }

  public int score() {
    return score;
  }
}
```

Logicamente esse não é o algoritmo certo para fazer a pontuação de um jogo de boliche. Na realidade, é difícil conceber como esse algoritmo poderia progredir, transformando-se nas regras que pontuam o jogo. Ou seja, estou desconfiado — já estou prevendo a cagada nos próximos testes. Mas, por ora, devemos refatorar.

A duplicação nos testes pode ser eliminada extraindo uma função chamada rollMany. A refatoração do *Método Extract* do IDE ajuda muito e até identifica e substitui ambas as instâncias da duplicação:

```
public class BowlingTest {
  private Game g;

  @Before
  public void setUp() throws Exception {
    g = new Game();
  }

  private void rollMany(int n, int pins) {
    for (int i = 0; i < n; i++) {
      g.roll(pins);
    }
  }

    @Test
    public void gutterGame() throws Exception {
      rollMany(20, 0);
      assertEquals(0, g.score());
    }

    @Test
    public void allOnes() throws Exception {
      rollMany(20, 1);
      assertEquals(20, g.score());
    }
}
```

Vamos para o próximo teste. A essa altura, é difícil pensar em algo degenerado, então tentaremos um spare. No entanto, simplificaremos as coisas: um spare com uma bola extra e todas as outras bolas na canaleta.

```
  @Test
  public void oneSpare() throws Exception {
    rollMany(2, 5); // spare
    g.roll(7);
    rollMany(17, 0);
    assertEquals(24, g.score());
  }
```

Vamos conferir meu raciocínio: este jogo tem duas bolas para arremessar por rodada. As duas primeiras bolas são para o spare. A próxima bola é para ser arremessada depois do spare, e as dezessete bolas que estão na canaleta completam o jogo.

Na primeira rodada, a pontuação é dezessete, dez mais os sete pontos da próxima rodada. Desse modo, a pontuação de todo o jogo é 24, pois contamos o 7 duas vezes. Convença-se de que isso está certo. Obviamente que esse teste falha, mas como fazemos para ele passar? Vejamos o código:

```
public class Game {
  private int score;
  public void roll(int pins) {
    score += pins;
  }

  public int score() {
    return score;
  }
}
```

A pontuação está sendo calculada dentro da função `roll`, então precisamos modificar essa função para contabilizar o spare. Mas isso nos obrigará a fazer um código horroroso, tipo este:

```
public void roll(int pins) {
   if (pins + lastPins == 10) { // horrível!
     //Nem Deus sabe o que é isso...
   }
   score += pins;
}
```

A variável `lastPins` deve ser um campo da classe `Game` que lembra qual foi a última jogada. E, se a última jogada e esta somarem dez, temos então um spare. Certo? Só que não!

Talvez você esteja morrendo de medo. Ou quem sabe esteja sentindo náuseas e o princípio de uma tremenda dor de cabeça. Talvez o software craftsman esteja tão aflito que esteja prestes a infartar.

Está tudo errado!

Todos já sentimos isso antes, não é? A questão é: o que você faz a respeito? Sempre que você sentir que algo está errado, confie! Então, o que há de errado?

Temos uma falha de design. Talvez você esteja se questionando como pode haver uma falha de design em duas linhas executáveis de código, mas ela está lá; é uma falha gritante e crítica. Assim que eu lhe disser do que se trata, você a reconhecerá e concordará comigo. Conseguiu identificar?

Contagem regressiva com a musiquinha do game show Jeopardy!

Eu já lhe disse qual era a falha de design, falei lá no começo. Qual das duas funções nessa classe pretende, *como o próprio nome dela diz*, calcular a pontuação? A função `score`, claro. Qual função realmente calcula a pontuação? A função `roll`. Responsabilidade mal definida.

> **Responsabilidade mal definida:** *uma falha de projeto na qual a função que afirma realizar um cálculo não faz cálculo nenhum. O cálculo é executado em outro lugar.*

Quantas vezes você pegou uma função que afirma realizar alguma tarefa e acabou descobrindo que ela não faz essa tarefa coisíssima nenhuma? E agora você não tem a menor ideia de onde, no sistema, essa tarefa é de fato realizada. Por que isso acontece?

Programadores inteligentes. Ou melhor, programadores que se *acham* inteligentes.

Fomos inteligentões somando os pinos da função `roll`, não fomos? Já sabíamos que a função seria chamada uma vez por jogada e sabíamos que tudo o que tínhamos a fazer era somar as jogadas, então inserimos essa adição bem ali. Muito inteligente! De uma genialidade incrível. E tamanha inteligência nos leva à Regra 6.

Regra 6: quando lhe parecer que tem alguma coisa errada no código, corrija o design antes de continuar.

Então, como podemos corrigir essa falha de design? O cálculo da pontuação está no lugar errado, teremos que tirá-lo daí. Ao tirá-lo do lugar, talvez possamos descobrir como passar no teste do spare.

Mexer no cálculo significa que a função `roll` terá que se lembrar de todas as jogadas em algum lugar, como em um array. Assim, a função `score` pode somar o array.

```
public class Game {
  private int rolls[] = new int[21];
  private int currentRoll = 0;

  public void roll(int pins) {
    rolls[currentRoll++] = pins;
  }

  public int score() {
    int score = 0;
    for (int i = 0; i < rolls.length; i++) {
      score += rolls[i];
    }
    return score;
  }
}
```

Apesar de o código falhar no teste do spare, ele passa nos outros dois testes. Além do mais, o teste do spare falha pela mesmíssima razão de antes. Ou seja, embora tenhamos mudado completamente a estrutura do código, o comportamento permanece o mesmo. Por sinal, essa é a *definição* de refatoração.

Refatoração: *uma mudança na estrutura do código que não impacta seu comportamento.*[5]

---

5   Martin Fowler, *Refatoração: Aperfeiçoando o Design de Códigos Existentes*, 2ª ed.

Podemos passar o spare agora? Talvez, mas o código continua horroroso.

```
public int score() {
  int score = 0;
  for (int i = 0; i < rolls.length; i++) {
    if (rolls[i] + rolls[i+1] == 10) { //horroroso
      // Aff, o que foi agora?
    }
    score += rolls[i];
  }
  return score;
}
```

Tá certo isso? Está errado, não é? Só funciona se o i for par. Para fazer com que a instrução if realmente identifique um spare, o código teria que ser assim:

```
if (rolls[i] + rolls[i+1] == 10 && i%2 == 0) { // eca
```

Desse modo, de volta à Regra 6 — temos outro problema de design. O que seria?

Reveja o diagrama UML mostrado anteriormente neste capítulo. O diagrama revela que a classe Game deve ter dez instâncias Frame. Isso é inteligente? Analise o nosso loop. Até o momento, ele repetirá 21 vezes! Faz algum sentido?

Deixe-me esclarecer as coisas de outro jeito. Se você estivesse prestes a revisar o código de pontuação do jogo de boliche — código que você nunca viu antes na vida —, qual número você esperaria ver nele? Seria 21? Ou seria 10? Espero que sua resposta tenha sido dez, porque em um jogo de boliche temos dez rodadas. Mas onde está o número dez em nosso algoritmo que calcula a pontuação? Em lugar algum!

Como podemos inserir o dez em nosso algoritmo? Precisamos percorrer o array *uma rodada (frame) por vez*. Como fazemos isso? Poderíamos percorrer o array duas bolas por vez, não é? Seria mais ou menos assim:

```
public int score() {
  int score = 0;
  int i = 0;
  for (int frame = 0; frame<10; frame++) {
    score += rolls[i] + rolls[i+1];
    i += 2;
  }
  return score;
}
```

De novo, o código passa nos primeiros dois testes e falha no teste de spare pela mesma razão de antes. Ou seja, nenhum comportamento foi alterado. Essa foi uma refatoração de verdade.

Talvez você esteja prestes a atirar este livro pela janela porque sabe muito bem que percorrer um array com dois arremessos de bola por vez é muito errado. Os strikes têm apenas um arremesso de bola por rodada, e a décima rodada pode ter três arremessos.

Teoricamente. No entanto, até agora nenhum de nossos testes usou um strike nem a décima rodada. Ou seja, por enquanto, dois arremessos de bola por vez funciona. Podemos passar o spare agora? Sim. É simples:

```
public int score() {
  int score = 0;
  int i = 0;
  for (int frame = 0; frame < 10; frame++) {
    if (rolls[i] + rolls[i + 1] == 10) { // spare
      score += 10 + rolls[i + 2];
      i += 2;
    } else {
      score += rolls[i] + rolls[i + 1];
      i += 2;
    }
  }
  return score;
}
```

O código passou no teste de spare. Legal. Mas esse código é horroroso. Podemos renomear i para frameIndex e nos livrar desse comentário feio, extraindo um pequeno método mais legal ainda:

```
public int score() {
  int score = 0;
  int frameIndex = 0;
  for (int frame = 0; frame < 10; frame++) {
    if (isSpare(frameIndex)) {
      score += 10 + rolls[frameIndex + 2];
      frameIndex += 2;
    } else {
      score += rolls[frameIndex] + rolls[frameIndex + 1];
      frameIndex += 2;
    }
  }
  return score;
}

private boolean isSpare(int frameIndex) {
  return rolls[frameIndex] + rolls[frameIndex + 1] == 10;
}
```

Agora melhorou. Podemos limpar também aquele comentário feio no teste do spare, fazendo a mesma coisa:

```
private void rollSpare() {
  rollMany(2, 5);
}

@Test
public void oneSpare() throws Exception {
  rollSpare();
  g.roll(7);
  rollMany(17, 0);
  assertEquals(24, g.score());
}
```

Substituir os comentários por pequenas funções simpáticas como essa quase sempre é uma boa ideia. As pessoas que lerem seu código depois lhe agradecerão. Qual é o próximo teste? Acho que devemos testar um strike:

```
@Test
public void oneStrike() throws Exception {
  g.roll(10); // strike
  g.roll(2);
  g.roll(3);
  rollMany(16, 0);
  assertEquals(20, g.score());
}
```

Convença-se de que isso está certo. Temos o strike, as duas bolas extras e as dezesseis bolas na canaleta para completarmos as oito rodadas restantes. Na primeira rodada, a pontuação é quinze e, na segunda rodada, é cinco. Todas as demais rodadas somam zero, de um total de vinte. Mas o teste falha, claro. O que temos que fazer para ele passar?

```
public int score() {
  int score = 0;
  int frameIndex = 0;
  for (int frame = 0; frame < 10; frame++) {
    if (rolls[frameIndex] == 10) { // strike
      score += 10 + rolls[frameIndex+1] +
                    rolls[frameIndex+2];
      frameIndex++;
    }
    else if (isSpare(frameIndex)) {
      score += 10 + rolls[frameIndex + 2];
      frameIndex += 2;
    } else {
      score += rolls[frameIndex] + rolls[frameIndex + 1];
      frameIndex += 2;
    }
  }
  return score;
}
```

Agora passou. Observe que incrementamos o `frameIndex` somente uma vez, pois um strike tem apenas uma bola em uma rodada — e você estava esquentando a cabeça com isso, não estava?

Esse é um bom exemplo do que acontece quando você manda bem no design. O resto do código simplesmente começa a fazer sentido. Gente, preste bastante atenção à Regra 6 e mandem bem no design desde o começo. Vocês ganharão muito tempo.

Vamos limpar um pouco esse código. Esse comentário horroroso pode ser corrigido extraindo o método `isStrike`. Podemos também extrair um bocado desse cálculo feio para algumas funções com nomes satisfatórios. Quando terminarmos, ficará assim:

```
public int score() {
  int score = 0;
  int frameIndex = 0;
  for (int frame = 0; frame < 10; frame++) {
    if (isStrike(frameIndex)) {
      score += 10 + strikeBonus(frameIndex);
      frameIndex++;
    } else if (isSpare(frameIndex)) {
      score += 10 + spareBonus(frameIndex);
      frameIndex += 2;
    } else {
      score += twoBallsInFrame(frameIndex);
      frameIndex += 2;
    }
  }
  return score;
}
```

Podemos também limpar o comentário feio no teste extraindo o método `rollStrike`:

```
@Test
public void oneStrike() throws Exception {
  rollStrike();
  g.roll(2);
  g.roll(3);
  rollMany(16, 0);
  assertEquals(20, g.score());
}
```

Qual é o próximo teste? Ainda não testamos a décima rodada do jogo. Mas estou começando a me sentir muito bem com esse código. Acho que é hora de infringir a Regra 3 e *correr atrás do resultado*. Vamos testar um jogo perfeito!

```
@Test
public void perfectGame() throws Exception {
  rollMany(12, 10);
  assertEquals(300, g.score());
}
```

Nas primeiras nove rodadas, fizemos um strike e, depois, outro strike na décima rodada. A pontuação, claro, é trezentos — todo mundo sabe disso. O que acontecerá quando eu executar esse teste? Deve falhar, certo? Só que não! Passou! O teste passou porque já terminamos tudo! A função score é a solução. Leia para se convencer disso. Basta me acompanhar enquanto eu leio para você:

```
Para cada uma das dez rodadas (frame)
   Se essa rodada for um strike,
      Logo, a pontuação (score) é 10 mais o strike extra
         (os próximos dois arremessos de bola).
   Se essa rodada for um spare,
      logo a pontuação é 10 mais o spare extra
         (o próximo arremesso de bola).
   Caso contrário,
      a pontuação são as duas bolas na rodada.
```

O código se parece com as regras de pontuação do boliche. Vá para o início deste capítulo e leia novamente essas regras. Compare-as com o código. Em seguida, se pergunte se alguma vez já viu requisitos e código tão alinhados.

Talvez alguns de vocês estejam confusos sobre o código. Basta olhar para a tabela de pontuação da décima rodada e ver que ela não se parece nem um pouco com as outras rodadas; e ainda não temos nenhum código em nossa solução que faça a décima rodada ser um caso especial. Como isso é possível?

A resposta é que a décima rodada não é nem um pouco especial. Na tabela de pontuação, ela pode até estar escrita de modo diferente, mas o cálculo da pontuação não é diferente. A décima rodada não é um caso especial.

E só de pensar que a transformaríamos em uma subclasse!

Reveja aquele diagrama UML. Poderíamos ter dividido as tarefas em três ou quatro programadores e, depois, feito a interação em um ou dois dias. E a desgraceira é que faríamos o código funcionar. Teríamos batido palmas para as quatrocentas[6] linhas de código funcional sem ao menos sabermos que o algoritmo era um loop for e duas instruções if que se encaixam em quatorze linhas de código.

Você enxergou a solução antes? Você enxergou o loop for e duas instruções if? Ou você esperava que um dos testes acabasse me obrigando a escrever a classe Frame? Você estava esperando pela décima rodada? É onde você achou que toda a complexidade seria encontrada? Você sabia que tínhamos acabado antes de executarmos o teste da última rodada ou achou que havia mais coisas para fazer? Não é maravilhoso sermos capazes de fazer um teste completo, e ainda termos a expectativa de escrever mais códigos e, para nossa grande surpresa, descobrirmos que acabamos tudo?

Talvez algumas pessoas se queixem de que, se tivéssemos adotado o diagrama UML mostrado anteriormente, teríamos um código mais fácil de alterar e de fazer manutenção. Isso é uma baboseira sem tamanho! Você prefere o quê? A manutenção de quatrocentas linhas de código com quatro classes ou a manutenção de quatorze linhas com um loop for e duas instruções if?

Conclusão

Neste capítulo, estudamos as motivações e os princípios básicos do TDD. Se você chegou até aqui, talvez esteja boquiaberto. Abordamos bastante coisas até agora, mas nem de longe é o bastante. No próximo capítulo, mergulharemos de cabeça e profundamente no TDD. Ou seja, talvez você queira descansar um pouco antes de virar a página.

---

6   Sei muito bem que são quatrocentas linhas de código porque quem as escreveu fui eu.

3

TDD Avançado

Preparem-se e apertem os cintos. Nossa viagem está prestes a ficar vertiginosa e turbulenta. Como diria o Dr. Morbius enquanto conduzia um tour pela máquina Krell: "Preparem suas mentes para uma nova dimensão de valores científicos."

SORT 1

Os dois últimos exemplos no Capítulo 2, "Desenvolvimento Orientado a Testes", suscitaram uma pergunta interessante: de onde vem o algoritmo que derivamos usando o TDD? Logicamente vem da nossa cabeça, mas não do jeito que estamos acostumados. De alguma forma, a sequência de testes com falha convence o algoritmo a sair de nossa mente sem a necessidade de pensarmos em tudo antes.

Isso levanta a possibilidade de que o TDD seja um procedimento passo a passo e incremental para derivar qualquer algoritmo para qualquer problema. É como resolver problemas matemáticos ou geométricos. Você começa com as premissas básicas — os testes degenerados que não passarão —, então, um passo de cada vez, você desenvolve a solução para o problema.

A cada passo, os testes ficam mais restritivos e específicos, e o código de produção se torna cada vez mais genérico. Esse processo continua até que o código de produção seja tão geral que você não consiga pensar em mais nenhum teste que falhará. Isso soluciona o problema.

Vamos testar isso. Usaremos a abordagem para derivar um algoritmo a fim de ordenar um array de inteiros. É uma boa hora para assistir ao vídeo, se você puder. Mas, de qualquer forma, continue lendo.

Assista ao vídeo SORT 1. Registre-se em informit.com/register.

Começamos, como de costume, com um teste que não faz nada:

```
public class SortTest {
  @Test
  public void nothing() throws Exception {

  }
}
```

O primeiro teste que falhou será o caso degenerado de um array vazio:

```java
public class SortTest {

  @Test
  public void sorted() throws Exception {
    assertEquals(asList(), sort(asList()));
  }
  private List<Integer> sort(List<Integer> list) {
    return null;
  }
}
```

Claro que o teste falha, mas é fácil fazê-lo passar:

```java
private List<Integer> sort(List<Integer> list) {
  return new ArrayList<>();
}
```

Vamos subir um nível no quesito degeneração. Testaremos uma lista com um inteiro:

```java
assertEquals(asList(1), sort(asList(1)));
```

É óbvio que o teste falha, porém vamos fazê-lo passar generalizando um pouco mais o código de produção:

```java
private List<Integer> sort(List<Integer> list) {
  return list;
}
```

Que graça, não? Já vimos essa armadilha antes, no exemplo dos fatores primos no Capítulo 2. Parece relativamente comum que os primeiros dois testes em um determinado problema sejam solucionados retornando a resposta mais degenerada, seguida pelo argumento de entrada. O próximo teste é simples porque já passou: dois elementos ordenados. Pode-se justificar que nem deveríamos tê-lo escrito, visto que não é um teste de falha, mas é legal ver esses testes passarem.

```
assertEquals(asList(1, 2), sort(asList(1, 2)));
```

Se invertermos a ordem do array de entrada, o teste falhará: dois elementos desordenados.

```
assertEquals(asList(1, 2), sort(asList(2, 1)));
```

Para fazermos esse teste passar, teremos que apelar para algo um pouco mais inteligente. Caso o array de entrada tenha mais de um elemento e os dois primeiros elementos do array estiverem desordenados, devemos trocá-los.

```
private List<Integer> sort(List<Integer> list) {
  if (list.size() > 1) {
    if (list.get(0) > list.get(1)) {
      int first = list.get(0);
      int second = list.get(1);
      list.set(0, second);
      list.set(1, first);
    }
  }
  return list;
}
```

Talvez você tenha percebido o rumo que estamos tomando. Em caso afirmativo, não estrague a surpresa, não fale nada. Além disso, lembre-se bem deste momento — vamos retomá-lo na próxima seção.

Os próximos dois testes já podem ser aprovados. No primeiro teste, o array de entrada já está ordenado. No segundo teste, os primeiros dois elementos estão desordenados e nossa atual solução faz a troca deles.

```
assertEquals(asList(1, 2, 3), sort(asList(1, 2, 3)));
assertEquals(asList(1, 2, 3), sort(asList(2, 1, 3)));
```

O próximo teste com falha tem três elementos, mas os elementos estão desordenados:

```
assertEquals(asList(1, 2, 3), sort(asList(2, 3, 1)));
```

Conseguimos fazer esse teste passar, pois inserimos nosso algoritmo de swapping em um loop que percorre o comprimento da lista:

```
private List<Integer> sort(List<Integer> list) {
  if (list.size() > 1) {
    for (int firstIndex=0; firstIndex < list.size()-1; firstIndex++) {
      int secondIndex = firstIndex + 1;
      if (list.get(firstIndex) > list.get(secondIndex)) {
        int first = list.get(firstIndex);
        int second = list.get(secondIndex);
        list.set(firstIndex, second);
        list.set(secondIndex, first);
      }
    }
  }
  return list;
}
```

Já sabe aonde isso vai parar? É bem provável que boa parte dos leitores saibam. De todo modo, o próximo caso de teste com falha são três elementos com ordem invertida:

```
assertEquals(asList(1, 2, 3), sort(asList(3, 2, 1)));
```

Os resultados da falha nos dizem muita coisa. A função sort retorna [2, 1, 3]. Observe que o 3 foi deslocado para o final da lista. Isso é bom! No entanto, os primeiros dois elementos ainda estão desordenados. É fácil ver o porquê. O 3 foi trocado pelo 2, e depois o 3 foi trocado pelo 1. Só que isso deixou o 2 e o 1 desordenados. Eles precisam ser trocados novamente.

Ou seja, o modo de fazermos esse teste passar é inserindo o loop compare e o swap em outro loop que reduza incrementalmente o compare e o swap. Talvez seja mais fácil ler o código:

```java
    private List<Integer> sort(List<Integer> list) {
      if (list.size() > 1) {
        for (int limit = list.size() - 1; limit > 0; limit--) {
          for (int firstIndex = 0; firstIndex < limit; firstIndex++) {
            int secondIndex = firstIndex + 1;
            if (list.get(firstIndex) > list.get(secondIndex)) {
              int first = list.get(firstIndex);
              int second = list.get(secondIndex);
              list.set(firstIndex, second);
              list.set(secondIndex, first);
            }
          }
        }
      }
      return list;
    }
```

Para finalizar, vamos fazer um teste em maior escala:

```java
assertEquals(
            asList(1, 1, 2, 3, 3, 3, 4, 5, 5, 5, 6, 7, 8, 9, 9, 9),
            sort(asList(3, 1, 4, 1, 5, 9, 2, 6, 5, 3, 5, 8, 9, 7, 9,
                        3)));
```

Passou, portanto nosso algoritmo `sort` aparentemente mandou bem. Mas de onde veio esse algoritmo? Nós não o programamos logo de cara. Ele simplesmente se originou de um conjunto de pequenas decisões que tomamos para que cada teste com falha passasse. Foi uma derivação incremental. Voilà!

Mas que algoritmo é esse? O *bubble sort*, é claro — um dos piores algoritmos de ordenação possíveis.

Ou seja, talvez o TDD seja uma forma muito boa de derivar incrementalmente algoritmos muito ruins.

SORT 2

Faremos outro teste. Desta vez, percorreremos um caminho um tanto diferente. E, de novo, insisto para que assista ao vídeo se possível, mas continue lendo.

Assista ao vídeo SORT 2. Registre-se em informit.com/register.

Faremos como antes: começaremos com os testes mais degenerados possíveis e com o código para fazê-los passar:

```java
public class SortTest {
  @Test
  public void testSort() throws Exception {
    assertEquals(asList(), sort(asList()));
    assertEquals(asList(1), sort(asList(1)));
    assertEquals(asList(1, 2), sort(asList(1, 2)));
  }

  private List<Integer> sort(List<Integer> list) {
    return list;
  }
}
```

Como antes, inserimos dois itens desordenados:

```java
assertEquals(asList(1, 2), sort(asList(2, 1)));
```

Mas agora, em vez de compará-los e trocá-los na `list` de entrada, comparamos e criamos uma lista inteiramente nova com os elementos ordenados de forma correta:

```java
private List<Integer> sort(List<Integer> list) {
  if (list.size() <= 1)
    return list;
  else {
    int first = list.get(0);
    int second = list.get(1);
    if (first > second)
      return asList(second, first);
    else
      return asList(first, second);
  }
}
```

É uma boa hora para fazer uma pausa e refletir. Na seção anterior, aos nos deparamos com esse teste, estávamos felizes e contentes escrevendo a solução de compare e swapping, como se fosse o único jeito possível de fazer o teste passar. Mas estávamos redondamente enganados, pois acabamos de ver outro jeito neste exemplo.

Ou seja, de vez em quando podemos nos deparar com testes de falha que têm mais de uma solução possível. É como as bifurcações de uma estrada. Qual bifurcação devemos pegar? Vejamos o rumo de nossa bifurcação. O próximo teste é, como antes, três elementos ordenados:

```
assertEquals(asList(1, 2, 3), sort(asList(1, 2, 3)));
```

Mas, ao contrário do exemplo anterior, esse teste falha. Falhou, pois nenhum dos caminhos que percorrem o código pode retornar uma lista com mais de dois elementos. No entanto, fazê-lo passar é simples:

```
private List<Integer> sort(List<Integer> list) {
  if (list.size() <= 1)
    return list;
  else if (list.size() == 2){
    int first = list.get(0);
    int second = list.get(1);
    if (first > second)
      return asList(second, first);
    else
      return asList(first, second);
  }
  else {
    return list;
  }
}
```

É um teste ridículo, obviamente, mas o próximo teste — três elementos, com os dois primeiros desordenados — não tem nada de ridículo. Mas falha, claro:

```
    assertEquals(asList(1, 2, 3), sort(asList(2, 1, 3)));
```

E como é que faremos esse teste passar? Há somente duas possibilidades para uma lista com dois elementos e nossa solução esgota ambas as possibilidades. Mas, com três elementos, temos *seis* possibilidades. Vamos realmente decodificar e desenvolver todas as seis combinações possíveis?

Não, seria um absurdo. Precisamos de uma abordagem mais simples. E se usarmos a Lei da Tricotomia?

Segundo a Lei da Tricotomia, dados dois números A e B, há apenas três relações possíveis entre eles: A < B, A = B ou A > B. OK, então escolheremos arbitrariamente um dos elementos da lista e depois decidiremos qual desses relacionamentos ele tem com os outros. O código pertinente seria mais ou menos assim:

```
  else {
    int first = list.get(0);
    int middle = list.get(1);
    int last = list.get(2);
    List<Integer> lessers = new ArrayList<>();
    List<Integer> greaters = new ArrayList<>();

    if (first < middle)
      lessers.add(first);
    if (last < middle)
      lessers.add(last);
    if (first > middle)
      greaters.add(first);
    if (last > middle)
      greaters.add(last);

    List<Integer> result = new ArrayList<>();
    result.addAll(lessers);
    result.add(middle);
    result.addAll(greaters);
    return result;
  }
```

Calma, não surte. Vamos analisar esse código juntos.

Primeiro, extraímos os três valores nas três variáveis nomeadas como: `first`, `middle` e `last`. Fizemos isso para facilitar, pois não queremos um monte de chamadas `list.get(x)` zoando o código todo.

Em seguida, criamos uma lista para os elementos que são menores do que o `middle` e outra para os elementos que são maiores do que o `middle`. Veja que estamos supondo que o `middle` é único na lista.

Então, dentro das quatro instruções `if` subsequentes, inserimos os elementos `first` e `last` nas listas adequadas. Por último, construímos a lista `result` inserindo os `lessers`, o `middle` e os `greaters`.

Talvez você não goste muito deste código. Eu também não gosto muito dele. Mas funciona. Os testes passaram. E os próximos dois testes também passam:

```
assertEquals(asList(1, 2, 3), sort(asList(1, 3, 2)));
assertEquals(asList(1, 2, 3), sort(asList(3, 2, 1)));
```

Até agora, testamos quatro dos seis casos possíveis para uma lista de três elementos únicos. Se tivéssemos testado os outros dois, [2,3,1] e [3,1,2], como deveríamos, ambos teriam falhado. Mas, devido à impaciência ou à desatenção, seguimos em frente testando uma lista com quatro elementos:

```
assertEquals(asList(1, 2, 3, 4), sort(asList(1, 2, 3, 4)));
```

Claro que o teste falha, pois a solução atual supõe que a lista não tem mais do que três elementos. E obviamente nossa simplificação do `first`, do `middle` e do `last` quebra ao inserirmos quatro elementos. Talvez você se pergunte por que escolhemos o `middle` como elemento 1. Por que não poderia ser o elemento 0?

Vamos comentar esse último teste e mudar o middle para o elemento 0:

```
int first = list.get(1);
int middle = list.get(0);
int last = list.get(2);
```

Surpresa — o teste [1,3,2] não passa. Consegue ver o porquê? Se o `middle` for 1, o 3 e o 2 serão adicionados à lista `greaters` na ordem errada.

Agora, acontece que nossa solução já sabe como ordenar uma lista com dois elementos nela. E `greaters` é essa lista, então chamamos o `sort` na lista `greaters`:

```
List<Integer> result = new ArrayList<>();
result.addAll(lessers);
result.add(middle);
result.addAll(sort(greaters));
return result;
```

Isso levou à aprovação do teste [1,3,2], mas o teste [3,2,1] falhou porque a lista `lessers` estava desordenada. Mas é fácil corrigi-la:

```
List<Integer> result = new ArrayList<>();
result.addAll(sort(lessers));
result.add(middle);
result.addAll(sort(greaters));
return result;
```

Pois é, deveríamos ter testado os dois casos restantes de três elementos antes de prosseguir com a lista de quatro elementos.

> *Regra 7: esgote o caso mais simples atual antes de testar o próximo caso mais complexo.*

Seja como for, agora precisamos fazer com que essa lista de quatro elementos seja aprovada. Assim, removemos o comentário do teste e o vimos falhar (não mostrado aqui).

O algoritmo que temos atualmente para ordenar a lista de três elementos pode ser generalizado, ainda mais agora que a variável `middle` é o primeiro elemento da lista. Tudo o que temos que fazer para criar as listas `lessers` e `greaters` é aplicar filtros:

```
    else {
      int middle = list.get(0);
      List<Integer> lessers =
        list.stream().filter(x -> x<middle).collect(toList());
      List<Integer> greaters =
        list.stream().filter(x -> x>middle).collect(toList());

      List<Integer> result = new ArrayList<>();
      result.addAll(sort(lessers));
      result.add(middle);
      result.addAll(sort(greaters));
      return result;
    }
```

Não é de se admirar que isso passe e também que passe nos próximos dois testes:

```
assertEquals(asList(1, 2, 3, 4), sort(asList(2, 1, 3, 4)));
assertEquals(asList(1, 2, 3, 4), sort(asList(4, 3, 2, 1)));
```

Mas, agora, talvez você esteja se perguntando sobre esse `middle`. E se o elemento `middle` não fosse único na lista? Vejamos:

```
assertEquals(asList(1, 1, 2, 3), sort(asList(1, 3, 1, 2)));
```

Sim, falhou. Ou seja, significa que devemos parar de tratar o `middle` como especial:

```
    else {
      int middle = list.get(0);
      List<Integer> middles =
        list.stream().filter(x -> x == middle).collect(toList());
      List<Integer> lessers =
        list.stream().filter(x -> x<middle).collect(toList());
      List<Integer> greaters =
        list.stream().filter(x -> x>middle).collect(toList());

      List<Integer> result = new ArrayList<>();
      result.addAll(sort(lessers));
      result.addAll(middles);
      result.addAll(sort(greaters));
      return result;
    }
```

TDD AVANÇADO

Agora passou. No entanto, veja o else. Você se lembra do que tem acima dele? Vou lhe mostrar:

```
if (list.size() <= 1)
  return list;
else if (list.size() == 2){
  int first = list.get(0);
  int second = list.get(1);
  if (first > second)
    return asList(second, first);
  else
    return asList(first, second);
}
```

Esse caso ==2 ainda é mesmo necessário? Não. Mesmo quando o removemos, o código ainda passa em todos os testes.

OK, mas o que dizer da primeira instrução if? Ela é ainda necessária? Na verdade, podemos transformá-la em algo melhor. E, na prática, deixe-me mostrar o algoritmo final:

```
private List<Integer> sort(List<Integer> list) {
  List<Integer> result = new ArrayList<>();

  if (list.size() == 0)
    return result;
  else {
    int middle = list.get(0);
    List<Integer> middles =
      list.stream().filter(x -> x == middle).collect(toList());
    List<Integer> lessers =
      list.stream().filter(x -> x < middle).collect(toList());
    List<Integer> greaters =
      list.stream().filter(x -> x > middle).collect(toList());

    result.addAll(sort(lessers));
    result.addAll(middles);
    result.addAll(sort(greaters));
    return result;
  }
}
```

Esse algoritmo tem nome: *quick sort*. É um dos melhores algoritmos de ordenação conhecidos.

O quanto melhor? No meu notebook, esse algoritmo pode ordenar um array de um milhão de inteiros aleatórios entre zero e um milhão em 1,5 segundos. O bubble sort da seção anterior ordenará a mesma lista em cerca de seis meses. Logo... o quick sort é bem melhor.

E isso nos leva a uma constatação desconcertante. Havia duas soluções diferentes para ordenar uma lista com dois elementos desordenados. Uma solução nos levou direto ao bubble sort, enquanto a outra nos levou direto ao quick sort.

Ou seja, identificar bifurcações na estrada e escolher o caminho certo pode ser fundamental. Aqui, um caminho nos levou a um algoritmo péssimo e o outro nos levou a um algoritmo excelente.

Podemos identificar essas bifurcações e determinar qual caminho escolher? Talvez, mas esse é assunto para um capítulo mais avançado.

Ficando Empacado

A essa altura, acho que você já assistiu a vídeos o bastante para ter uma boa ideia sobre o ritmo do TDD. A partir de agora, abriremos mão dos vídeos e dependeremos somente das páginas.

Não raro, os novatos em TDD se encontram em um beco sem saída. Eles escrevem um teste excelente, mas descobrem que o único jeito de fazer com que esse teste passe é implementar o algoritmo de uma vez. Chamo isso de "ficar empacado". A solução para não ficar empacado é excluir o último teste que você escreveu e encontrar um teste mais simples que passe.

> *Regra 8: se precisar implementar demais para que o teste atual passe, exclua esse teste e escreva um teste mais simples que passe com mais facilidade.*

Costumo usar o seguinte exercício em minhas aulas para que as pessoas fiquem empacadas. Dá muito certo. Mais da metade das pessoas que testaram ficaram empacadas e também tiverem dificuldades para "desempacar".

É o velho problema word-wrap: dada uma string de texto sem nenhuma quebra de linha, insira as quebras de linha adequadas para que o texto caiba em uma coluna com N caracteres de largura. Quebre as palavras, se possível. Os estudantes devem escrever a seguinte função:

```
Wrapper.wrap(String s, int w);
```

Vamos supor que a string de entrada seja o famoso discurso Gettysburg proferido por Abraham Lincoln:

```
"Four score and seven years ago our fathers brought forth upon this
continent a new nation conceived in liberty and dedicated to the
proposition that all men are created equal"¹
```

Agora, se o comprimento desejado for 30, a saída deve ser:

```
====:====:====:====:====:====:
Four score and seven years ago
Our fathers brought forth upon
This continent a new nation
Conceived in liberty and
Dedicated to the proposition
That all men are created equal
====:====:====:====:====:====:
```

Como você escreveria esse algoritmo fazendo o teste primeiro? Como de costume, podemos começar com o seguinte teste de falha:

---

1 N. da T.: Há 87 anos, os nossos antepassados trouxeram a este continente uma nova nação concebida na liberdade e baseada no princípio de que todos os homens foram criados iguais.

```java
public class WrapTest {
  @Test
  public void testWrap() throws Exception {
    assertEquals("Four", wrap("Four", 7));
  }
  private String wrap(String s, int w) {
    return null;
  }
}
```

Quantas regras TDD infringimos com esse teste? Consegue me dizer? Só que vamos prosseguir assim mesmo. Fazer esse teste passar é fácil:

```java
private String wrap(String s, int w) {
  return "Four";
}
```

O próximo teste parece bem óbvio:

```java
assertEquals("Four\nscore", wrap("Four score", 7));
```

E o código que executa essa passagem também é bem óbvio:

```java
private String wrap(String s, int w) {
  return s.replace(" ", "\n");
}
```

Basta substituir todos os espaços por caracteres de nova linha (\n). Perfeito. Antes de continuar, vamos limpar o código um pouco:

```java
private void assertWrapped(String s, int width, String expected) {
  assertEquals(expected, wrap(s, width));
}

@Test
public void testWrap() throws Exception {
  assertWrapped("Four", 7, "Four");
  assertWrapped("Four score", 7, "Four\nscore");
}
```

Agora melhorou. Vamos lá para o próximo teste com falha. Se simplesmente seguirmos o discurso Gettysburg, a próxima falha seria:

```
assertWrapped("Four score and seven years ago our", 7,
  "Four\nscore\nand\nseven\nyears\nago our");
```

O teste com certeza falha. Podemos estressar essa falha mais um pouco:

```
assertWrapped("ago our", 7, "ago our");
```

Mas como vamos fazer esse teste passar? Aparentemente, *não* é necessário substituir *todos* os espaços por caracteres de nova linha. Mas quais *substituir*? Ou devemos seguir em frente e substituir todos os espaços por caracteres de linha e depois descobrir quais desses caracteres de linha inserimos de volta?

Deixarei que você pense sobre isso por um tempo. Não acho que encontrará uma solução fácil. E o que isso significa? Que estamos empacados. O único modo de fazer esse teste passar é manipulando uma parte enorme do algoritmo word-wrap de uma vez.

A solução para não ficar empacado é excluir um ou mais testes e substituí-los por testes mais simples que possam ser aprovados de forma incremental. Vejamos:

```
@Test
public void testWrap() throws Exception {
  assertWrapped("", 1, "");
}

private String wrap(String s, int w) {
  return "";
}
```

Mas será que esse teste é degenerado? Já nos esquecemos dessa regra antes. Qual seria o próximo teste mais degenerado? Que tal este?

```
assertWrapped("x", 1, "x");
```

Este teste é bem degenerado. E é fácil de passar:

```
private String wrap(String s, int w) {
  return s;
}
```

Vemos novamente o mesmo padrão. Primeiro, o teste passou, retornando a constante degenerada, então o segundo teste passou, retornado a entrada. Interessante. Qual seria o próximo teste mais degenerado?

```
assertWrapped("xx", 1, "x\nx");
```

Esse teste falha porque retorna "xx", mas não é difícil fazê-lo passar:

```
private String wrap(String s, int w) {
  if (w >= s.length())
    return s;
  else
    return s.substring(0, w) + "\n" + s.substring(w);
}
```

Foi fácil. E, agora, qual seria o próximo teste mais degenerado?

```
assertWrapped("xx", 2, "xx");
```

Esse aqui já passou. Legal. Logo, o próximo teste seria:

```
assertWrapped("xxx", 1, "x\nx\nx");
```

Falhou. E isso sugere algum tipo de loop. Mas espere. Há um jeito mais fácil:

```
private String wrap(String s, int w) {
  if (w >= s.length())
    return s;
  else
    return s.substring(0, w) + "\n" + wrap(s.substring(w), w);
}
```

Não costumamos pensar em recursividade, não é? Talvez devêssemos pensar com mais frequência.

Temos um pequeno padrão em nossos testes, não é? Sem palavras e nem mesmo espaços. Apenas uma string de x's com contagens variando de 1 ao tamanho da string. Logo, o próximo teste será:

```
assertWrapped("xxx", 2, "xx\nx");
```

Esse aqui já passou. O próximo também passará:

```
assertWrapped("xxx", 3, "xxx");
```

Provavelmente não faz sentido continuar com esse padrão. Já está na hora de inserir alguns espaços:

```
assertWrapped("x x", 1, "x\nx");
```

Esse teste falha porque retorna "x\n \nx". Podemos corrigi-lo eliminando quaisquer espaços de prefixo antes de fazermos a chamada recursiva para o wrap.

```
return s.substring(0, w) + "\n" + wrap(s.substring(w).trim(), w);
```

Passou. Agora temos um novo padrão de teste a seguir. Assim, o próximo teste é:

```
assertWrapped("x x", 2, "x\nx");
```

Ele falha, pois a primeira substring tem um espaço em branco no final da linha. Podemos nos livrar dele chamando o trim:

```
return s.substring(0, w).trim() + "\n" + wrap(s.substring(w).trim(), w);
```

Passou. O próximo teste na sequência também passa:

```
assertWrapped("x x", 3, "x x");
```

E o próximo? Podemos testar estes:

```
assertWrapped("x x x", 1, "x\nx\nx");
assertWrapped("x x x", 2, "x\nx\nx");
assertWrapped("x x x", 3, "x x\nx");
assertWrapped("x x x", 4, "x x\nx");
assertWrapped("x x x", 5, "x x x");
```

Todos passaram. Talvez não tenha muito sentido adicionar o quarto x. Vamos testar mais:

```
assertWrapped("xx xx", 1, "x\nx\nx\nx");
```

Esse aqui passou. Os próximos dois testes na sequência também:

```
assertWrapped("xx xx", 2, "xx\nxx");
assertWrapped("xx xx", 3, "xx\nxx");
```

Contudo, o teste seguinte falha:

```
assertWrapped("xx xx", 4, "xx\nxx");
```

Agora falhou porque ele retorna "xx x\nx". E isso ocorre porque ele não quebrou no espaço entre as duas "palavras", mas onde fica esse espaço? Fica *antes* do caractere w. Desse modo, precisamos fazer a pesquisa reversa, do w para o espaço:

```
    private String wrap(String s, int w) {
      if (w >= s.length())
        return s;
      else {
        int br = s.lastIndexOf(" ", w);
        if (br == -1)
          br = w;
        return s.substring(0, br).trim() + "\n" +
            wrap(s.substring(br).trim(), w);
      }
    }
```

Agora passou. Tenho a sensação de que terminamos. Mas vamos testar mais alguns casos:

```
assertWrapped("xx xx", 5, "xx xx");
assertWrapped("xx xx xx", 1, "x\nx\nx\nx\nx\nx");
assertWrapped("xx xx xx", 2, "xx\nxx\nxx");
assertWrapped("xx xx xx", 3, "xx\nxx\nxx");
assertWrapped("xx xx xx", 4, "xx\nxx\nxx");
assertWrapped("xx xx xx", 5, "xx xx\nxx");
assertWrapped("xx xx xx", 6, "xx xx\nxx");
assertWrapped("xx xx xx", 7, "xx xx\nxx");
assertWrapped("xx xx xx", 8, "xx xx xx");
```

Todos passaram. Acho que agora terminamos. Vamos testar o Discurso de Gettysburg, com um comprimento de quinze caracteres:

```
Four score and
seven years ago
our fathers
brought forth
upon this
continent a new
nation
conceived in
liberty and
dedicated to
the proposition
that all men
are created
equal
```

Aparentemente está certo.

O que aprendemos? Primeiro: se você ficar empacado, deixe de lado os testes responsáveis por isso e comece a escrever testes mais simples. Segundo: ao escrever testes, tente adotar:

> *Regra 9: siga um padrão proposital e incremental que compreende o espaço de teste.*

PADRÃO DE TESTE TRIPLE A

Veremos agora algo completamente diferente.

Há alguns anos, Bill Wake identificou o padrão fundamental para todos os testes. Ele o chamou de Padrão de Teste Triple A ou AAA. Significa Arrange/Act/Assert.

Ao escrever um teste, a primeira coisa que você faz é preparar, organizar os dados a serem testados, *arrange*. Normalmente isso é feito com um método Setup ou no início da função de teste. O objetivo é preparar o sistema a fim de que fique no estado [state] necessário para rodar o teste.

A segunda coisa a fazer é rodar o teste, *act*. É quando o teste chama a função, executa a ação ou invoca a procedure destino do teste.

A última coisa que o teste faz é verificar as asserções, *assert*. Em geral, isso tem a ver com analisar a saída da etapa act a fim de assegurar que o sistema esteja novamente no estado desejado.

Vejamos um exemplo simples desse padrão. Considere o teste do jogo de boliche do Capítulo 2:

```
@Test
public void gutterGame() throws Exception {
  rollMany(20, 0);
  assertEquals(0, g.score());
}
```

Na etapa *arrange*, criamos a função Game dentro da função Setup e o rollMany(20, 0) para definir a pontuação quando as bolas caem na canaleta. Já na etapa *act*, chamamos o g.score(). E por último, na etapa *assert*, temos o método assertEquals.

Nas duas décadas e meia desde que comecei a praticar TDD, nunca encontrei um teste que não adotasse esse padrão.

BDD

Em 2003, enquanto praticava e ensinava TDD, Dan North, em parceria com Chris Stevenson e Chris Matz, fez a mesma descoberta que Bill Wake havia feito. No entanto, eles usaram outra palavra: Given-When-Then (GWT).

Era o início do *Desenvolvimento Orientado por Comportamento* (BDD).

A princípio, o BDD era visto como uma forma aperfeiçoada de escrever testes. Dan e outros idealizadores gostaram mais dessas palavras, vinculando o BDD a ferramentas de teste como JBehave e RSpec.

Para exemplificar, posso reformular o teste gutterGame em termos de BDD:

```
Dado que o jogador arremessou vinte bolas na canaleta,
Quando solicito a pontuação desse jogo,
Então a pontuação será zero.
```

Deve ficar claro que teríamos que fazer um pouco de análise sintática das coisas a fim de traduzir essa instrução em um teste executável. O JBehave e o RSpec possibilitam recursos para esse tipo de análise. Deve ficar claro também que os testes TDD e BDD são sinônimos.

Com o tempo, as palavras BDD passaram a não ser vinculadas a testes, sendo direcionadas para o problema de especificação do sistema. Os idealizadores do BDD perceberam que, mesmo que as instruções do GWT nunca fossem executadas como testes, elas ainda eram valiosas como especificações de comportamento. Em 2013, Liz Keogh alegou o seguinte sobre o BDD:

> *É o uso de exemplos para falar sobre como as aplicações se comportam...*
> *E conversar sobre esses exemplos.*

Ainda assim, é difícil dissociar o BDD inteiramente dos testes, pois as palavras usadas no GWT e no Padrão Triple A são indiscutivelmente sinônimas. Caso ainda tenha dúvidas, considere o seguinte:

- *Dado* que os dados de teste foram preparados (Arrange)
- *Quando* rodo o teste (Act)
- *Então* o resultado esperado é verificar as asserções (Assert)

Máquinas de Estados Finitos

O motivo pelo qual conferi tamanha importância à sinonímia entre GWT e Padrão Triple A é que existe outro trio famoso que nos deparamos com frequência em software: a transição de uma máquina de estados finitos.

Considere o diagrama de estado/transição de uma catraca de metrô simples (Figura 3.1).

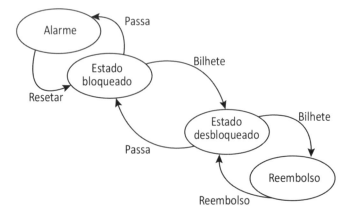

Figura 3.1 Diagrama de transição/estado de uma catraca de metrô

Inicialmente, a catraca tem um estado bloqueado. Ao inserir um bilhete, ela passa para o estado desbloqueado. Quando alguém passa por ela, a catraca retorna ao estado bloqueado. Se alguém passa sem pagar, a catraca dispara um alarme. Se alguém inserir dois bilhetes sem querer, o bilhete extra é devolvido.

Esse diagrama pode ser transformado em uma tabela de transição de estado da seguinte maneira:

Estado atual	Evento	Próximo estado
Bloqueado	Bilhete	Desbloqueado
Bloqueado	Passa	Alarme
Desbloqueado	Bilhete	Reembolso
Desbloqueado	Passa	Bloqueado
Reembolso	Reembolso	Desbloqueado
Alarme	Resetar	Bloqueado

Cada linha da tabela é uma transição do estado atual para o próximo estado disparado pelo evento. Cada linha é um trio, assim como GWT ou AAA. Mais importante, cada um desses trios de transição é sinônimo de um trio GWT ou AAA correspondente:

```
Dado um estado bloqueado
Quando o evento do bilhete é disparado
Então ele faz a transição para o estado desbloqueado.
```

A partir disso, podemos deduzir que todo teste que você escreve é uma transição da máquina de estados finitos que descreve o comportamento do sistema.

Repita essa frase para si mesmo diversas vezes. Cada teste é uma transição da máquina de estados finitos que você está tentando criar em seu programa.

Você sabia que o programa que está escrevendo é uma máquina de estados finitos? Claro que é. Todo programa é uma máquina de estados finitos, visto que os computadores nada mais são do que processadores de máquina de estado finito. O próprio computador faz a transição de um estado finito para o próximo a cada instrução que executa.

Ou seja, os testes escritos ao praticar TDD e os comportamentos descritos ao praticar BDD são simplesmente transições da máquina de estados finitos que você está tentando criar. Caso sua suíte de testes esteja completa, ela *é uma máquina de estados finitos*.

A pergunta que não quer calar é: como garantir que todas as transições que você deseja que sua máquina de estado trate sejam codificadas como testes? Como assegurar que a máquina de estados finitos que seus testes estão descrevendo é a máquina de estados finitos completa que seu programa deve implementar? Há um jeito melhor do que escrever as transições primeiro, como testes, e depois escrever o código de produção que implementa essas transições?

De Novo: BDD

E você não acha impressionante, talvez até um pouco irônico, que a galera do BDD, talvez sem perceber, tenha chegado à conclusão de que o melhor jeito de descrever o comportamento de um sistema é o especificando como uma máquina de estados finitos?

Dublê de Testes

Em 2000, Steve Freeman, Tim McKinnon e Philip Craig apresentaram um artigo[2] chamado "Endo-Testing: Unit Testing with Mock Objects" [Endo--Testing: Teste Unitários com Objetos Mock, em tradução livre]. A influência que o artigo teve na comunidade de software é evidenciada pela disseminação do termo que eles cunharam: *mock*. O termo desde então virou até verbo: mockar. Hoje em dia, usamos frameworks de *mocking* para *mockar* as coisas.

---

2 Steve Freeman, Tim McKinnon e Philip Craig, "Endo-Testing: Unit Testing with Mock Objects", artigo apresentado na Programming and Flexible Processes in Software Engineering (XP2000): https://www2.ccs.neu.edu/research/demeter/related-work/extreme-programming/MockObjectsFinal.PDF.

TDD AVANÇADO

Naquela época, a noção de TDD estava apenas começando a se difundir na comunidade de software. A maioria de nós nunca havia utilizado o Design Orientado a Objetos para testar o código. A maioria de nós nunca havia usado nenhum tipo de design para testar o código. E isso ocasionava todos os tipos de problemas para os criadores dos testes.

Poderíamos até testar coisas simples, como os exemplos que você viu nos capítulos anteriores. No entanto, havia outra classe de problemas que simplesmente não sabíamos como testar. Por exemplo, como você testa o código que reage a uma falha de input/output (IO)? Era impossível fazer um dispositivo IO falhar em um teste unitário. Ou como você testa um código que interage com um serviço externo? É necessário que o serviço externo esteja conectado para testar? E como você testa o código que lida com a falha de serviço externo?

Os primeiros TDDers eram programadores Smalltalk. Para eles, o universo era feito de objetos e vivíamos na Objetolândia. Ou seja, ainda que eles quase certamente estivessem usando objetos mocks, é provável que não se importassem com isso. Na realidade, quando apresentei a ideia de um objeto mock em Java para um especialista Smalltalker e TDDer em 1999, sua resposta foi: "Tem mecanismo demais."

Mesmo assim, a técnica se disseminou e se tornou um alicerce fundamental dos praticantes de TDD.

Mas, antes de nos aprofundarmos na técnica em si, precisamos esclarecer um problema de terminologia. Quase todos nós usamos o termo objeto *mock* erroneamente — pelo menos em sentido formal. Os objetos mock de que falamos hoje em dia são bem diferentes dos objetos mock que foram apresentados no artigo de 2000. De fato, é tão diferente que uma terminologia distinta foi adotada para esclarecer ambos os significados.

Em 2007, Gerard Meszaros publicou o livro *xUnit Test Patterns: Refactoring Test Code* [Padrões de Teste xUnit: Código de Teste de Refatoração, em tradução livre].[3] Na obra, ele adotou a terminologia formal que usamos hoje. No contexto informal, ainda falamos mocks,

---

3 Gerard Meszaros, *xUnit Test Patterns: Refactoring Test Code* (Addison-Wesley, 2007).

mocking, mockar, mas, quando queremos ser específicos, usamos a terminologia formal de Meszaros.

Meszaros identificou cinco tipos de objetos que se enquadram na categoria informal mock: dummies, stubs, spies, mocks e fakes. Ele chamou todos de *test doubles*. Em português, dublê de testes.

Na verdade, é um nome ótimo. Nos filmes, um dublê representa um ator, e um dublê de mão representa closes das mãos de um ator. Um dublê de corpo representa as tomadas quando o corpo, e não o rosto, do ator está em cena. É justamente o que um dublê de teste faz. Um dublê de teste representa outro objeto enquanto um teste está sendo executado.

Os dublês de testes formam uma hierarquia de tipos de classificações (Figura 3.2). Os dummies são os mais simples. Stubs são dummies, spies são stubs e mocks são spies. Os fakes ficam sozinhos.

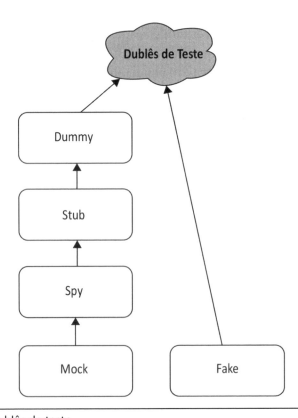

Figura 3.2 Dublês de teste

O mecanismo que todos os dublês de teste usam (e que meu amigo Smalltalker achava que era "demais") é simplesmente o polimorfismo. Por exemplo, caso queira testar o código que gerencia um serviço externo, isole esse serviço externo atrás de uma interface polimórfica e crie uma implementação dessa interface que substitui o serviço. Essa implementação é um dublê de teste.

Mas talvez a melhor forma de explicar tudo seja demonstrando.

Dummy

Em geral, os dublês de testes começam com uma interface — uma classe abstrata sem métodos implementados. Por exemplo, podemos começar com a interface Authenticator:

```
public interface Authenticator {
  public Boolean authenticate(String username, String password);
}
```

O intuito dessa interface é fornecer à nossa aplicação uma maneira de autenticar os usuários utilizando nomes de usuário e senhas. A função authenticate retorna true se o usuário for autêntico e false se não for.

Agora, vamos supor que queremos testar se um LoginDialog pode ser cancelado clicando no ícone Fechar antes de o usuário inserir um nome de usuário e uma senha. O teste é mais ou menos assim:

```
@Test
public void whenClosed_loginIsCancelled() throws Exception {
  Authenticator authenticator = new ???;
  LoginDialog dialog = new LoginDialog(authenticator);
  dialog.show();
  boolean success = dialog.sendEvent(Event.CLOSE);
  assertTrue(success);
}
```

Repare que a classe LoginDialog deve ser construída com um Authenticator. Só que esse Authenticator nunca será chamado por esse teste, então o que devemos passar para o LoginDialog?

Suponhamos que o `RealAuthenticator` seja um objeto pesado de se criar porque exige que passemos um `DatabaseConnection` ao seu construtor. E digamos que a classe `DatabaseConnection` tenha um construtor que exija `UID`s válidos para um `databaseUser` e um `databaseAuthCode`. (Tenho certeza que você já viu situações como essa.)

```java
public class RealAuthenticator implements Authenticator {
  public RealAuthenticator(DatabaseConnection connection) {
    //...
  }

  //...

}

public class DatabaseConnection {
  public DatabaseConnection(UID databaseUser, UID databaseAuthCode) {
    //...
  }
}
```

Para utilizar o `RealAuthenticator` em nosso teste, teríamos que fazer uma atrocidade como esta:

```java
@Test
public void whenClosed_loginIsCancelled() throws Exception {
  UID dbUser = SecretCodes.databaseUserUID;
  UID dbAuth = SecretCodes.databaseAuthCode;
  DatabaseConnection connection =
    new DatabaseConnection(dbUser, dbAuth);
  Authenticator authenticator = new RealAuthenticator(connection);
  LoginDialog dialog = new LoginDialog(authenticator);
  dialog.show();
  boolean success = dialog.sendEvent(Event.CLOSE);
  assertTrue(success);
}
```

É uma carga horrorosa de lixo para inserir em nosso teste somente para que possamos criar um `Authenticator` que nunca será usado. Ela também acrescenta duas dependências ao nosso teste das quais o teste nem precisa. Essas dependências podem quebrar nosso teste na compilação e no tempo de carga. Não precisamos dessa bagunça ou dor de cabeça.

Regra 10: não inclua em seus testes coisas de que eles não precisam.

Assim, o que fazemos é usar um dummy (Figura 3.3).

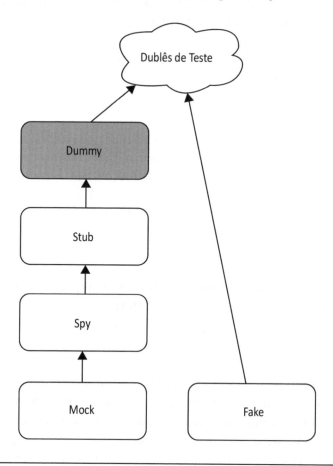

Figura 3.3 Dummy

Um dummy é uma implementação que não faz *nada*. Cada método da interface é implementado para não fazer *nada*. Caso um método retorne um valor, o valor retornado pelo dummy será o mais próximo possível de `null` ou zero. Em nosso exemplo, o `AuthenticatorDummy` seria assim:

```
public class AuthenticatorDummy implements Authenticator {
  public Boolean authenticate(String username, String password) {
    return null;
  }
}
```

Na prática, essa é a implementação exata do que meu IDE cria quando invoco o comando *Implement Interface*.

Agora o teste pode ser escrito sem todo aquele lixo e todas aquelas dependências antipáticas:

```
@Test
public void whenClosed_loginIsCancelled() throws Exception {
  Authenticator authenticator = new AuthenticatorDummy();
  LoginDialog dialog = new LoginDialog(authenticator);
  dialog.show();
  boolean success = dialog.sendEvent(Event.CLOSE);
  assertTrue(success);
}
```

Portanto, um dummy é um dublê de teste que implementa uma interface que não faz nada. É utilizado quando a função que está sendo testada leva um objeto como argumento, porém a *lógica* do teste não exige que esse objeto esteja presente.

Não uso dummies com muita frequência por dois motivos. Primeiro: não gosto de funções com caminhos de código que não usam os argumentos dessa função. Segundo: não gosto de objetos que têm cadeias de dependências, como `LoginDialog->Authenticator->DatabaseConnection->UID`. Cadeias como essa sempre ocasionam problemas no futuro.

Ainda assim, há momentos em que esses problemas não podem ser evitados e, nessas situações, prefiro usar um dummy em vez de me debater com objetos complicados da aplicação.

STUB

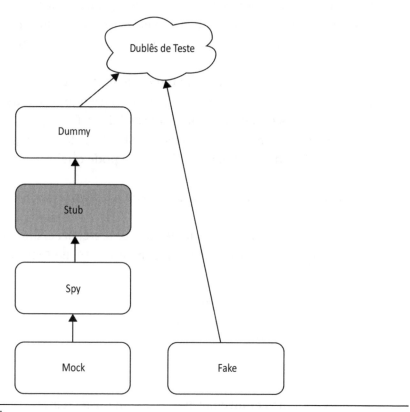

Figura 3.4 Stub

Conforme mostra a Figura 3.4, um *stub* é um dummy; ou seja, é implementado para não fazer nada. No entanto, em vez de retornar zero ou `null`, as funções de um stub retornam valores que conduzem a função que está sendo testada pelos caminhos que o teste deseja executar.

Imaginemos o seguinte teste que garante que uma tentativa de login falhará se o Authenticator rejeitar o username e o password:

```
public void whenAuthorizerRejects_loginFails() throws Exception {
  Authenticator authenticator = new ?;
  LoginDialog dialog = new LoginDialog(authenticator);
  dialog.show();
  boolean success = dialog.submit("bad username", "bad password");
  assertFalse(success);
}
```

Se fôssemos usar o `RealAuthenticator` aqui, ainda teríamos o problema de inicializá-lo com todo o lixo do `DatabaseConnection` e dos `UID`s. Contudo, teríamos também outro problema. Qual `username` e `password` devemos utilizar?

Se conhecermos o conteúdo do banco de dados de autenticação, poderemos selecionar um `username` e um `password` que sabemos não estar presentes, mas isso é uma coisa horrível de se fazer porque cria uma dependência de dados entre nossos testes e os dados de produção. Caso os dados de produção mudem, isso pode quebrar nosso teste.

Regra 11: não use dados de produção em seus testes.

O que fazemos é criar um stub. Para este teste, precisamos de um `RejectingAuthenticator` que simplesmente retorne `false` do método `authorize`:

```
public class RejectingAuthenticator implements Authenticator {
  public Boolean authenticate(String username, String password) {
    return false;
  }
}
```

E agora podemos empregar esse stub em nosso teste:

```
public void whenAuthorizerRejects_loginFails() throws Exception {
  Authenticator authenticator = new RejectingAuthenticator();
  LoginDialog dialog = new LoginDialog(authenticator);
  dialog.show();
  boolean success = dialog.submit("bad username", "bad password");
  assertFalse(success);
}
```

Esperamos que o método `submit` do `LoginDialog` chame a função `authorize` e sabemos que a função `authorize` retornará `false`, logo sabemos qual caminho o código no método `LoginDialog.submit` seguirá; e é exatamente esse o caminho que estamos testando.

Se quisermos testar se o login é bem-sucedido quando o `authorizer` aceita o `username` e o `password`, podemos aplicar as mesmas regras em um stub diferente:

```
public class PromiscuousAuthenticator implements Authenticator {
  public Boolean authenticate(String username, String password) {
    return true;
  }
}
@Test
public void whenAuthorizerAccepts_loginSucceeds() throws Exception {
  Authenticator authenticator = new PromiscuousAuthenticator();
  LoginDialog dialog = new LoginDialog(authenticator);
  dialog.show();
  boolean success = dialog.submit("good username", "good password");
  assertTrue(success);
}
```

Desse modo, um stub é um dummy que retorna valores específicos de teste para conduzir o sistema em teste pelos caminhos que estão sendo testados.

Spy

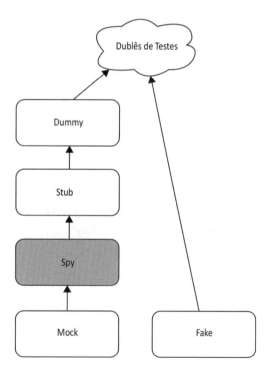

Figura 3.5 Spy

Um *spy* (Figura 3.5) é um stub. Ele retorna valores específicos de teste para conduzir o sistema em teste pelos caminhos desejados. No entanto, um spy se lembra do que foi feito com ele e permite que o teste pergunte a respeito. A melhor forma de explicar é exemplificando:

```
public class AuthenticatorSpy implements Authenticator {
  private int count = 0;
  private boolean result = false;
  private String lastUsername = "";
  private String lastPassword = "";

  public Boolean authenticate(String username, String password) {
    count++;
    lastPassword = password;
    lastUsername = username;
    return result;
  }

  public void setResult(boolean result) {this.result = result;}
  public int getCount() {return count;}
  public String getLastUsername() {return lastUsername;}
  public String getLastPassword() {return lastPassword;}
}
```

Observe que o método `authenticate` controla o número de vezes que foi chamado e os últimos `username` e `password` por meio dos quais foi chamado. Veja também que ele fornece assessores para esses valores. São esse comportamento e esses assessores que fazem dessa classe um spy.

Observe também que o método `authenticate` retorna `result`, que pode ser definido pelo método `setResult`. Isso torna esse spy um stub programável. Vejamos um teste que pode usar esse spy:

```
@Test
public void loginDialog_correctlyInvokesAuthenticator() throws
Exception {
  AuthenticatorSpy spy = new AuthenticatorSpy();
  LoginDialog dialog = new LoginDialog(spy);
  spy.setResult(true);
  dialog.show();
  boolean success = dialog.submit("user", "pw");
  assertTrue(success);
  assertEquals(1, spy.getCount());
  assertEquals("user", spy.getLastUsername());
  assertEquals("pw", spy.getLastPassword());
}
```

O nome do teste nos diz muito. Esse teste garante que o `LoginDialog` invoque corretamente o `Authenticator`. Ele faz isso garantindo que o método `authenticate` seja chamado apenas uma vez e que os argumentos sejam os argumentos que foram passados para o `submit`.

Um spy pode ser tão simples quanto um único booleano definido quando um método específico é chamado. Ou um spy pode ser um objeto relativamente complexo com o histórico de cada chamada e de cada argumento passado a cada chamada. Spies são úteis como meio de assegurar que o algoritmo que está sendo testado se comporte corretamente, mas também são perigosos porque acoplam os testes à *implementação* da função que está sendo testada. Falaremos sobre isso mais tarde.

Mock

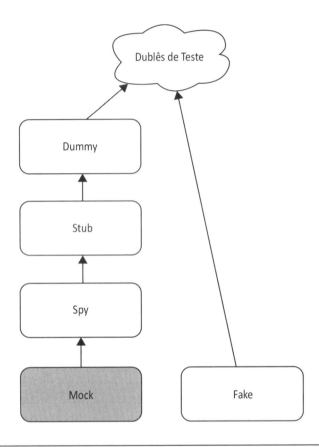

Figura 3.6 O objeto mock

Finalmente chegamos ao verdadeiro objeto mock (Figura 3.6). Esse é o mock que Mackinnon, Freeman e Craig descreveram no artigo que citei.

Um *mock* é um spy. Ele retorna valores específicos de teste para conduzir o sistema em teste pelos caminhos desejados e lembra o que foi feito com ele. Contudo, um mock também sabe o que esperar e passará ou falhará no teste com base nessas expectativas.

Dito de outro modo: as asserções de teste são gravadas no mock. Novamente, uma explicação em código vale mais do que mil palavras, então vamos construir um `AuthenticatorMock`:

TDD AVANÇADO 123

```
public class AuthenticatorMock extends AuthenticatorSpy{
  private String expectedUsername;
  private String expectedPassword;
  private int expectedCount;

  public AuthenticatorMock(String username, String password,
                           int count) {
    expectedUsername = username;
    expectedPassword = password;
    expectedCount = count;
  }

  public boolean validate() {
    return getCount() == expectedCount &&
      getLastPassword().equals(expectedPassword) &&
      getLastPassword().equals(expectedUsername);
  }
}
```

Como você pode ver, o mock tem três campos `expected` definidos pelo construtor. Isso o torna um mock programável. Veja também que o `AuthenticatorMock` é derivado do `AuthenticatorSpy`. Reutilizamos todo aquele código spy no mock.

A função `validate` do mock faz a comparação final. Se o `count`, o `lastPassword` e o `lastUsername` coletados pelo spy corresponderem às expectativas definidas no mock, então `validate` retorna `true`. Agora o teste que usa esse mock deve fazer sentido:

```
@Test
public void loginDialogCallToAuthenticator_validated() throws
Exception {
  AuthenticatorMock mock = new AuthenticatorMock("Bob", "xyzzy", 1);
  LoginDialog dialog = new LoginDialog(mock);
  mock.setResult(true);
  dialog.show();
  boolean success = dialog.submit("Bob", "xyzzy");
  assertTrue(success);
  assertTrue(mock.validate());
}
```

Criamos o mock com as expectativas adequadas. O `username` deve ser "Bob", o `password` deve ser "xyzzy" e o número de vezes que o método `authenticate` é chamado deve ser 1. Depois, criamos o `LoginDialog` com o mock, que também é um `Authenticator`. Definimos o mock para retornar success. Mostramos o dialog. Submetemos a solicitação de login com "Bob" e "xyzzy". Garantimos que o login foi bem-sucedido e, depois, fizemos as asserções de que as expectativas do mock foram satisfeitas.

Esse é um objeto mock. Talvez você pense que objetos mock são muito complicados. Por exemplo, você pode esperar que a função `f` seja chamada três vezes com três conjuntos diferentes de argumentos, retornando três valores distintos. Talvez você também espere que a função `g` seja chamada uma vez entre as duas primeiras chamadas de `f`. Você ousaria escrever esse mock sem testes unitários para o mock em si?

Não curto muito mocks. Eles acoplam o comportamento do spy às asserções do teste. Isso me incomoda. Acho que um teste deve ser bem direto sobre quais asserções faz e não deve submeter essas asserções a algum outro mecanismo mais profundo. Mas falo isso por mim.

Para terminar, podemos lidar com o último dublê de testes: o *fake* (Figura 3.7). Um fake não é um dummy, nem um stub, nem um spy, muito menos um mock. Um fake é um tipo de dublê de teste completamente diferente. Um fake é um simulador.

Há muito tempo, no fim dos anos 1970, trabalhei para uma empresa que desenvolveu um sistema que foi implementado nas instalações de uma companhia telefônica. Esse sistema testava linhas telefônicas. Na central de atendimento, havia um computador que se comunicava por meio de links de modem com computadores que instalamos nas centrais de comutação. O computador na central de atendimento se chamava SAC (Service Area Computer) e o computador na central de comutação se chamava COLT (Central Office Line Tester).

FAKE

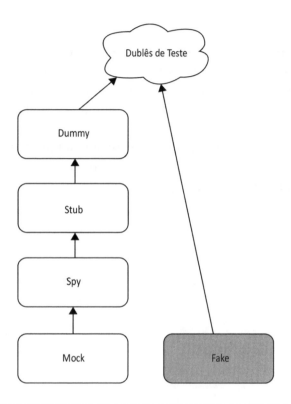

Figura 3.7 O fake

O COLT fazia interface com o hardware de comutação e podia criar uma conexão elétrica entre qualquer uma das linhas telefônicas provenientes dessa central de comutação e o hardware de medição que ele controlava. Assim, o COLT mediria as características eletrônicas da linha telefônica e informaria os dados brutos ao SAC. Por sua vez, o SAC analisava todos esses dados brutos para determinar se havia uma falha e, se houvesse, onde essa falha estava localizada.

Como testamos um sistema desse?

Criamos um fake. O fake que criamos era um COLT cuja interface de comutação foi substituída por um simulador. Esse simulador fingiria discar linhas telefônicas e fingiria medi-las. Em seguida, ele reportaria os dados brutos pré-gravados com base no número de telefone que foi solicitado a testar.

O fake nos possibilitou testar o software de comunicação, controle e análise do SAC sem ter que instalar um COLT real em uma central de comutação de uma companhia telefônica de verdade ou mesmo ter que instalar hardware de comutação real e linhas telefônicas "reais".

Atualmente, um fake é um dublê de teste que implementa algum tipo de regra de negócios rudimentar para que os testes que o utilizam possam selecionar como o fake se comporta. Talvez um exemplo seja a melhor explicação:

```
@Test
public void badPasswordAttempt_loginFails() throws Exception {
  Authenticator authenticator = new FakeAuthenticator();
  LoginDialog dialog = new LoginDialog(authenticator);
  dialog.show();
  boolean success = dialog.submit("user", "bad password");
  assertFalse(success);
}

@Test
public void goodPasswordAttempt_loginSucceeds() throws Exception {
  Authenticator authenticator = new FakeAuthenticator();
  LoginDialog dialog = new LoginDialog(authenticator);
  dialog.show();
  boolean success = dialog.submit("user", "good password");
  assertTrue(success);
}
```

Esses dois testes usam o mesmo `FakeAuthorizer`, mas passam um password diferente. Os testes esperam que o `bad password` falhe na tentativa de login e que o `good password` seja bem-sucedido. O código para o `FakeAuthenticator` é fácil de visualizar:

```
public class FakeAuthenticator implements Authenticator {
  public Boolean authenticate(String username, String password)
  {
    return (username.equals("user") &&
        password.equals("good password"));
  }
}
```

O problema com os fakes é que, conforme a aplicação cresce, sempre haverá mais condições para testar. Como resultado, os fakes tendem a aumentar a cada nova condição testada. Mais cedo ou mais tarde, eles podem ficar tão grandes e complexos que precisam de testes próprios. Dificilmente escrevo fakes, pois não acredito que eles não crescerão.

O Princípio da Incerteza TDD

Mockar ou não mockar, eis a questão. Não há questão nenhuma. A questão é *quando* mockar.

Existem duas escolas de pensamento a respeito: a escola de Londres e a escola de Chicago, abordadas no final deste capítulo. Mas, antes de entrarmos no assunto, precisamos definir por que isso é uma questão em primeiro lugar. É devido ao *princípio da incerteza TDD*.

Para nos ajudar a entender tudo, permita-me fazer uma brincadeira "extrema". O que se segue não é algo que você faria, porém exemplifica bem o que estou tentando mostrar.

Imagine que queremos usar TDD para escrever uma função que calcula o seno trigonométrico de um ângulo representado em radianos. Qual seria o primeiro teste? Lembre-se de que gostamos de começar com o caso mais degenerado. Vamos testar para ver se conseguimos calcular o seno de zero:

```
public class SineTest {
  private static final double EPSILON = 0.0001;
  @Test
  public void sines() throws Exception {
    assertEquals(0, sin(0), EPSILON);
  }

  double sin(double radians) {
    return 0.0;
  }
}
```

Agora, se você está pensando no futuro, já deve estar incomodado. Esse teste não restringe nada além do valor de sin(0).

Como assim? A maioria das funções que escrevemos utilizando TDD são tão restritas pelo crescente conjunto de testes que chega a um ponto em que a função passará em qualquer outro teste que possamos propor. Vimos isso no exemplo dos fatores primais e no exemplo do jogo de boliche. Cada teste estreitou a solução possível até que a solução fosse finalmente conhecida.

Mas aqui, a função sin(r) não parece se comportar dessa forma. O teste para sin(0) == 0 está correto, mas não parece restringir a solução além desse ponto.

Isso fica mais evidente quando fazemos o próximo teste. Qual deve ser esse teste? Por que não testar o sin(π)?

```
public class SineTest {
  private static final double EPSILON = 0.0001;
  @Test
  public void sines() throws Exception {
    assertEquals(0, sin(0), EPSILON);
    assertEquals(0, sin(Math.PI), EPSILON);
  }

  double sin(double radians) {
    return 0.0;
  }
}
```

De novo, temos aquela sensação de não estarmos restringidos. Aparentemente, esse teste não acrescenta nada à solução. Não nos dá nenhuma dica de como solucionar o problema, então vamos tentar π/2:

```java
public class SineTest {
  private static final double EPSILON = 0.0001;
  @Test
  public void sines() throws Exception {
    assertEquals(0, sin(0), EPSILON);
    assertEquals(0, sin(Math.PI), EPSILON);
    assertEquals(1, sin(Math.PI/2), EPSILON);
  }
  double sin(double radians) {
    return 0.0;
  }
}
```

Falhou. Como podemos fazê-lo passar? Novamente, o teste não nos dá nenhuma dica sobre como passá-lo. Poderíamos tentar inserir alguma instrução `if` horrorosa, mas isso apenas nos levaria a mais e mais instruções `if`.

Aqui talvez você esteja pensando que a melhor abordagem seria procurar a série de Taylor para a função seno e implementá-la.

$$x - \frac{x^3}{3!} + \frac{x^5}{5!} - \frac{x^7}{7!} + \cdots$$

Não deve ser difícil:

```
public class SineTest {
  private static final double EPSILON = 0.0001;
  @Test
  public void sines() throws Exception {
    assertEquals(0, sin(0), EPSILON);
    assertEquals(0, sin(Math.PI), EPSILON);
    assertEquals(1, sin(Math.PI/2), EPSILON);
  }

  double sin(double radians) {
    double r2 = radians * radians;
    double r3 = r2*radians;
    double r5 = r3 * r2;
    double r7 = r5 * r2;
    double r9 = r7 * r2;
    double r11 = r9 * r2;
    double r13 = r11 * r2;
    return (radians - r3/6 + r5/120 - r7/5040 + r9/362880 -
            r11/39916800.0 + r13/6227020800.0);
  }
}
```

Passou, mas é feio demais. Ainda assim, devemos ser capazes de calcular alguns outros senos:

```
public void sines() throws Exception {
  assertEquals(0, sin(0), EPSILON);
  assertEquals(0, sin(Math.PI), EPSILON);
  assertEquals(1, sin(Math.PI/2), EPSILON);
  assertEquals(0.8660, sin(Math.PI/3), EPSILON);
  assertEquals(0.7071, sin(Math.PI/4), EPSILON);
  assertEquals(0.5877, sin(Math.PI/5), EPSILON);
}
```

Agora sim, passou. Só que essa solução é feia, pois é limitante em termos de precisão. Devemos extrapolar a série de Taylor o bastante até convergir o limite de nossa precisão. (Repare a mudança na constante EPSILON.)

```java
public class SineTest {
  private static final double EPSILON = 0.000000001;
  @Test
  public void sines() throws Exception {
    assertEquals(0, sin(0), EPSILON);
    assertEquals(0, sin(Math.PI), EPSILON);
    assertEquals(1, sin(Math.PI/2), EPSILON);
    assertEquals(0.8660254038, sin(Math.PI/3), EPSILON);
    assertEquals(0.7071067812, sin(Math.PI/4), EPSILON);
    assertEquals(0.5877852523, sin(Math.PI/5), EPSILON);
  }

  double sin(double radians) {
    double result = radians;
    double lastResult = 2;
    double m1 = -1;
    double sign = 1;
    double power = radians;
    double fac = 1;
    double r2 = radians * radians;
    int n = 1;
    while (!close(result, lastResult)) {
      lastResult = result;
      power *= r2;
      fac *= (n+1) * (n+2);
      n += 2;
      sign *= m1;
      double term = sign * power / fac;
      result += term;
    }

    return result;
  }

  boolean close(double a, double b) {
    return Math.abs(a - b) < .0000001;
  }
}
```

OK, agora estamos progredindo. Mas, espere, o que aconteceu com o TDD? E como sabemos se esse algoritmo está funcionando bem?

Tipo, tem bastante código. Como sabemos se esse código está correto? Acho que podemos testar mais alguns valores. E poxa vida, hein? Esses testes estão ficando pesados. Vamos refatorar um pouco:

```
private void checkSin(double radians, double sin) {
  assertEquals(sin, sin(radians), EPSILON);
}

@Test
public void sines() throws Exception {
  checkSin(0, 0);
  checkSin(PI, 0);
  checkSin(PI/2, 1);
  checkSin(PI/3, 0.8660254038);
  checkSin(PI/4, 0.7071067812);
  checkSin(PI/5, 0.5877852523);

  checkSin(3* PI/2, -1);
}
```

Agora foi. Bora testar mais alguns:

```
checkSin(2*PI, 0);
checkSin(3*PI, 0);
```

Ah, o 2π funciona, mas o 3π não. No entanto, estamos perto: 4.6130E-9. Conseguiríamos provavelmente corrigir isso elevando o limite de nossa comparação na função close(), só que isso parece trapaça e talvez não funcione para 100π ou 1.000π. Uma solução melhor seria reduzir o ângulo para mantê-lo entre 0 e 2π.

```
double sin(double radians) {
  radians %= 2*PI;
  double result = radians;
```

Sim. Funcionou. E quanto aos números negativos?

```
checkSin(-PI, 0);
checkSin(-PI/2, -1);
checkSin(-3*PI/2, 1);
checkSin(-1000*PI, 0);
```

Opa, tudo funcionou. E quanto aos grandes números que não são múltiplos perfeitos de 2π?

```
checkSin(1000*PI + PI/3, sin(PI/3));
```

Ufa. Funcionou também. Mais alguma coisa? Existem valores que podem falhar?

Vixe! Não sei.

O Princípio da Incerteza TDD

Bem-vindo à primeira metade do princípio da incerteza TDD. Não importa quantos valores testemos, sentiremos essa persistente incerteza de que deixamos algo passar — que algum valor de entrada não gerará o valor de saída correto.

A maioria das funções não o deixa em uma situação como essa. A maioria das funções é tão boa que, ao escrever o último teste, você *sabe* que ela funcionou. No entanto, temos essas funções chatinhas que fazem você se perguntar se algum valor falhará.

A única maneira de solucionar esse problema com os tipos de teste que escrevemos é testar todos os valores possíveis. E como os números `double` têm 64 bits, significa que precisaríamos escrever um pouco menos de 2×10^{19} testes. É mais do que eu gostaria de escrever.

Então, por que *confiamos* nessa função? Confiamos porque acreditamos que a série de Taylor calcula o seno de um determinado ângulo em radianos? Sim, vimos a prova matemática disso, logo temos certeza de que a série de Taylor convergirá para o valor correto.

Como podemos transformar a confiança na série de Taylor em um conjunto de testes que provará que estamos rodando essa série de Taylor devidamente?

Suponho que poderíamos inspecionar cada um dos termos da expansão Taylor. Por exemplo, quando se calcula sin (π), os termos da série de Taylor são 3.141592653589793, −2.0261201264601763, 0.5240439134171688, −0.07522061590362306, 0.006925270707505149, −4.4516023820919976E-4, 2.114256755841263E-5, −7.727858894175775E-7, 2.2419510729973346E-8.

Não vejo por que esse tipo de teste é melhor do que os testes que já temos. Esses valores se aplicam a somente um teste específico, que não nos informa nada sobre se esses termos estariam corretos para qualquer outro valor.

Não, queremos algo diferente. Queremos algo conclusivo. Algo que *prove* que o algoritmo que estamos usando, de fato, executa a série de Taylor de forma adequada.

Mas o que é essa tal série de Taylor? É a soma infinita e alternada das potências ímpares de *x* dividida pelos fatoriais ímpares:

$$\sum_{n=1}^{\infty}(-1)^{(n-1)}\frac{x^{2n-1}}{(2n-1)!}$$

Em outras palavras:

$$x - \frac{x^3}{3!} + \frac{x^5}{5!} - \frac{x^7}{7!} + \frac{x^9}{9!} - \cdots$$

Mas como isso nos ajudaria? E, se tivéssemos um spy que nos informasse como os termos da série de Taylor estavam sendo calculados, ele nos deixaria escrever um teste como este:

```
@Test
public void taylorTerms() throws Exception {
  SineTaylorCalculatorSpy c = new SineTaylorCalculatorSpy();
  double r = Math.random() * PI;
  for (int n = 1; n <= 10; n++) {
    c.calculateTerm(r, n);
    assertEquals(n - 1, c.getSignPower());
    assertEquals(r, c.getR(), EPSILON);
    assertEquals(2 * n - 1, c.getRPower());
    assertEquals(2 * n - 1, c.getFac());
  }
}
```

Usar um número aleatório para r e todos os valores razoáveis para n nos possibilita evitar valores específicos. Nosso interesse aqui é que, dados alguns r e alguns n, os números corretos são inseridos nas funções certas. Se esse teste passar, *saberemos* que os cálculos do sign, do power e do factorial receberam as entradas corretas. Podemos fazer isso com o seguinte código simples:

```
public class SineTaylorCalculator {
  public double calculateTerm(double r, int n) {
    int sign = calcSign(n-1);
    double power = calcPower(r, 2*n-1);
    double factorial = calcFactorial(2*n-1);
    return sign*power/factorial;
  }

  protected double calcFactorial(int n) {
    double fac = 1;
    for (int i=1; i<=n; i++)
      fac *= i;
    return fac;
  }

  protected double calcPower(double r, int n) {
    double power = 1;
    for (int i=0; i<n; i++)
      power *= r;
    return power;
```

```
    }

    protected int calcSign(int n) {
      int sign = 1;
      for (int i=0; i<n; i++)
        sign *= -1;
      return sign;
    }
  }
```

Repare que não estamos testando as funções de cálculo reais. Elas são bem simples e provavelmente não precisam de testes. Isso vale principalmente se considerarmos os outros testes que estamos prestes a escrever.

Aqui está o spy:

```
  package London_sine;

  public class SineTaylorCalculatorSpy extends SineTaylorCalculator {
    private int fac_n;
    private double power_r;
    private int power_n;
    private int sign_n;
    public double getR() {
      return power_r;
    }

    public int getRPower() {
      return power_n;
    }

    public int getFac() {
      return fac_n;
    }

    public int getSignPower() {
      return sign_n;
    }
```

```
  protected double calcFactorial(int n) {
    fac_n = n;
    return super.calcFactorial(n);
  }

  protected double calcPower(double r, int n) {
    power_r = r;
    power_n = n;
    return super.calcPower(r, n);
  }

  protected int calcSign(int n) {
    sign_n = n;
    return super.calcSign(n);
  }

  public double calculateTerm(double r, int n) {
    return super.calculateTerm(r, n);
  }
}
```

Considerando que o teste passou, será que é difícil escrever o algoritmo de soma?

```
public double sin(double r) {
  double sin=0;
  for (int n=1; n<10; n++)
    sin += calculateTerm(r, n);
  return sin;
}
```

Talvez você reclame de tamanha eficiência, mas você acha que funciona? A função `calculateTerm` calcula devidamente o termo correto de Taylor? A função `sin` soma tudo corretamente? As dez iterações são suficientes? Como podemos testar isso sem voltar todos os testes de valor original?

Vejamos um teste interessante. Todos os valores de `sin(r)` devem estar entre -1 e 1 (aberto).

```
@Test
public void testSineInRange() throws Exception {
  SineTaylorCalculator c = new SineTaylorCalculator();
  for (int i=0; i<100; i++) {
    double r = (Math.random() * 4 * PI) - (2 * PI) ;
    double sinr = c.sin(r);
    assertTrue(sinr < 1 && sinr > -1);
  }
}
```

Passou. Que tal esse? Dada esta identidade,

```
public double cos(double r) {
  return (sin(r+PI/2));
}
```

testaremos a identidade pitagórica: sen2 + cos2 = 1.

```
@Test
public void PythagoreanIdentity() throws Exception {
  SineTaylorCalculator c = new SineTaylorCalculator();
  for (int i=0; i<100; i++) {
    double r = (Math.random() * 4 * PI) - (2 * PI) ;
    double sinr = c.sin(r);
    double cosr = c.cos(r);
    assertEquals(1.0, sinr * sinr + cosr * cosr, 0.00001);
  }
}
```

Humm. Na verdade, falhou até que aumentamos o número de termos para vinte, o que é, obviamente, um número bastante alto. Mas, como eu disse, é uma brincadeira extrema.

Dados esses testes, o quão confiantes estamos de que calculamos o seno corretamente? Você eu não sei, mas eu estou muito confiante. Eu sei que os termos estão sendo abastecidos com os números corretos. Consigo até visualizar calculadoras simples e a função sin parece ter as propriedades de um seno.

Ah, vamos apenas fazer alguns testes de valor para nos divertir:

```
@Test
public void sineValues() throws Exception {
    checkSin(0, 0);
    checkSin(PI, 0);
    checkSin(PI/2, 1);
    checkSin(PI/3, 0.8660254038);
    checkSin(PI/4, 0.7071067812);
    checkSin(PI/5, 0.5877852523);
}
```

Olha só, funciona bem. Ótimo. Resolvi meu problema de confiança. Não tenho mais a incerteza sobre estar calculando corretamente os senos. Viva o spy!

O Princípio da Incerteza TDD (De Novo)

Mas... espera aí. Você sabia que existe um algoritmo melhor para calcular senos? Chama-se CORDIC. Não, não vou descrevê-lo para você. Foge e muito do escopo deste capítulo. Mas apenas suponhamos que vamos utilizar esse tal de algoritmo CORDIC em vez de nossa função.

Nossos testes de spy falhariam!

Na verdade, basta ver quanto código investimos naquele algoritmo da série de Taylor. Temos duas classes inteiras, `SineTaylorCalculator` e `SineTaylorCalculatorSpy`, dedicadas ao nosso velho algoritmo. Teríamos que descartar todo o código e adotar uma nova estratégia de teste.

Os testes de spy são *frágeis*. Qualquer alteração no algoritmo quebra praticamente todos os testes, obrigando-nos a corrigi-los ou até mesmo a reescrevê-los.

Em contrapartida, se tivéssemos ficado com nossos testes de valor original, eles continuariam a passar com o novo algoritmo CORDIC. Não precisaríamos reescrever nenhum teste.

Bem-vindo à segunda metade do princípio da incerteza TDD. Se você exigir certeza de seus testes, inevitavelmente acoplará seus testes à implementação, e isso trará fragilidade aos testes.

> **O princípio da incerteza TDD:** *se você exigir certeza, seus testes serão inflexíveis. Se você exigir testes flexíveis, sua certeza diminuirá.*

Escola de Londres versus Escola de Chicago

O princípio da incerteza TDD pode fazer com que o teste pareça uma causa perdida, mas não é. O princípio somente estabelece algumas restrições em relação ao quão vantajoso nossos testes podem ser.

Por um lado, não queremos testes inflexíveis e frágeis. Por outro, queremos tanta certeza quanto pudermos ter. Como engenheiros, temos que encontrar o equilíbrio adequado entre esses dois problemas.

O Problema do Teste Frágil

Os recém-chegados ao TDD se deparam frequentemente com o problema de testes inflexíveis, já que eles não têm o cuidado de arquitetar bem seus testes. Eles tratam os testes como cidadãos de segunda classe e infringem todas as regras de acoplamento e de coesão. Isso leva a uma situação em que até mesmo mínimas alterações no código de produção, até uma pequena refatoração, fazem com que muitos testes falhem, forçando mudanças radicais no código de teste.

Testes reprovados que exigem reescrita significativa do código do teste podem resultar em decepção inicial e rejeição prematura da disciplina. Muitos TDDers novos abrem mão da disciplina simplesmente porque não perceberam que os testes devem ser desenvolvidos tão bem quanto o código de produção.

Quanto mais você acopla os testes ao código de produção, mais frágeis seus testes ficam; e poucos artefatos de teste se acoplam mais profundamente do que os spies. O spies analisam a fundo o cerne dos algoritmos e acoplam intricadamente os testes a esses algoritmos. E, como os mocks são spies, isso vale para os mocks também.

Essa é uma das razões pelas quais não gosto de ferramentas de auxílio para criação de mocks. Essas ferramentas normalmente levam você a escrever mocks e spies, e isso gera instabilidade nos testes.

O Problema da Certeza

Caso evite escrever spies, como eu, você terá que testar o valor e a propriedade. Os testes de valor são como os testes de valor seno que fizemos anteriormente neste capítulo. Eles não passam do emparelhamento dos valores de entrada com os valores de saída.

Os testes de propriedade são como os testes `testSineInRange` e `PythagoreanIdentity` que utilizamos antes. Eles passam por muitos valores de entrada adequados, verificando invariantes. Esses testes podem ser convincentes, porém muitas vezes a dúvida persistente ainda nos acompanha.

Em contrapartida, esses testes são tão desacoplados do algoritmo que está sendo empregado que alterar esse algoritmo, ou mesmo refatorá-lo, não impacta os testes.

Se você é o tipo de pessoa que valoriza a certeza em vez da flexibilidade, provavelmente usará muitos *spies* em seus testes e tolerará a inflexibilidade inevitável. Agora, se você é o tipo de pessoa que valoriza a flexibilidade em vez da certeza, será mais como eu. Você preferirá testes de valor e de propriedade a *spies* e tolerará a incerteza persistente.

Essas duas mentalidades motivaram duas escolas de pensamento TDD e influenciaram bastante nossa área. Acontece que sua preferência entre flexibilidade ou certeza provoca uma mudança radical no *processo* de design do código de produção — que dirá no design.

Escola de Londres

A escola TDD de Londres recebeu o nome de Steve Freeman e Nat Pryce, que moram em Londres e escreveram um livro[4] sobre o assunto. É a escola que prefere a certeza em detrimento à flexibilidade.

Atente-se à palavra *detrimento*. Os adeptos da escola de pensamento de Londres não abrem mão da flexibilidade. Na realidade, eles ainda a valorizam muito, mas estão dispostos a tolerar um certo nível de inflexibilidade a fim de ter mais certeza.

Ou seja, se você analisar os testes escritos pela galera da escola de Londres, verá um uso consistente e relativamente livre de mocks e spies.

Essa mentalidade foca mais o algoritmo do que os resultados. Para um adepto da escola londrina, os resultados são importantes, mas a *forma como os resultados são obtidos* é mais importante. Isso promove uma abordagem de design fascinante. Eles praticam o *outside-in design* [design de fora para dentro, em tradução livre].

Os programadores que adotam a abordagem de outside-in design começam na interface do usuário e modelam seu caminho em direção às regras de negócios, *um caso de uso por vez*. Eles usam mocks e spies em cada fronteira com o intuito de provar que o algoritmo que estão usando para se comunicar internamente está funcionando. Eles acabam chegando a uma regra de negócios e a implementam. Depois, conectam-na ao banco de dados e, em seguida, voltam e testam o caminho, com mocks e spies, retornando à interface do usuário.

De novo, esse caminho outside-in de ida e volta é feito *um caso de uso por vez*.

---

4   Steve Freeman e Nat Pryce, *Growing Object-Oriented Software, Guided by Tests* (Addison-Wesley, 2010).

É uma abordagem extremamente disciplinada e metódica que pode funcionar muito bem.

Escola de Chicago

A escola TDD de Chicago recebeu o nome da ThoughtWorks, que, na época, ficava em Chicago. Martin Fowler era (e, no momento em que este livro foi escrito, continuava sendo) o cientista-chefe lá. De fato, o nome Chicago é um pouco mais misterioso do que isso. Houve uma época em que essa escola foi chamada de escola de Detroit.

É a escola que prefere a flexibilidade em detrimento da certeza. Novamente, atente-se à palavra *detrimento*. Os adeptos da escola de Chicago valorizam a certeza, mas, dada a escolha, preferem flexibilizar mais seus testes. Como resultado, eles focam mais os resultados do que as interações e os algoritmos.

Isso obviamente promove uma filosofia de design completamente diferente. Os adeptos tendem a começar com as regras de negócios e, em seguida, avançam em direção à interface do usuário. Essa abordagem costuma ser chamada de *inside-out design* [design de dentro para fora, em tradução livre].

O processo de design da escola de Chicago é tão disciplinado quanto o da escola de Londres, mas ataca o problema em uma ordem distinta. Os programadores que adotam essa técnica não testam um caso de uso por vez antes de começarem o próximo. Ao contrário, eles podem usar testes de valor e de propriedade para implementar diversas regras de negócios sem nenhuma interface de usuário. A interface do usuário e as camadas entre ela e as regras de negócios são implementadas se e quando necessário.

Eles também podem não vincular imediatamente as regras de negócios ao banco de dados. Em vez do caminho de ida e volta um caso de uso por vez, eles procuram sinergias e duplicações dentro das camadas. Em vez de vincular uma thread a partir das entradas de um caso de uso até a saída desse caso de uso, eles trabalham em faixas mais amplas, dentro das camadas, começando com as regras de negócios e avançando pouco a pouco rumo à interface do usuário e ao banco de dados. À medida que exploram cada camada, eles buscam design patterns [padrões de projeto] e oportunidades de abstração e de generalização.

Essa abordagem é menos meticulosa do que a da escola de Londres, porém é mais holística. Com ela, podemos visualizar melhor o panorama como um todo — em minha humilde opinião.

Síntese

Apesar de essas duas escolas de pensamento existirem e coexistirem, e apesar de termos adeptos de ambas as técnicas, Londres versus Chicago não é uma guerra. Não temos divergências nem controvérsias. Trata-se de uma questão de ênfase e nada mais.

Na realidade, todos os praticantes, sejam eles adeptos da escola de Chicago ou da escola de Londres, usam ambas as técnicas no dia a dia. Alguns utilizam mais uma do que outra.

Qual é a certa? Nenhuma das duas. Minha tendência é a escola de Chicago, mas você pode se sentir mais à vontade com a escola de Londres. Eu não discordo de você nem de ninguém. Na verdade, eu ficaria contente de sentar ao seu lado para programarmos juntos e colaborativamente a fim de criarmos uma boa síntese das duas.

Ao levarmos a arquitetura em consideração, essa síntese assume um papel fundamental.

Arquitetura

O equilíbrio que faço entre as estratégias da escola de Londres e as da escola de Chicago tem a ver com arquitetura. Caso já tenha lido *Arquitetura Limpa*,[5] você sabe que gosto de particionar sistemas em

---

5   Robert C. Martin, *Arquitetura Limpa: O Guia do Artesão para Estrutura e Design de Software* (Alta Books).

componentes. Chamo as divisões entre esses componentes de *fronteiras*. Minha regra é que as dependências do código-fonte devem sempre cruzar uma fronteira que aponta para uma política de alto nível.

Isso significa que os componentes com detalhes de nível inferior, como interfaces gráficas do usuário (GUIs) e bancos de dados, dependem de componentes de nível superior, como regras de negócios. Os componentes de alto nível não dependem de componentes de nível inferior. Esse é um exemplo do Princípio de Inversão de Dependência [Dependency Inversion Principle], que é o D no acrônimo SOLID.

Quando se trata de arquitetura, ao escrever testes de programação de nível mais baixo para testar uma fronteira, recorrerei a spies (dificilmente a mocks). Ou, dito de outro modo, quando testo um componente, eu uso spies para mockar quaisquer componentes de colaboração e para garantir que o componente que estou testando invoque os componentes de colaboração corretamente. Portanto, se meu teste atravessar uma fronteira arquitetônica, sou um adepto da escola de Londres.

No entanto, quando um teste não atravessa essa fronteira, tendo a ser um adepto da escola de Chicago. Dentro de um componente, dependo muito mais dos testes de estado e de propriedade para manter o acoplamento e, como resultado, a fragilidade dos meus testes é a mínima possível

Vejamos um exemplo. O diagrama UML na Figura 3.8 mostra um conjunto de classes e os quatro componentes que elas contêm.

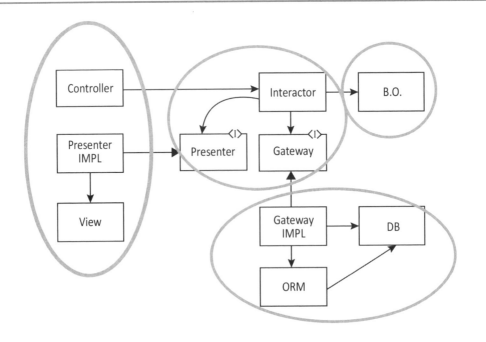

Figura 3.8 Um conjunto de classes e os quatro componentes que as contêm

Vamos analisar esse diagrama. Observe que todas as setas apontam de componentes de nível inferior para componentes de nível superior.
É a famosa *Regra de Dependência* analisada no livro *Arquitetura Limpa*.
O componente de nível mais alto contém os BOs. O próximo nível abaixo contém os interactors [interatores] e as interfaces de comunicação.
No nível mais baixo estão a GUI e o banco de dados.

Podemos usar alguns stubs ao testar os BOs, mas não precisaremos de nenhum spy ou mock porque os BOs não conhecem nenhum outro componente.

Por outro lado, os interactors manipulam os BOs, o banco de dados e a GUI. Nossos testes provavelmente usarão spies a fim de garantir que o banco de dados e a GUI estão sendo manipulados de forma adequada. No entanto, acho que não usaremos tantos spies, ou mesmo stubs, entre os interactor e os BOs porque as funções dos BOs provavelmente não são pesadas.

Ao testar o controller, é quase certeza que usaremos um spy para representar o interactor porque não queremos que as chamadas se propaguem para o banco de dados ou para o presenter.

O presenter é interessante. Costumamos considerá-lo como parte do componente GUI, mas, na verdade, precisaremos de um spy para testá-lo. Não queremos testá-lo com o view real, então provavelmente precisamos de um quinto componente para manter o view separado do controller e do presenter.

Essa última pequena complicação é comum. Modificamos com frequência as fronteiras de nossos componentes porque os testes exigem isso.

Conclusão

Neste capítulo, analisamos alguns dos aspectos mais avançados do TDD: do desenvolvimento incremental de algoritmos ao problema de ficar empacado, da natureza de máquina de estado finito dos testes para dublês de testes e o princípio da incerteza do TDD. Mas ainda não terminamos. Tem mais por vir. Então, aconselho que pegue uma boa xícara de chá quente ou de café, pois nossa viagem pelos mundos de improbabilidade infinita continua.

Testando o Design

4

Caso analise as três regras do Desenvolvimento Orientado a Testes (TDD), apresentadas no Capítulo 2, poderá chegar à conclusão de que o TDD é uma habilidade superficial: basta seguir as três regras e você se garante. Mas as coisas não são bem assim. O TDD é uma habilidade complexa, com muitas camadas. Demora-se meses, senão anos, para dominá-la.

Nesta seção, nos aprofundamos em somente algumas dessas camadas, que vão desde diversos dilemas de teste, como bancos de dados e Interfaces Gráficas de Usuário (GUIs), aos princípios de design que norteiam um bom teste de design, aos padrões de teste e a algumas possibilidades teóricas interessantes e complexas.

Testando o Banco de Dados

A primeira regra para testar bancos de dados é: *não teste o banco de dados*. Não é necessário testar o banco de dados. Você pode supor que o banco de dados funciona. De qualquer forma, acabará descobrindo se ele não estiver funcionando.

O que realmente queremos testar são as queries. Ou talvez você queira testar se os comandos enviados para o banco de dados estão corretos. Se você escrever direto em SQL, vai querer testar se suas instruções SQL funcionam conforme o planejado. Se usar um framework de Mapeamento Objeto-Relacional (ORM), como o Hibernate, você vai querer testar se o Hibernate opera o banco de dados de forma desejada. Caso use um banco de dados NoSQL, você vai querer testar se todos os seus acessos ao banco de dados se comportam conforme o planejado.

Nenhum desses testes exige que você teste regras de negócios; tratam-se apenas de queries. Ou seja, a segunda regra sobre testar bancos de dados é: *desacople o banco de dados das regras de negócios*.

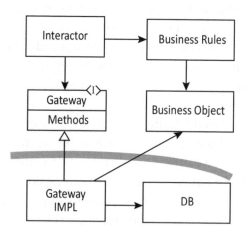

Figura 4.1 Testando o banco de dados

Nós os desacoplamos criando uma interface, que chamei de Gateway[1] no diagrama da Figura 4.1. Na interface Gateway, criamos um método para cada tipo de query que desejamos usar. Esses métodos podem levar argumentos que modificam a query. Por exemplo, para fazer uma busca de todos os Employees do banco de dados com data de contratação posterior a 2001, podemos chamar o método Gateway getEmployeesHiredAfter(2001).

Cada query, update, exclusão ou adição que desejamos realizar no banco de dados terá um método correspondente em uma interface Gateway. Logicamente que pode haver muitas Gateways, dependendo de como queremos particionar o banco de dados.

A classe GatewayImpl implementa o gateway e direciona o banco de dados real para executar as funções necessárias. Se for um banco de dados SQL, todo SQL será criado na classe GatewayImpl. Caso esteja utilizando um ORM, o framework ORM é manipulado pela classe GatewayImpl. Nem o SQL nem o framework ORM e nem a API do banco de dados são conhecidos na fronteira arquitetônica que separa o Gateway do GatewayImpl.

---

1 Martin Fowler, *Padrões de Arquitetura de Aplicações Corporativas.*

Na realidade, não queremos nem mesmo que o esquema do banco de dados seja conhecido acima dessa fronteira. O `GatewayImpl` deve desempacotar as linhas, ou elementos de dados, recuperados do banco de dados, e usar esses dados para construir objetos de negócios adequados que possam cruzar a fronteira rumo às regras de negócios.

Agora testar um banco de dados é simples. Basta criar um banco de dados de teste simples e adequado e, em seguida, chamar cada função de query do `GatewayImpl` a partir de seus testes e garantir que elas tenham o efeito desejado nesse banco de dados de teste. Assegure que cada função de query retorne um conjunto apropriado de objetos de negócios. Garanta que cada update, adição e exclusão altere corretamente o banco de dados.

Não use um banco de dados de produção para realizar esses testes. Crie um banco de dados de teste com somente algumas linhas para comprovar que os testes funcionam e, depois, faça um backup desse banco de dados. Antes de rodar os testes, restaure esse backup para que os testes sejam *sempre* executados nos mesmos dados de teste.

Ao testar as regras de negócios, use stubs e spies para substituir as classes `GatewayImpl`. Não teste as regras de negócios com o banco de dados real conectado. Isso demora bastante e está sujeito a erros. Em vez disso, teste se suas regras de negócios e interactors manipulam adequadamente as interfaces `Gateway`.

Testando as GUIs

Vejamos as regras para testar as GUIs:

1. Não teste as GUIs.
2. Teste tudo, menos as GUIs.
3. A GUI é menor do que você pensa.

Primeiro, vamos debater a terceira regra. A GUI é bem menor do que você pensa. A GUI é somente um pequeno elemento do software que apresenta informações na tela. Provavelmente, é a menor parte desse software. É o software que cria os comandos enviados ao sistema que pinta os pixels na tela.

Para um sistema baseado em web, a GUI é o software que cria o HTML. Para um sistema desktop, a GUI é o software que invoca a API do software de controle gráfico. Como designer de software, sua tarefa é fazer com que a GUI seja a menor possível.

Por exemplo, esse software precisa saber como formatar uma data, uma moeda corrente ou números gerais? Não. Algum outro módulo pode fazer isso. Tudo que a GUI precisa são strings adequadas que representem as datas, as moedas correntes ou os números formatados.

Chamamos esse outro módulo de *presenter*. O presenter é responsável por formatar e ordenar os dados que devem aparecer na tela ou na janela. O presenter faz o máximo possível para desempenhar seu papel, o que nos possibilita diminuir bastante a GUI.

Por exemplo, o presenter é o módulo que determina o estado de cada botão e item de menu. Ele especifica seus nomes e se eles devem ou não estar desabilitados. Se o nome de um botão muda com base no estado de uma janela, é o presenter que conhece esse estado e modifica esse nome. Caso um grid de números deva aparecer na tela, é o presenter que cria uma tabela de strings devidamente formatadas e ordenadas. Se houver campos que devem ter cores ou fontes especiais, é o presenter que as define.

O presenter se encarrega de toda a formatação e ordenação detalhadas, produzindo uma estrutura simples de dados repleta de strings e de flags que a GUI pode usar para criar os comandos que são enviados para a tela. E, claro, isso diminui bem a GUI.

A estrutura de dados criada pelo presenter costuma ser chamada de *view model*.

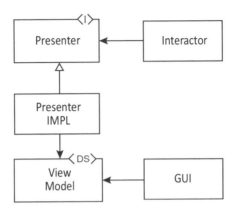

Figura 4.2 O interactor é responsável por informar ao presenter quais dados devem ser apresentados na tela

No diagrama da Figura 4.2, o interactor é responsável por informar ao presenter quais dados devem ser apresentados na tela. Essa comunicação será na forma de uma ou mais estruturas de dados passadas ao presenter por meio de um conjunto de funções. O presenter real é protegido do interactor pela interface do presenter. Isso evita que o interactor de alto nível dependa da implementação do presenter de baixo nível.

O presenter cria a estrutura de dados do view model que a GUI então traduz nos comandos que controlam a tela. O interactor, logicamente, pode ser testado usando um spy para o presenter. E o presenter também pode ser testado enviando comandos e inspecionando o resultado no view model.

A única coisa que não pode ser testada facilmente (com testes de unidade automatizados) é a própria GUI. Por isso a diminuímos bastante.

Claro que a GUI ainda pode ser testada; basta usar. É simples, você pode passar um conjunto predefinido de view models para a GUI e garantir visualmente que esses view models sejam renderizados de forma adequada.

Você pode utilizar ferramentas para automatizar até a última etapa, mas geralmente não aconselho o uso delas. Elas costumam ser lentas e instáveis. Além do mais, a GUI é provavelmente um módulo bastante volátil. Sempre que alguém quiser mudar a aparência de alguma coisa na tela, acabará impactando o código da GUI. Sendo assim, escrever testes automatizados para a última parte é uma perda de tempo, pois essa parte do código muda com muita frequência e, por tais razões efêmeras, quaisquer testes raramente são válidos por muito tempo.

GUI Input

O teste da GUI input segue as mesmas regras: precisamos que a GUI seja a mais insignificante e menor possível. No diagrama da Figura 4.3, o framework GUI é o código que fica na fronteira do sistema. Pode ser o Web container ou algo como o Swing[2] ou o Processing[3] para controlar um desktop.

O framework GUI se comunica com a camada controller por meio da interface `EventHandler`. Isso garante que o controller não tenha nenhuma dependência transitória do código-fonte no framework GUI. A função do controller é reunir os eventos necessários do framework GUI em uma estrutura de dados limpa que chamei aqui de `RequestModel`.

Depois que a `RequestModel` for concluída, o controller a passará pela interface `InputBoundary` até o interactor. Mais uma vez, a interface existe a fim de garantir que as dependências do código-fonte apontem em uma direção arquitetonicamente correta.

---

2 https://docs.oracle.com/javase/8/docs/technotes/guides/swing/
3 https://processing.org/

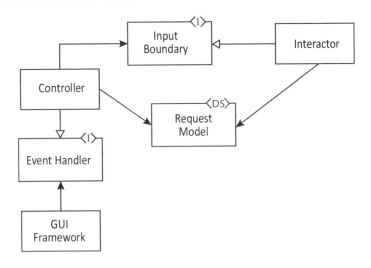

Figura 4.3 Testando a GUI

Testar o interactor é simples; nossos testes apenas criam modelos de solicitação apropriados e os entregam ao interactor. Podemos conferir os resultados diretamente ou usar spies para verificá-los. Testar o controller também é simples — nossos testes somente invocam eventos por meio da interface event handler e, em seguida, asseguram que o controller crie o request model correto.

Padrões de Teste

Há inúmeros padrões de projetos diferentes para teste e diversos livros que abordam o assunto: *XUnit Test Patterns*,[4] de Gerard Meszaros, e *JUnit Recipes*[5] escrito por J. B. Rainsberger e Scott Stirling, citando apenas dois.

Minha intenção aqui não é documentar todos esses padrões e modelos. Só quero apresentar os três que achei mais práticos ao longo dos anos.

---

4 Gerard Meszaros, *XUnit Test Patterns: Refactoring Test Code* (Addison-Wesley, 2012).
5 J. B. Rainsberger e Scott Stirling, *JUnit Recipes: Practical Methods for Programmer Testing* (Manning, 2006).

SUBCLASSE ESPECÍFICA DE TESTE

É o padrão usado essencialmente como um mecanismo de segurança. Por exemplo, digamos que você queira testar o método `align` da classe `XRay`. No entanto, o método `align` invoca o método `turnOn`. É bem provável que você não queira que as classes x-rays sejam habilitadas sempre que rodar os testes.

A solução, conforme mostrado na Figura 4.4, é criar uma *subclasse específica de teste* da classe `XRay` que sobrescreva o método `turnOn` para não fazer nada. O teste cria uma instância da classe `SafeXRay` e, em seguida, chama o método `assign`, sem ter que se preocupar se x-ray será de fato habilitada.

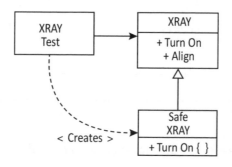

Figura 4.4 Padrão de Subclasse Específica de Teste

Em geral, é vantajoso transformar a subclasse específica de teste em um spy para que o teste possa interrogar o objeto seguro sobre se o método inseguro foi chamado ou não.

No exemplo, se o `SafeXRay` fosse um spy, o método `turnOn` registraria sua invocação e o método de teste na classe `XRayTest` poderia interrogar esse registro a fim de garantir que `turnOn` tenha sido chamado.

Às vezes, o *Padrão Subclasse Específica de Teste* é usado para facilitar as coisas e para produtividade, e não para segurança. Por exemplo, talvez você não queira que o método que está sendo testado inicie um novo processo ou execute um cálculo pesado.

Não é nada raro que operações perigosas, inconvenientes ou lentas sejam extraídas em métodos novos com o propósito explícito de sobrescrevê-las em uma subclasse específica de teste. É apenas um dos modos pelos quais os testes impactam o design do código.

Padrão Self-Shunt

Uma variação do que estamos falando é o *Padrão Self-Shunt*, também conhecido como mocking ou spoofing. Como a classe de teste *é* uma classe, geralmente ajuda bastante que ela se torne a subclasse específica do teste, conforme mostrado na Figura 4.5.

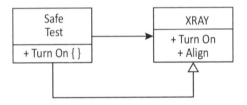

Figura 4.5 Padrão Self-Shunt

Aqui, é a classe XRayTest que sobrescreve o método turnOn e também pode se comportar como um spy para esse método.

Acho o Self-Shunt muito prático quando preciso de um mero spy ou de um pouco de segurança. Por outro lado, a falta de uma classe separada e bem nomeada que forneça especificamente segurança ou um spy pode ser confusa para o leitor. Assim, uso esse padrão com prudência.

Ao utilizar esse padrão, vale ressaltar que diferentes frameworks de testes criam classes de testes em momentos distintos. Por exemplo, o JUnit cria uma instância da classe de teste para cada invocação do método de teste. Em contrapartida, o NUnit executa todos os métodos de teste em uma única instância da classe de teste. Ou seja, deve-se tomar cuidado para garantir que quaisquer variáveis do spy sejam corretamente resetadas.

Padrão de Objeto Humble

Gostamos de pensar que cada bit de código no sistema pode ser testado usando as três regras TDD, só que isso não é totalmente verdade. As partes do código que se comunicam cruzando as fronteiras do hardware são perigosamente difíceis de testar.

Por exemplo, é difícil de testar o que é exibido na tela ou o que foi enviado por meio de uma interface de rede ou por uma porta I/O paralela ou serial. Sem alguns mecanismos de hardware especialmente projetados com os quais os testes possam se comunicar, é impossível testar.

Além disso, esses mecanismos de hardware podem ser lentos e/ou não confiáveis. Imagine, por exemplo, uma câmera de vídeo encarando a tela e seu código de teste tentando determinar, com certo desespero, se a imagem que está voltando da câmera é a imagem que você enviou para a tela. Ou imagine um cabo de rede loopback que conecta a porta de saída do adaptador de rede à porta de entrada. Seus testes teriam que ler o fluxo de dados que entra nessa porta de entrada e procurar os dados específicos que você enviou para a porta de saída.

Na maioria dos casos, esse tipo de hardware especializado é inconveniente, senão totalmente impraticável.

O *Padrão* de *Objeto Humble* é uma solução meio-termo. Esse padrão identifica que existe um código que não pode ser testado de forma prática. Assim, a intenção do padrão é fazer com que esse código seja o mais simples e *humilde* possível, de modo que ele não prejudique os testes. Vimos um exemplo simples anteriormente, na seção "Testando GUIs", mas agora vamos nos aprofundar um pouco.

A estratégia geral é mostrada na Figura 4.6. O código que se comunica além da fronteira é separado em dois elementos: o presenter e o *objeto humble* (indicado aqui como `HumbleView`). A comunicação entre os dois é feita por uma estrutura de dados chamada `Presentation`.

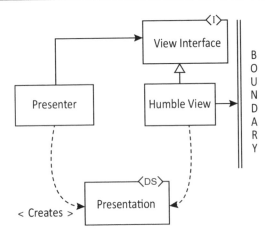

Figura 4.6 Estratégia geral

Vamos supor que nossa aplicação (não mostrada aqui) quer exibir algo na tela. Ela envia os dados adequados ao presenter, este então desempacota os dados do jeito mais simples possível e os carrega dentro da Presentation. O objetivo de desempacotar é eliminar todas as etapas de processamento do HumbleView, exceto as mais simples. A função do HumbleView é simplesmente transportar os dados desempacotados na Presentation, cruzando a fronteira [boundary].

Vejamos isso na prática: digamos que a aplicação quer inserir uma caixa de diálogo com os botões Post e Cancel, um menu de seleção de IDs de pedido e uma grid de itens de datas e moeda corrente. Os dados que a aplicação envia ao presenter são esse grid de dados, na forma de objetos Date e Money. Ela também envia a lista de objetos Order selecionáveis para o menu.

A tarefa do presenter é transformar tudo em strings e flags, e carregá-los dentro do Presentation. Os objetos Money e Date são convertidos em strings específicas locais. Os objetos Order são convertidos em strings de ID. Os nomes dos dois botões são carregados como strings. Caso um ou mais botões estejam desabilitados, uma flag adequada é definida na Presentation.

O resultado final é que o `HumbleView` não tem nada mais a fazer do que transportar essas strings além da fronteira junto com os metadados implícitos nas flags. De novo, o objetivo é fazer com que o `HumbleView` fique simples demais para precisar de testes. É preciso esclarecer que essa estratégia funcionará quando formos cruzar qualquer fronteira e não apenas quando exibirmos algo na tela.

Para demonstrar, digamos que estejamos desenvolvendo um software de controle de um carro autônomo. Digamos também que o volante seja controlado por um motor de passo que movimenta o volante um grau por passo. Nosso software controla o motor de passo por meio do seguinte comando:

```
out(0x3ff9, d);
```

no qual `0x3ff9` é o endereço IO do controlador de motor de passo, `d` é `1` para a direita e `0` para a esquerda.

No alto nível, nossa IA autônoma insere comandos desta forma para o `SteeringPresenter`:

```
turn(RIGHT, 30, 2300);
```

Ou seja, o carro (não o volante!) deve virar gradualmente 30 graus para a direita ao longo dos próximos 2.300 metros. Para tal, o volante deve virar para a direita um certo número de passos, a uma determinada velocidade e, depois, virar para a esquerda a uma determinada velocidade de modo que, após 2.300 metros, o carro se desloque 30 graus à direita de seu curso anterior.

Como podemos testar se o volante está sendo controlado adequadamente pela IA? Precisamos deixar o software de controle do volante de baixo nível o mais humilde possível. Para isso, podemos passar uma presentation, que é um array de estruturas de dados parecido com este:

```
struct SteeringPresentationElement{
  int steps;
  bool direction;
  int stepTime;
  int delay;
};
```

O controller de baixo nível percorre o array, gerando como saída o número apropriado de `steps` para o motor de passo, na `direction` especificada, aguardando `stepTime` milissegundos entre cada passo e aguardando milissegundos de `delay` antes de passar para o próximo elemento no array.

O `SteeringPresenter` tem a função de traduzir os comandos da IA para o array `SteeringPresentationElements`. Para isso, o `SteeringPresenter` precisa saber a velocidade do carro e a relação entre o ângulo do volante e o ângulo das rodas do carro.

Quero deixar claro que o `SteeringPresenter` é fácil de testar. O teste simplesmente envia os comandos `Turn` adequados ao `SteeringPresenter` e, em seguida, inspeciona os resultados no array resultante `SteeringPresentationElements`.

Por último, observe a `ViewInterface` no diagrama. Se pensarmos na `ViewInterface`, no `presenter` e na `Presentation` como pertencentes a um único componente, então o `HumbleView` depende desse componente. É uma estratégia arquitetônica para evitar que o presenter de alto nível dependa da implementação detalhada do `HumbleView`.

TESTANDO O DESIGN

Todos já sabemos da necessidade de se desenvolver um código de produção com um design bom. Mas você alguma vez já pensou em testar seu design? Muitos programadores nem pensam nisso. Na prática, muitos programadores testam o código sem pensar em como devem ser os testes desse design. Isso sempre ocasiona problemas.

O Problema do Teste Frágil

Um dos problemas que atormentam os programadores iniciantes em TDD é o problema dos testes frágeis. Uma suíte de testes é frágil quando pequenas alterações no código de produção ocasionam a quebra de muitos testes. Quanto menor for a alteração no código de produção e quanto maior for a quebra de testes, mais frustrante se torna o problema. Durantes os primeiros meses, muitos programadores desistem do TDD por causa disso.

A fragilidade sempre é um problema de design. Caso faça uma pequena mudança, ainda que mínima, em um módulo que force muitas mudanças em outros módulos, você tem um problema de design incontestável.
Na prática, quando se faz uma pequena mudança que quebra muitas coisas, *temos a definição* de um design insatisfatório.

Os testes precisam ser desenvolvidos como qualquer outra parte do sistema. Todas as regras de design válidas ao código de produção também são válidas aos testes. Nesse sentido, os testes não são especiais. Deve-se desenvolvê-los de forma adequada para limitar as fragilidades. Muitas diretrizes iniciais sobre o TDD ignoraram o teste do design. Na verdade, algumas dessas diretrizes recomendavam estruturas contrárias a um bom design, com testes estritamente acoplados ao código de produção e, consequentemente, muito frágeis.

A Correspondência Biunívoca

Uma prática comum e bastante nociva é criar e manter uma correspondência biunívoca entre os módulos de código de produção e os módulos de teste. Com frequência, ensina-se erroneamente aos novatos em TDD que, para cada módulo de produção ou classe chamada χ, deve haver um módulo de teste correspondente ou uma classe χTest.

Infelizmente, isso cria um profundo acoplamento estrutural entre o código de produção e a suíte de testes. Esse acoplamento resulta em testes frágeis. Sempre que os programadores querem alterar a estrutura do módulo do código de produção, são obrigados a alterar também a estrutura do módulo do código de teste.

Talvez a melhor forma de analisar esse acoplamento estrutural seja visualmente (Figura 4.7).

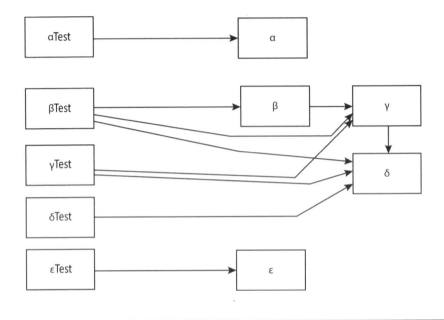

Figura 4.7 Acoplamento estrutural

No lado direito do diagrama vemos cinco módulos de código de produção, α, β, γ, δ e ε. Os módulos α e ε são independentes, mas β está acoplado a γ, que está acoplado a δ. À esquerda, vemos os módulos de teste. Repare que cada um dos módulos de teste é acoplado ao módulo de código de produção correspondente. Entretanto, como β está acoplado a γ e δ, βTest também pode ser acoplado a γ e δ.

Esse acoplamento pode não ser tão evidente. A razão pela qual é provável que βTest tenha acoplamentos com γ e δ é que β pode precisar ser construído com γ e δ, ou os métodos β podem tomar γ e δ como argumentos.

Esse forte acoplamento entre βTest e grande parte do código de produção significa que uma pequena alteração em δ pode impactar βTest, γTest e δTest. Assim, a correspondência biunívoca entre os testes e o código de produção pode resultar em um acoplamento extremamente forte e na fragilidade do código.

Regra 12: desacople a estrutura de seus testes da estrutura do código de produção.

Quebrando a Correspondência

A fim de quebrar, ou evitar criar, a correspondência entre os testes e o código de produção, precisamos pensar nos módulos de teste do mesmo jeito que pensamos em todos os outros módulos em um sistema de software: independentes e desacoplados uns dos outros.

À primeira vista, isso parece um absurdo. Talvez você alegue que os testes devem ser acoplados ao código de produção, pois eles *aperfeiçoam* o código de produção. A última afirmação é válida, mas a primeira não é. Aperfeiçoar o código não implica acoplamento forte. Na realidade, bons desenvolvedores se esforçam arduamente para quebrar os acoplamentos fortes entre os módulos, possibilitando que esses módulos interajam e aperfeiçoem uns aos outros. Como isso é feito? Criando camadas de interface.

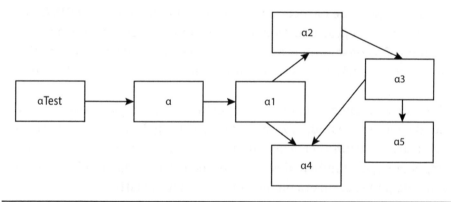

Figura 4.8 Camadas de interface

No diagrama da Figura 4.8, vemos αTest acoplado à α. Atrás de α, vemos uma família de módulos que suportam α, mas a qual αTest desconhece. O módulo α é a interface dessa família. Um bom programador toma muito cuidado para garantir que nenhum dos detalhes da família α escape dessa interface.

Conforme mostrado no diagrama da Figura 4.9, um programador disciplinado poderia proteger o αTest dos detalhes dentro da família α interpondo uma interface polimórfica entre elas. Isso quebra quaisquer dependências transitórias entre o módulo de teste e os módulos do código de produção.

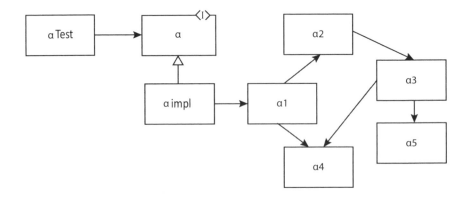

Figura 4.9 Interpondo uma interface polimórfica entre o teste e a família α

De novo, isso pode parecer absurdo para um iniciante em TDD. Como, talvez você esteja se questionando, podemos escrever testes para α5 quando não conseguimos acessar esse módulo a partir de αTest? Você simplesmente não precisa acessar α5 para testar a funcionalidade α5.

Se α5 desempenha uma função importante para α, logo essa funcionalidade deve ser testada por meio da interface α. Essa não é uma regra arbitrária — é uma certeza matemática. Se um comportamento for importante, ele também deve ser visível por meio da interface. Essa visibilidade pode ser direta ou indireta, mas deve existir.

Talvez um exemplo seja bom para esclarecer esse ponto.

A VIDEOLOCADORA

A videolocadora é um exemplo tradicional que demonstra bem o conceito de separar os testes do código de produção. Ironicamente, esse exemplo surgiu por acaso. O problema foi apresentado pela primeira vez como um exemplo de refatoração na primeira edição de *Refatoração*, de Martin Fowler.[6] Martin apresentou uma solução Java bastante feia sem testes e, depois, passou a refatorar o código de uma forma mais limpa.

Neste exemplo, usamos o TDD para criar o programa do zero. Você ficará sabendo dos requisitos lendo os testes à medida que avançamos.

Requisito 1: no primeiro dia, o aluguel normal dos filmes é U$S1,50 e o locatário ganha 1 ponto por dia de locação.

Vermelho (ou *itálico*): escrevemos uma classe de teste para o cliente chamada `CustomerTest` e acrescentamos o primeiro método de teste.

```
public class CustomerTest {
  @Test
  public void RegularMovie_OneDay() throws Exception {
    Customer c = new Customer();
    c.addRental("RegularMovie", 1);
    assertEquals(1.5, c.getRentalFee(), 0.001);
    assertEquals(1, c.getRenterPoints());
  }
}
```

Verde (ou sublinhado): fazer esse teste passar é simples.

```
public class Customer {
  public void addRental(String title, int days) {
  }

  public double getRentalFee() {
    return 1.5;
  }

  public int getRenterPoints() {
    return 1;
  }
}
```

---

6   Martin Fowler, *Refatoração*.

Refatorar (ou *itálico sublinhado*): vamos limpar um pouco esse código.

```
public class CustomerTest {
  private Customer customer;

  @Before
  public void setUp() throws Exception {
    customer = new Customer();
  }

  private void assertFeeAndPoints(double fee, int points) {
    assertEquals(fee, customer.getRentalFee(), 0.001);
    assertEquals(points, customer.getRenterPoints());
  }

  @Test
  public void RegularMovie_OneDay() throws Exception {
    customer.addRental("RegularMovie", 1);
    assertFeeAndPoints(1.5, 1);
  }
}
```

Requisito 2: o segundo e o terceiro dias de locação normal de filmes são gratuitos e o locatário não ganha nenhum ponto.

Verde: nenhuma alteração no código de produção.

```
@Test
public void RegularMovie_SecondAndThirdDayFree() throws Exception {
  customer.addRental("RegularMovie", 2);
  assertFeeAndPoints(1.5, 1);
  customer.addRental("RegularMovie", 3);
  assertFeeAndPoints(1.5, 1);
}
```

Requisito 3: nos dias que se seguem os filmes são alugados por US$1,50 e os locatários ganham 1 ponto.

Vermelho: o teste é simples.

```
@Test
public void RegularMovie_FourDays() throws Exception {
  customer.addRental("RegularMovie", 4);
  assertFeeAndPoints(3.0, 2);
}
```

<u>Verde</u>: isso não é difícil de corrigir.

```
public class Customer {
  private int days;

  public void addRental(String title, int days) {
    this.days = days;
  }

  public double getRentalFee() {
    double fee = 1.5;
    if (days > 3)
      fee += 1.5 * (days - 3);
    return fee;
  }

  public int getRenterPoints() {
    int points = 1;
    if (days > 3)
      points += (days - 3);
    return points;
  }
}
```

<u>Refatorar</u>: podemos eliminar um pouco da duplicação, mas isso causa alguns problemas.

```
public class Customer {
  private int days;

  public void addRental(String title, int days) {
    this.days = days;
  }
```

```
  public int getRentalFee() {
    return applyGracePeriod(150, 3);
  }

  public int getRenterPoints() {
    return applyGracePeriod(1, 3);
  }

  private int applyGracePeriod(int amount, int grace) {
    if (days > grace)
      return amount + amount * (days - grace);
    return amount;
  }
}
```

Vermelho: queremos usar o `applyGracePeriod` para os pontos do locatário e para a taxa, mas a taxa é `double` e os pontos são `int`. O dinheiro nunca deve ser `double`! Desse modo, mudamos `fee` para `int`, e todos os testes falharam. Precisamos voltar e corrigir todos os nossos testes.

```
public class CustomerTest {
  private Customer customer;

  @Before
  public void setUp() throws Exception {
    customer = new Customer();
  }

  private void assertFeeAndPoints(int fee, int points) {
    assertEquals(fee, customer.getRentalFee());
    assertEquals(points, customer.getRenterPoints());
  }

  @Test
  public void RegularMovie_OneDay() throws Exception {
    customer.addRental("RegularMovie", 1);
    assertFeeAndPoints(150, 1);
  }
```

```
@Test
public void RegularMovie_SecondAndThirdDayFree() throws Exception {
  customer.addRental("RegularMovie", 2);
  assertFeeAndPoints(150, 1);
  customer.addRental("RegularMovie", 3);
  assertFeeAndPoints(150, 1);
}

@Test
public void RegularMovie_FourDays() throws Exception {
  customer.addRental("RegularMovie", 4);
  assertFeeAndPoints(300, 2);
}
}
```

Requisito 4: filmes infantis são alugados por US$1,00 por dia e os locatários ganham 1 ponto.

Vermelho: a regra de negócios do primeiro dia é simples.

```
@Test
public void ChildrensMovie_OneDay() throws Exception {
  customer.addRental("ChildrensMovie", 1);
  assertFeeAndPoints(100, 1);
}
```

<u>Verde</u>: não é difícil fazer esse teste passar com um código horroroso.

```
public int getRentalFee() {
  if (title.equals("RegularMovie"))
    return applyGracePeriod(150, 3);
  else
    return 100;
}
```

Refatorar: agora temos que limpar essa coisa horrorosa. Não há como o tipo de vídeo ser acoplado ao título, então vamos fazer um registry.

```java
public class Customer {
  private String title;
  private int days;
  private Map<String, VideoType> movieRegistry = new HashMap<>();

  enum VideoType {REGULAR, CHILDRENS};

  public Customer() {
    movieRegistry.put("RegularMovie", REGULAR);
    movieRegistry.put("ChildrensMovie", CHILDRENS);
  }

  public void addRental(String title, int days) {
    this.title = title;
    this.days = days;
  }

  public int getRentalFee() {
    if (getType(title) == REGULAR)
      return applyGracePeriod(150, 3);
    else
      return 100;
  }

  private VideoType getType(String title) {
    return movieRegistry.get(title);
  }

  public int getRenterPoints() {
    return applyGracePeriod(1, 3);
  }

  private int applyGracePeriod(int amount, int grace) {
    if (days > grace)
      return amount + amount * (days - grace);
    return amount;
  }
}
```

Agora está melhor, mas esse código infringe o princípio de responsabilidade única (SRP)[7] porque a classe `Customer` não deve ser responsável por inicializar o registry. O registry deve ser inicializado durante a configuração inicial do sistema. Vamos separar esse registry do `Customer`:

```
public class VideoRegistry {
  public enum VideoType {REGULAR, CHILDRENS}

  private static Map<String, VideoType> videoRegistry =
              new HashMap<>();

  public static VideoType getType(String title) {
    return videoRegistry.get(title);
  }

  public static void addMovie(String title, VideoType type) {
    videoRegistry.put(title, type);
  }
}
```

`VideoRegistry` é uma classe monoestate,[8] garantindo que haja apenas uma instância. Ela é inicializada estaticamente pelo teste:

```
@BeforeClass
public static void loadRegistry() {
  VideoRegistry.addMovie("RegularMovie", REGULAR);
  VideoRegistry.addMovie("ChildrensMovie", CHILDRENS);
}
```

E isso limpa bem a classe `Customer`:

---

7 Robert C. Martin, *Arquitetura Limpa: O Guia do Artesão para Estrutura e Design de Software*, página 61.
8 Robert C. Martin, *Agile Software Development: Principles, Patterns, and Practices* (Prentice Hall, 2003), página 188.

```java
public class Customer {
  private String title;
  private int days;

  public void addRental(String title, int days) {
    this.title = title;
    this.days = days;
  }

  public int getRentalFee() {
    if (VideoRegistry.getType(title) == REGULAR)
      return applyGracePeriod(150, 3);
    else
      return 100;
  }

  public int getRenterPoints() {
    return applyGracePeriod(1, 3);
  }

  private int applyGracePeriod(int amount, int grace) {
    if (days > grace)
      return amount + amount * (days - grace);
    return amount;
  }
}
```

Vermelho: repare que o requisito 4 informa que os clientes ganham 1 ponto por um filme infantil, não 1 ponto por dia. Então, o próximo teste é:

```java
@Test
public void ChildrensMovie_FourDays() throws Exception {
  customer.addRental("ChildrensMovie", 4);
  assertFeeAndPoints(400, 1);
}
```

Escolhi quatro dias por causa dos 3 atualmente como o segundo argumento da chamada para `applyGracePeriod` dentro do método `getRenterPoints` da `Customer` (ainda que às vezes possamos fingir que somos ingênuos ao fazer o TDD, sabemos o que está acontecendo).

Verde: com o registry, pode-se corrigir o código com facilidade.

```
public int getRenterPoints() {
  if (VideoRegistry.getType(title) == REGULAR)
    return applyGracePeriod(1, 3);
  else
    return 1;
}
```

Neste ponto, quero que você observe que não há testes para a classe `VideoRegistry`. Ou melhor, não há como fazer testes diretos. Na verdade, a `VideoRegistry` está sendo testada indiretamente, pois nenhum dos testes aprovados passaria se a `VideoRegistry` não estivesse funcionando corretamente.

Vermelho: até agora, nossa classe `Customer` pode lidar com apenas um único filme. Vamos garantir que ela possa lidar com mais de um:

```
@Test
public void OneRegularOneChildrens_FourDays() throws Exception {
  customer.addRental("RegularMovie", 4);   //$3+2p
  customer.addRental("ChildrensMovie", 4); //$4+1p

  assertFeeAndPoints(700, 3);
}
```

Verde: isso é apenas uma pequena lista simpática e alguns loops. Também é bom deslocar as coisas do registry para a classe nova `Rental`:

```
public class Customer {
  private List<Rental> rentals = new ArrayList<>();

  public void addRental(String title, int days) {
    rentals.add(new Rental(title, days));
  }

  public int getRentalFee() {
    int fee = 0;
    for (Rental rental : rentals) {
```

```
      if (rental.type == REGULAR)
        fee += applyGracePeriod(150, rental.days, 3);
      else
        fee += rental.days * 100;
    }
    return fee;
  }

  public int getRenterPoints() {
    int points = 0;
    for (Rental rental : rentals) {
      if (rental.type == REGULAR)
        points += applyGracePeriod(1, rental.days, 3);
      else
        points++;
    }
    return points;
  }

  private int applyGracePeriod(int amount, int days, int grace) {
    if (days > grace)
      return amount + amount * (days - grace);
    return amount;
  }
}

public class Rental {
  public String title;
  public int days;
  public VideoType type;

  public Rental(String title, int days) {
    this.title = title;
    this.days = days;
    type = VideoRegistry.getType(title);
  }
}
```

Esse código falha no teste antigo, visto que agora a Customer soma os dois aluguéis:

```
@Test
public void RegularMovie_SecondAndThirdDayFree() throws Exception {
  customer.addRental("RegularMovie", 2);
  assertFeeAndPoints(150, 1);
  customer.addRental("RegularMovie", 3);
  assertFeeAndPoints(150, 1);
}
```

Temos que dividir esse teste em dois. Será melhor.

```
@Test
public void RegularMovie_SecondDayFree() throws Exception {
  customer.addRental("RegularMovie", 2);
  assertFeeAndPoints(150, 1);
}

@Test
public void RegularMovie_ThirdDayFree() throws Exception {
  customer.addRental("RegularMovie", 3);
  assertFeeAndPoints(150, 1);
}
```

Refatorar: não estou gostando dessas atrocidades na classe `Customer`. Esses dois loops feios dentro dessas instruções `if` esquisitas é medonho. Podemos extrair alguns métodos mais agradáveis desses loops.

```
public int getRentalFee() {
  int fee = 0;
  for (Rental rental : rentals)
    fee += feeFor(rental);
  return fee;
}

private int feeFor(Rental rental) {
  int fee = 0;
  if (rental.getType() == REGULAR)
```

```
      fee += applyGracePeriod(150, rental.getDays(), 3);
    else
      fee += rental.getDays() * 100;
    return fee;
  }

  public int getRenterPoints() {
    int points = 0;
    for (Rental rental : rentals)
      points += pointsFor(rental);
    return points;
  }

  private int pointsFor(Rental rental) {
    int points = 0;
    if (rental.getType() == REGULAR)
      points += applyGracePeriod(1, rental.getDays(), 3);
    else
      points++;
    return points;
  }
```

Essas duas funções privadas parecem funcionar melhor com a Rental do que com a Customer. Vamos colocá-las junto com a sua função utilitária applyGracePeriod. Isso deixa a classe Customer mais limpa.

```
  public class Customer {
    private List<Rental> rentals = new ArrayList<>();

    public void addRental(String title, int days) {
      rentals.add(new Rental(title, days));
    }

    public int getRentalFee() {
      int fee = 0;
      for (Rental rental : rentals)
        fee += rental.getFee();
      return fee;
    }
```

```
    public int getRenterPoints() {
      int points = 0;
      for (Rental rental : rentals)
        points += rental.getPoints();
      return points;
    }
  }
```

Agora a classe Rental cresceu bastante e está muito feia:

```
public class Rental {
  private String title;
  private int days;
  private VideoType type;

  public Rental(String title, int days) {
    this.title = title;
    this.days = days;
    type = VideoRegistry.getType(title);
  }

  public String getTitle() {
    return title;
  }

  public VideoType getType() {
    return type;
  }

  public int getFee() {
    int fee = 0;
    if (getType() == REGULAR)
      fee += applyGracePeriod(150, days, 3);
    else
      fee += getDays() * 100;
    return fee;
  }
```

```
public int getPoints() {
  int points = 0;
  if (getType() == REGULAR)
    points += applyGracePeriod(1, days, 3);
  else
    points++;
  return points;
}

private static int applyGracePeriod(int amount, int days, int grace)
{
  if (days > grace)
    return amount + amount * (days - grace);
  return amount;
}
```

Podemos eliminar essas instruções `if` medonhas. Cada novo tipo de vídeo representa outra cláusula nessas instruções. Vamos solucionar isso com algumas subclasses e um pouco de polimorfismo. Primeiro, temos a classe abstrata `Movie`. Ela tem a classe utilitária `applyGracePeriod` e duas funções abstratas para obter a taxa e os pontos.

```
public abstract class Movie {
  private String title;

  public Movie(String title) {
    this.title = title;
  }

  public String getTitle() {
    return title;
  }

  public abstract int getFee(int days, Rental rental);
  public abstract int getPoints(int days, Rental rental);
```

```
  protected static int applyGracePeriod(int amount, int days,
                                        int grace) {
    if (days > grace)
      return amount + amount * (days - grace);
    return amount;
  }
}
```

`RegularMovie` é bem simples:

```
  public class RegularMovie extends Movie {
    public RegularMovie(String title) {
      super(title);
    }

    public int getFee(int days, Rental rental) {
      return applyGracePeriod(150, days, 3);
    }

    public int getPoints(int days, Rental rental) {
      return applyGracePeriod(1, days, 3);
    }
  }
```

`ChildrensMovie` é mais simples ainda:

```
    public class ChildrensMovie extends Movie {
      public ChildrensMovie(String title) {
        super(title);
      }

      public int getFee(int days, Rental rental) {
        return days * 100;
      }

      public int getPoints(int days, Rental rental) {
        return 1;
      }
    }
```

Não sobrou muita coisa da `Rental` — apenas algumas funções delegadoras:

```java
public class Rental {
  private int days;
  private Movie movie;

  public Rental(String title, int days) {
    this.days = days;
    movie = VideoRegistry.getMovie(title);
  }

  public String getTitle() {
    return movie.getTitle();
  }

  public int getFee() {
    return movie.getFee(days, this);
  }

  public int getPoints() {
    return movie.getPoints(days, this);
  }
}
```

A classe `VideoRegistry` se transformou em um factory da `Movie`.

```java
public class VideoRegistry {
  public enum VideoType {REGULAR, CHILDRENS;}

  private static Map<String, VideoType> videoRegistry =
              new HashMap<>();

  public static Movie getMovie(String title) {
    switch (videoRegistry.get(title)) {
      case REGULAR:
```

```
          return new RegularMovie(title);
        case CHILDRENS:
          return new ChildrensMovie(title);
      }
      return null;
    }

    public static void addMovie(String title, VideoType type) {
      videoRegistry.put(title, type);
    }
  }
```

E a `Customer`? Ela simplesmente estava com o nome errado todo esse tempo. Na verdade, ela é a classe `RentalCalculator`. É a classe que protege nossos testes da família de classes que a serve.

```
  public class RentalCalculator {
    private List<Rental> rentals = new ArrayList<>();

    public void addRental(String title, int days) {
      rentals.add(new Rental(title, days));
    }

    public int getRentalFee() {
      int fee = 0;
      for (Rental rental : rentals)
        fee += rental.getFee();
      return fee;
    }

    public int getRenterPoints() {
      int points = 0;
      for (Rental rental : rentals)
        points += rental.getPoints();
      return points;
    }
  }
```

Agora, vejamos um diagrama do resultado (Figura 4.10).

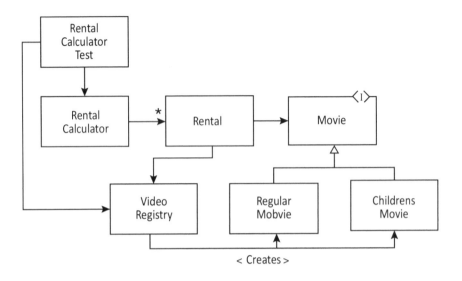

Figura 4.10 O resultado

À medida que o código evolui, todas as classes à direita da RentalCalculator são criadas por diversas refatorações. Mas a RentalCalculatorTest não conhece nenhuma delas, exceto a VideoRegistry, que deve inicializar com os dados de teste. Além do mais, nenhum outro módulo de teste aperfeiçoa essas classes. A RentalCalculatorTest testa todas as outras classes de forma indireta. A correspondência biunívoca é quebrada.

É assim que bons programadores protegem e desacoplam a estrutura do código de produção da estrutura dos testes, evitando o problema dos testes frágeis.

Claro que, em sistemas maiores, esse padrão se repetirá indefinidamente. Haverá muitas famílias de módulos, cada uma protegida dos módulos de teste que as aperfeiçoam por meio de suas próprias facades ou por módulos de interface específicos.

Talvez alguns sugiram que os testes que operam uma família de módulos por meio de uma facade sejam testes de integração. Mais adiante, falaremos sobre testes de integração. Por ora, quero simplesmente ressaltar que o propósito dos testes de integração é bem diferente do propósito dos testes mostrados aqui. Esses são *testes de programação*, escritos por programadores para programadores com o intuito de especificar o comportamento.

Especificidade versus Generalidade

Os testes e o código de produção devem ser desacoplados por outro fator que aprendemos no Capítulo 2, quando estudamos o exemplo dos fatores primos. No capítulo em questão, eu o escrevi como um mantra. Agora vou escrevê-lo como regra.

> *Regra 13: à medida que os testes ficam mais específicos, o código fica mais genérico.*

A família de módulos de código de produção cresce conforme os testes aumentam. Contudo, elas evoluem em direções bastante diferentes.

À medida que cada novo caso de teste é adicionado, a suíte de testes se torna cada vez mais específica. No entanto, os programadores devem conduzir a família de módulos testados na direção oposta. Essa família deve ficar cada vez mais geral (Figura 4.11).

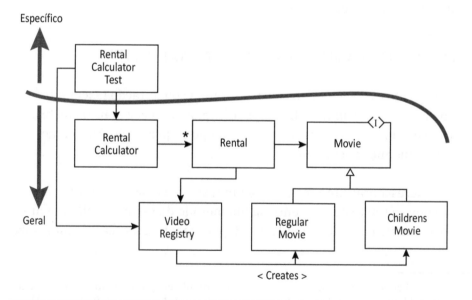

Figura 4.11 A suíte de testes se torna mais específica, enquanto a família de módulos sendo testada se torna mais geral

Esse é um dos objetivos da etapa de refatoração. Você já viu isso no exemplo da videolocadora. Primeiro, um caso de teste foi adicionado. Em seguida, um código de produção horroroso foi adicionado para fazer com que o teste passasse. Esse código de produção não era geral. Na realidade, era bastante específico. Mas, na etapa de refatoração, esse código específico foi acomodado de uma forma mais geral.

O crescimento divergente dos testes e do código de produção significa que os corpos de ambos serão consideravelmente diferentes. Os testes crescerão e se tornarão uma lista linear de restrições e de especificações. Por outro lado, o código de produção crescerá em uma família abundante de lógica e de comportamento, organizada para lidar com a abstração subjacente que conduz a aplicação.

Esse estilo divergente desacopla ainda mais os testes do código de produção, protegendo ambos das mudanças ocorridas tanto em um quanto em outro.

Óbvio que não se consegue quebrar inteiramente o acoplamento. As mudanças ocorridas em um forçarão mudanças no outro. O objetivo não é acabar com essas mudanças e sim minimizá-las. E as técnicas aqui abordadas são eficazes para tal.

PREMISSA DE TRANSFORMAÇÃO PRIORITÁRIA (TPP)[9]

Os capítulos anteriores nos levaram a uma constatação fascinante. Ao praticar a disciplina TDD, especificamos cada vez mais os testes, ao passo que generalizamos mais o código de produção. Mas como essas mudanças ocorrem?

Para acrescentar uma restrição a um teste, basta adicionar uma asserção nova a um teste existente ou um método de teste completamente novo que siga o Padrão Triple A e, depois, fazer a asserção de uma nova

---

9 N. da T.: Premissa que Uncle Bob sugere mais adiante de que as refatorações podem ter contrapartidas chamadas de transformações. Confira a publicação original, em inglês: https://blog.cleancoder.com/uncle-bob/2013/05/27/TheTransformationPriorityPremise.html. Último acesso em 1 de dezembro de 2021.

restrição. É uma operação totalmente aditiva. Não se altera nenhum código existente. Adiciona-se código novo.

No entanto, fazer com que a restrição nova passe nos testes muitas vezes não tem a ver com um processo aditivo. Ao contrário, o código de produção existente deve ser transformado a fim de se comportar de modo diferente. No código existente, essas transformações são pequenas mudanças que alteram o comportamento desse código.

Ou seja, o código de produção logicamente é refatorado para que possamos limpá-lo. E essas refatorações também são pequenas alterações no código de produção, mas, nesse caso, elas preservam o comportamento.

Você já deve te percebido a correlação com o loop *Vermelho*/Verde/ *Refatorar (ou azul)*. A etapa *vermelha* é aditiva. A etapa verde é transformativa. A etapa *azul* é restaurativa.

Analisaremos as refatorações restaurativas no Capítulo 5, "Refatoração". Aqui, falaremos sobre as transformações.

As transformações são pequenas alterações no código que modificam o comportamento e, simultaneamente, generalizam a solução. E, como um exemplo vale mais que mil palavras, vamos exemplificar.

Você se lembra do exercício [code kata] de fatores primos do Capítulo 2? Logo no início, vimos um teste com falha e uma implementação degenerada.

```
public class PrimeFactorsTest {
  @Test
  public void factors() throws Exception {
    assertThat(factorsOf(1), is(empty()));
  }

  private List<Integer> factorsOf(int n) {
    return null;
  }
}
```

Fizemos o teste de falha passar transformando o `null` em um `new ArrayList<>()`, deste jeito:

```
private List<Integer> factorsOf(int n) {
  return new ArrayList<>();
}
```

Essa transformação alterou o comportamento da solução e a generalizou. Esse `null` era extremamente específico. O `ArrayList` é mais geral do que `null`. O próximo caso de teste com falha também resultou em transformações generalizadas:

```
assertThat(factorsOf(2), contains(2));

private List<Integer> factorsOf(int n) {
  ArrayList<Integer> factors = new ArrayList<>();
  if (n>1)
    factors.add(2);
  return factors;
}
```

Primeiro, extraímos o `ArrayList` para a variável `factors` e, em seguida, adicionamos a instrução `if`. Ambas as transformações são generalizadas. As variáveis são sempre mais gerais do que as constantes. No entanto, a instrução `if` é parcialmente generalizada. Ela é específica para o teste por causa do 1 e do 2, mas suaviza essa especificidade com a desigualdade `n>1`. E a desigualdade seguiu como parte da solução geral até o final.

Agora, com esse conhecimento, examinaremos algumas outras transformações.

{} → Nil

Normalmente, essa é a primeira transformação empregada no início de uma sessão TDD. Começamos sem nenhum código. Escrevemos o teste mais degenerado que pudermos imaginar. Em seguida, para compilar e falhar, fazemos com que a função que estamos testando retorne null,[10] como fizemos no exercício de fatores primos.

```
private List<Integer> factorsOf(int n) {
  return null;
}
```

Esse código transforma o nada que temos em uma função que não retorna nada. Isso dificilmente faz com que o teste com falha passe, então a próxima transformação geralmente ocorre de imediato.

Nil → Constante

Mais uma vez, vimos isso nos exercícios de fatores primos. O null que retornamos é transformado em uma lista vazia de inteiros.

```
private List<Integer> factorsOf(int n) {
  return new ArrayList<>();
}
```

Vimos isso também no exercício do jogo de boliche no Capítulo 2, embora, nesse caso, tenhamos pulado a {} → transformação Nil e ido direto para a constante.

```
public int score() {
  return 0;
}
```

Constante → Variável

É aquela que transforma uma constante em uma variável. Vimos isso no Capítulo 2, quando criamos a variável empty para conter o valor true que isEmpty estava retornando.

```
public class Stack {
  private boolean empty = true;

  public boolean isEmpty() {
    return empty;
  }
    . . .
}
```

---

10 Ou o valor de retorno permitido mais degenerado.

De novo, já vimos isso nos fatores primos quando, a fim de passar o caso para a fatoração 3, substituímos a constante 2 pelo argumento n.

```
private List<Integer> factorsOf(int n) {
  ArrayList<Integer> factors = new ArrayList<>();
  if (n>1)
    factors.add(n);
  return factors;
}
```

A essa altura, deve ficar claro que cada uma dessas transformações, até agora, muda o código de um estado muito específico para um estado ligeiramente mais geral. Cada uma delas é uma generalização, uma forma de fazer o código lidar com um conjunto mais amplo de restrições do que antes.

Se pensar nisso com mais atenção, perceberá que cada uma dessas transformações amplia mais o leque de possibilidades do que a restrição inserida no código atualmente pelo teste de falha. Assim, à medida que essas transformações são aplicadas, uma a uma, o conflito entre as restrições dos testes e a generalidade do código deve terminar em favor das generalizações. Por fim, o código de produção se tornará tão geral que passará por todas as restrições futuras dentro dos requisitos atuais.

Mas daí, já estou divagando.

INCONDICIONAL → SELEÇÃO

Essa transformação adiciona uma instrução if ou equivalente. O que nem sempre é uma generalização. Os programadores devem tomar cuidado para não especificar o predicado para o teste que está falhando.

Vimos essa transformação no exercício de fatores primos quando precisamos fatorar o número 2. Repare que o predicado da instrução if naquele exercício não era (n==2); teria sido muito específico. A desigualdade (n>1) foi uma tentativa de generalizar mais a instrução if.

```
private List<Integer> factorsOf(int n) {
  ArrayList<Integer> factors = new ArrayList<>();
  if (n>1)
    factors.add(2);
  return factors;
}
```

Valor → Lista

Essa transformação de generalização transforma uma variável que contém um único valor em uma lista de valores. A lista pode ser um array ou um contêiner mais complexo. Vimos essa transformação quando mudamos a variável element para o array elements.

```
public class Stack {
  private int size = 0;
  private int[] elements = new int[2];

  public void push(int element) {
    this.elements[size++] = element;
  }

  public int pop() {
    if (size == 0)
      throw new Underflow();
    return elements[--size];
  }
}
```

Instrução → Recursão

Essa transformação de generalização transforma uma única instrução em uma instrução recursiva em vez de um loop. Esses tipos de transformações são bem comuns em linguagens que suportam recursão, sobretudo aquelas como Lisp e Logo, que não têm mecanismos de loop *além* da recursão. A transformação muda uma expressão, que é avaliada uma vez dentro da expressão que, por sua vez, é avaliada em termos de si mesma. Vimos essa transformação no exercício word-wrap do Capítulo 3, "TDD Avançado".

```
private String wrap(String s, int w) {
  if (w >= s.length())
    return s;
  else
    return s.substring(0, w) + "\n" + wrap(s.substring(w), w);
}
```

Seleção → Iteração

Vimos essa transformação diversas vezes nos exercícios de fatores primos, quando convertemos as instruções `if` em instruções `while`. Claramente é uma generalização, já que a iteração é uma forma geral de seleção, e a seleção é meramente uma iteração degenerada.

```
private List<Integer> factorsOf(int n) {
  ArrayList<Integer> factors = new ArrayList<>();
  if (n > 1) {
    while (n % 2 == 0) {
      factors.add(2);
      n /= 2;
    }
  }
  if (n > 1)
    factors.add(n);
  return factors;
}
```

Valor → Valor Mutável

Essa transformação modifica o valor de uma variável, normalmente com o propósito de acumular valores parciais em um loop ou em um cálculo incremental. Já vimos ela em diversos exercícios, mas talvez o mais significante tenha sido o sort do Capítulo 3. Repare que os dois primeiros operadores de atribuições não são mutações. Os valores `first` e `second` são simplesmente inicializados. As operações `list.set(…)` são as mutações. Elas alteram os elementos da lista.

```
private List<Integer> sort(List<Integer> list) {
  if (list.size() > 1) {
    if (list.get(0) > list.get(1)) {
      int first = list.get(0);
      int second = list.get(1);
      list.set(0, second);
      list.set(1, first);
    }
  }
  return list;
}
```

Exemplo: Sequência de Fibonacci

Vamos fazer um exercício simples para acompanhar as transformações. Faremos os consagrados exercícios da sequência de Fibonacci. Lembre-se de que fib(0) = 1, fib(1) = 1 e fib(n) = fib(n-1) + fib(n-2). Começamos, como de costume, com um teste que falha: caso esteja se questionando por que estou usando o BigInteger, é porque os números de Fibonacci aumentam muito rápido.

```
public class FibTest {
  @Test
  public void testFibs() throws Exception {
    assertThat(fib(0), equalTo(BigInteger.ONE));
  }

  private BigInteger fib(int n) {
    return null;
  }
}
```

Podemos fazer esse código passar usando a transformação Nil→
→Constante.

```
private BigInteger fib(int n) {
  return new BigInteger("1");
}
```

Sim, também achei o uso do argumento String esquisito, mas essa é a biblioteca Java.

O próximo teste passa direto:

```
@Test
public void testFibs() throws Exception {
  assertThat(fib(0), equalTo(BigInteger.ONE));
  assertThat(fib(1), equalTo(BigInteger.ONE));
}
```

Mas o teste seguinte falha:

```
@Test
public void testFibs() throws Exception {
  assertThat(fib(0), equalTo(BigInteger.ONE));
  assertThat(fib(1), equalTo(BigInteger.ONE));
  assertThat(fib(2), equalTo(new BigInteger("2")));
}
```

Vamos fazê-lo passar usando Condicional → Seleção:

```
private BigInteger fib(int n) {
  if (n > 1)
    return new BigInteger("2");
  else
    return new BigInteger("1");
}
```

Esse código tende perigosamente a ser mais específico do que geral, embora eu fique entusiasmado com o potencial de argumentos negativos para a função fib.

No próximo teste, ficamos tentados a correr atrás dos resultados:

```
assertThat(fib(3), equalTo(new BigInteger("3")));
```

A solução usa Instrução → Recursão:

```
private BigInteger fib(int n) {
  if (n > 1)
    return fib(n-1).add(fib(n-2));
  else
    return new BigInteger("1");
}
```

É uma solução bem elegante, mas também é bastante pesada em termos de tempo[11] e de memória. Em geral, correr atrás do resultado cedo demais tem um preço. Poderíamos ter feito essa etapa de outra forma?

Claro que poderíamos:

```
private BigInteger fib(int n) {
  return fib(BigInteger.ONE, BigInteger.ONE, n);
}

private BigInteger fib(BigInteger fm2, BigInteger fm1, int n) {
  if (n>1)
    return fib(fm1, fm1.add(fm2), n-1);
  else
    return fm1;

}
```

Temos aqui um bom algoritmo tail-recursive [recursão de cauda, em tradução livre] toleravelmente rápido.[12]

Talvez você ache que a última transformação foi apenas um uso diferente da Instrução → Recursão, mas não foi. Na verdade, usei Seleção → Iteração. Na prática, se o compilador Java ao menos nos oferecesse a Tail-Call Optimization (TCO) [otimização tail-call ou otimização de chamada de cauda, em tradução livre],[13] nosso código ficaria quase igual ao código a seguir. Observe o if->while implícito:

---

11 fib(40)==165580141 demorou nove segundos para calcular no meu MacBook Pro de 2,3 GHz.
12 fib(100)==573147844013817084101 em 10ms.
13 Java, Java, por que és tu Java?

```
private BigInteger fib(int n) {
  BigInteger fm2 = BigInteger.ONE;
  BigInteger fm1 = BigInteger.ONE;
  while (n>1) {
    BigInteger f = fm1.add(fm2);
    fm2 = fm1;
    fm1 = f;
    n--;
  }
  return fm1;
}
```

Com esse pequeno desvio, chegamos a um ponto importante:

Regra 14: se uma transformação o levar a uma solução abaixo do ideal, tente uma transformação diferente.

Na realidade, esta é a segunda vez que nos deparamos com uma situação em que uma transformação nos levou a uma solução abaixo do ideal e uma transformação diferente gerou resultados melhores. A primeira vez foi com os testes sort. Nesse caso, foi a transformação Valor → Valor Mutável que nos desviou do caminho, nos levando a implementar um bubble sort. Quando substituímos essa transformação por Condicional→ → Seleção, acabamos implementando um quick sort. Vejamos a etapa crítica:

```
private List<Integer> sort(List<Integer> list) {
  if (list.size() <= 1)
    return list;
  else {
    int first = list.get(0);
    int second = list.get(1);
    if (first > second)
      return asList(second, first);
    else
      return asList(first, second);
  }
}
```

Premissa de Transformação Prioritária (TPP)

Como vimos, às vezes nos deparamos com bifurcações no caminho ao seguirmos as três regras TDD. Cada caminho da bifurcação usa uma transformação diferente para fazer o teste de falha passar. Quando nos deparamos com uma bifurcação, temos como escolher a melhor transformação a ser usada? Ou, dito de outra forma, uma transformação é melhor do que outra em todos os casos? Existe uma *prioridade* para as transformações?

Eu acredito que exista, sim. Daqui a pouco, descreverei essa prioridade. No entanto, quero deixar claro que minha crença é somente uma *premissa*. Não tenho como comprová-la em termos matemáticos e não tenho certeza de que possa funcionar em todos os casos, mas tenho quase certeza de que, se você optar por fazer as transformações na ordem que indico a seguir, suas implementações serão melhores:

- {} → Nil
- Nil → Constante
- Constante → Variável
- Condicional → Seleção
- Valor → Lista
- Seleção → Iteração
- Instrução → Recursão
- Valor → Valor Mutável

Não cometa o erro de pensar que essa ordem é a ordem natural das coisas e que não está sujeita à infração das regras (por exemplo, Constante → Variável não pode ser usada até que Nil → Constante tenha sido completada). Talvez muitos programadores consigam fazer com que o teste passe transformando Nil em uma *Seleção* de duas constantes sem antes passar pela etapa Nil → Constante.

Em outras palavras, caso fique tentado a passar um teste combinando duas ou mais transformações, você pode perder um ou mais testes. Tente encontrar um teste que possa passar usando somente uma dessas transformações. Depois, quando se deparar com uma bifurcação, escolha primeiro o caminho que possa ser percorrido usando a transformação que está no *topo* da lista.

Essa premissa sempre funciona? Talvez não, mas tive muita sorte com ela. E, conforme vimos, ela gerou os melhores resultados para ambos os algoritmos sort e Fibonacci.

Os mais astutos já devem ter percebido que aplicar as transformações na ordem especificada nos leva a implementar soluções usando o estilo de programação funcional.

Conclusão

Concluímos nossa análise sobre a disciplina TDD. Nos últimos três capítulos, nos aprofundamos bastante. Neste capítulo, falamos sobre os problemas e os padrões de design dos testes, desde GUIs a bancos de dados, de especificações a generalizações e de transformações a prioridades.

Mas obviamente não terminamos por aqui. Precisamos considerar a quarta regra: refatoração. Vamos tratar desse assunto no próximo capítulo.

REFATORAÇÃO 5

Em 1999, li *Refatoração*[1] de Martin Fowler. É um clássico, por isso o incentivo a ler também. Recentemente, ele publicou uma segunda edição,[2] reescrita e atualizada. A primeira edição apresenta exemplos em Java; a segunda edição apresenta exemplos em JavaScript.

Na época em que eu estava lendo a primeira edição, meu filho de 12 anos, Justin, estava em um time de hóquei. Para aqueles que não são pais de filhos que jogam hóquei, seu filho fica cinco minutos jogando no gelo e de dez a quinze minutos fora do gelo para que possa descansar.

Enquanto meu filho estava fora do gelo, li o livro espetacular de Martin. Foi o primeiro livro que li que apresentava o código como algo *maleável*. A maioria dos outros livros da época, e mesmo antes, apresentava o código na forma final. Contudo, *esse* livro me mostrou como pegar um código horrível e limpá-lo.

Ao lê-lo, ao mesmo tempo em que eu ouvia a multidão torcer pelas crianças no gelo, eu também ficava animado — só que eu não estava torcendo pelo jogo. Eu estava animado por causa do livro. De certa forma, foi o livro de Martin que me incentivou a escrever o *Código Limpo*.[3]

Ninguém diz isso melhor do que Martin:

> *Qualquer idiota é capaz de escrever código que um computador possa entender. Bons programadores escrevem código que seres humanos podem entender.*

Este capítulo aborda a arte de refatorar do meu ponto de vista pessoal. A intenção não é, de jeito algum, substituir o livro de Martin.

O Que É Refatoração?

Desta vez, parafrasearei Martin:

---

1 Martin Fowler, *Refatoração: Aperfeiçoando o Design de Códigos Existentes*, 1ª edição.
2 Martin Fowler, *Refatoração: Aperfeiçoando o Design de Códigos Existentes*, 2ª edição.
3 Robert C. Martin, *Código Limpo* (Alta Books).

> *Refatoração é uma sequência de pequenas alterações que melhoram a estrutura do software sem alterar seu comportamento — conforme demonstrado pela aprovação de uma suíte abrangente de testes, após cada alteração na sequência.*

Temos dois pontos críticos nessa definição.

Primeiro, a refatoração *preserva* o comportamento. Após uma refatoração, ou sequência de refatorações, o comportamento do software permanece inalterável. A única forma que conheço de demonstrar a preservação do comportamento é passar de forma consistente em uma suíte de testes *abrangentes*.

Segundo, cada refatoração individual é *pequena*. O quão pequena? Tenho um breve comentário: *pequena o bastante para não precisar fazer debugging.*

Existem muitas refatorações específicas, abordarei algumas delas nas páginas a seguir. Há muitas outras alterações no código que não fazem parte do cânone de refatoração, mas, ainda assim, são alterações estruturais que preservam o comportamento. Algumas refatorações são tão previsíveis e banais que seu IDE pode fazê-las por você. Outras são simples o bastante que você pode executá-las manualmente sem medo. Algumas são um pouco mais complexas, exigindo um cuidado maior. Para aqueles que se encaixam no último caso, tenho uma regra específica. Se eu ficar com medo de ter que debugar posteriormente, divido a alteração em partes menores e mais seguras. Se eu acabar debugando assim mesmo, pondero meu medo em favor da cautela.

Regra 15: evite o uso de debuggers.

O objetivo da refatoração é limpar o código. O processo de refatoração é o ciclo *vermelho → *verde* → *refatorar*. Refatorar é uma atividade contínua, não uma atividade agendada e planejada. Você mantém o código limpo, refatorando sempre, de acordo com o loop *vermelho → *verde* → *refatorar*.

Mas, em determinado momento, refatorações maiores serão necessárias. Você descobrirá inevitavelmente que o design do seu sistema precisa ser atualizado e vai querer realizar essa alteração em todo o corpo do código.

Você não agenda a refatoração. E, para refatorar, você não para de adicionar funcionalidades ou de corrigir bugs. Você simplesmente acrescenta um bocado de esforço extra de refatoração ao loop *vermelho* → *verde* → → *refatorar* e, pouco a pouco, efetua as mudanças desejadas ao mesmo tempo em que também agrega valor de negócios de forma contínua.

O Toolkit Básico

Uso algumas refatorações mais do que outras. Elas são automatizadas pelo IDE que utilizo. Recomendo veementemente que você aprenda e tenha essas refatorações na ponta da língua, além de entender as complexidades da automatização de seu IDE.

Renomear

Em meu livro *Código Limpo*, há um capítulo que aborda como nomear bem as coisas. Há muitas outras referências[4] para se aprender a nomear adequadamente as coisas. O mais importante é... dar um bom nome às coisas.

Nomear as coisas é difícil. Encontrar o nome adequado normalmente é um processo de melhorias sucessivas e iterativas. Não tenha medo de procurar o nome certo. Melhore os nomes sempre que puder quando o projeto ainda estiver no início, pois, conforme o projeto avança, mudar os nomes se torna cada vez mais complicado. Um número crescente de programadores saberá esses nomes de cor e salteado, e eles não reagirão bem se esses nomes forem alterados sem aviso. Com o passar do tempo, renomear classes e funções importantes exigirá reuniões e consenso.

Ou seja, à medida que você escreve um código novo, e enquanto esse código não for tão conhecido, experimente com os nomes. Renomeie suas classes e seus métodos com frequência. Ao fazer isso, você descobrirá que quer agrupá-los de modo diferente. Você deslocará métodos de uma classe para outra a fim de que fiquem coerentes com seus nomes novos.

---

4 Outra referência boa é o livro *Domain-Driven Design: Atacando as complexidades no coração do software*, de Eric Evans (Alta Books).

Você alterará o particionamento de funções e de classes para que coincidam com o novo esquema de nomenclatura.

Resumindo, é provável que a prática de buscar os melhores nomes impacte profunda e positivamente a maneira como você particiona o código em classes e módulos. Assim sendo, aprenda a usar a refatoração **Renomear** com frequência e bem.

REFATORAÇÃO EXTRACT METHOD

Talvez a refatoração **Extract Method** [Extrair Método] seja a mais importante de todas as refatorações. Na verdade, ela pode ser uma técnica imprescindível para manter seu código limpo e organizado.

Meu conselho é que você tenha a disciplina para usar o *extract method* até *se cansar*, já que ele tem dois objetivos. Primeiro, cada função deve fazer *uma coisa só*.[5] Segundo, seu código deve ser lido como uma *prosa bem escrita*.[6]

Uma função faz *uma coisa* quando nenhuma outra função pode ser extraída dela. Ou seja, para que todas as suas funções façam *uma coisa só*, você deve extrair e extrair e extrair até que não possa extrair mais nada.

Claro que o resultado disso será uma infinidade de funções minúsculas. E talvez você fique incomodado. Talvez você ache que um monte de funções minúsculas prejudique a intenção do seu código. Você pode estar preocupado, achando que se perderia facilmente em meio a uma multidão tão grande de funções. O que acontece é o contrário. A intenção do seu código fica mais óbvia, os níveis de abstração se tornam nítidos e as linhas entre eles mais claras.

Lembre-se de que as linguagens hoje em dia são repletas de módulos, classes e namespaces. Isso possibilita que você crie uma hierarquia de nomes na qual inserir suas funções. Os namespaces têm classes.

---

5 Martin, *Código Limpo*, p. 47.
6 Martin, p. 8.

As classes levam funções. As funções públicas se referem às funções privadas. As classes contêm classes internas e aninhadas. E assim sucessivamente. Aproveite essas ferramentas para criar uma estrutura que facilite com que outros programadores consigam localizar as funções que você escreveu.

Em seguida, escolha bons nomes. Lembre-se de que o comprimento do nome de uma função deve ser *inversamente* proporcional ao escopo que a contém. Os nomes das funções públicas devem ser curtos. Os nomes das funções privadas devem ser maiores.

À medida que você extrai e extrai, os nomes das funções ficarão cada vez mais longos, já que a finalidade da função se tornará cada vez menos geral. Boa parte dessas funções extraídas será chamada de apenas um lugar, assim a finalidade delas será extremamente específica e precisa. Os nomes dessas funções específicas e precisas devem ser longos. Provavelmente serão cláusulas completas ou mesmo frases.

Essas funções serão chamadas entre parênteses dentro de loops `while` e instruções `if`. Elas também serão chamadas dentro dos corpos dessas instruções, resultando em um código parecido com este:

```
if (employeeShouldHaveFullBenefits())
  AddFullBenefitsToEmployee();
```

Isso fará com que seu código seja lido como uma *prosa bem escrita*.

Por meio da refatoração **Extract Method**, você fará com que suas funções sigam a Regra Stepdown.[7] Queremos que cada linha de uma função esteja no mesmo nível de abstração, e esse nível deve estar um nível abaixo do *nome* da função. Para fazer isso, extraímos todos os trechos de código que estão abaixo do nível desejado dentro de uma função.

---

7   No *Código Limpo*, Regra Decrescente, p. 37.

Extract Variable

Se o **Extract Method** é a mais importante das refatorações, o **Extract Variable** é seu auxiliar direto. Acontece que, para extrair métodos, geralmente você deve extrair as variáveis primeiro. Por exemplo, considere a refatoração do jogo de boliche no Capítulo 2, "Desenvolvimento Orientado a Testes". Começamos assim:

```
@Test
public void allOnes() throws Exception {
  for (int i=0; i<20; i++)
    g.roll(1);
  assertEquals(20, g.score());
}
```

E acabamos assim:

```
private void rollMany(int n, int pins) {
  for (int i = 0; i < n; i++) {
    g.roll(pins);
  }
}

@Test
public void allOnes() throws Exception {
  rollMany(20, 1);
  assertEquals(20, g.score());
}
```

A sequência de refatorações foi a seguinte:

1. **Extract Variable:** o 1 em g.roll(1) foi extraído em uma variável chamada pins.
2. **Extract Variable:** o 20 em assertEquals(20, g.score()); foi extraído dentro de uma variável chamada n.
3. As duas variáveis foram deslocadas para cima do loop for.
4. **Extract Method:** o loop for foi extraído dentro da função rollMany. Os nomes das variáveis se tornaram os nomes dos argumentos.
5. **Inline:** as duas variáveis foram embutidas [inline]. Elas haviam cumprido seu propósito e não eram mais necessárias.

Outro uso comum do **Extract Variable** é criar uma *variável explicativa*.[8] Por exemplo, considere a seguinte instrução `if`:

```
if (employee.age > 60 && employee.salary > 150000)
    ScheduleForEarlyRetirement(employee);
```

Esse código deve ser lido melhor com uma variável explicativa:

```
boolean isEligibleForEarlyRetirement = employee.age > 60 &&
                                       employee.salary > 150000
if (isEligibleForEarlyRetirement)
    ScheduleForEarlyRetirement(employee);
```

EXTRACT FIELD

É a refatoração que pode ter um impacto profundo e positivo. Não a uso com frequência, mas, quando uso, ela traz melhorias substanciais para o código.

Tudo começa com um **Extract Method** que falha. Considere a classe a seguir, que converte um arquivo CSV de dados em um relatório. As coisas estão um pouco bagunçadas.

```
public class NewCasesReporter {
  public String makeReport(String countyCsv) {
    int totalCases = 0;
    Map<String, Integer> stateCounts = new HashMap<>();
    List<County> counties = new ArrayList<>();

    String[] lines = countyCsv.split("\n");
    for (String line : lines) {
      String[] tokens = line.split(",");
      County county = new County();
      county.county = tokens[0].trim();
      county.state = tokens[1].trim();
      //computar média móvel
      int lastDay = tokens.length - 1;
      int firstDay = lastDay - 7 + 1;
```

---

8   Kent Beck, *Smalltalk Best Practice Patterns* (Addison-Wesley, 1997), p. 108.

```
      if (firstDay < 2)
        firstDay = 2;
      double n = lastDay - firstDay + 1;
      int sum = 0;
      for (int day = firstDay; day <= lastDay; day++)
        sum += Integer.parseInt(tokens[day].trim());
      county.rollingAverage = (sum / n);

      //computar soma dos casos.
      int cases = 0;
      for (int i = 2; i < tokens.length; i++)
        cases += (Integer.parseInt(tokens[i].trim()));
      totalCases += cases;
      int stateCount = stateCounts.getOrDefault(county.state, 0);
      stateCounts.put(county.state, stateCount + cases);
      counties.add(county);
    }
    StringBuilder report = new StringBuilder("" +
      "County     State     Avg New Cases\n" +
      "======     =====     =============\n");
    for (County county : counties) {
      report.append(String.format("%-11s%-10s%.2f\n",
        county.county,
        county.state,
        county.rollingAverage));
    }
    report.append("\n");
    TreeSet<String> states = new TreeSet<>(stateCounts.keySet());
    for (String state : states)
      report.append(String.format("%s cases: %d\n",
        state, stateCounts.get(state)));
    report.append(String.format("Total Cases: %d\n", totalCases));
    return report.toString();
  }

  public static class County {
    public String county = null;
    public String state = null;
    public double rollingAverage = Double.NaN;

  }
}
```

Felizmente, o autor teve a gentileza de escrever alguns testes. Esses testes não são lá aquelas coisas, mas servem.

```java
public class NewCasesReporterTest {
  private final double DELTA = 0.0001;
  private NewCasesReporter reporter;

  @Before
  public void setUp() throws Exception {
    reporter = new NewCasesReporter();
  }

  @Test
  public void countyReport() throws Exception {
    String report = reporter.makeReport("" +
      "c1, s1, 1, 1, 1, 1, 1, 1, 7\n" +
      "c2, s2, 2, 2, 2, 2, 2, 2, 7");
    assertEquals("" +
        "County      State      Avg New Cases\n" +
        "======      =====      =============\n" +
        "c1          s1         1.86\n" +
        "c2          s2         2.71\n\n" +
        "s1 cases: 14\n" +
        "s2 cases: 21\n" +
        "Total Cases: 35\n",
      report);
  }

  @Test
  public void stateWithTwoCounties() throws Exception {
    String report = reporter.makeReport("" +
      "c1, s1, 1, 1, 1, 1, 1, 1, 7\n" +
      "c2, s1, 2, 2, 2, 2, 2, 2, 7");
    assertEquals("" +
        "County      State      Avg New Cases\n" +
        "======      =====      =============\n" +
```

```
            "c1        s1       1.86\n" +
            "c2        s1       2.71\n\n" +
            "s1 cases: 35\n" +
            "Total Cases: 35\n",
          report);
    }

    @Test
    public void statesWithShortLines() throws Exception {
      String report = reporter.makeReport("" +
        "c1, s1, 1, 1, 1, 1, 7\n" +
        "c2, s2, 7\n");
      assertEquals("" +
            "County     State     Avg New Cases\n" +
            "======     =====     =============\n" +
            "c1         s1        2.20\n" +
            "c2         s2        7.00\n\n" +
            "s1 cases: 11\n" +
            "s2 cases: 7\n" +
            "Total Cases: 18\n",
          report);
    }
  }
```

Os testes nos passam uma boa ideia do que o programa está fazendo. A entrada é uma string CSV. Cada linha representa um condado e tem uma lista do número de novos casos de Covid-19 por dia. A saída é um relatório que mostra a média móvel de sete dias de novos casos por condado e apresenta alguns totais para cada estado, junto com um total geral.

Com certeza, queremos começar a extrair métodos dessa gigantesca e horrível função. Começaremos com aquele loop lá em cima. Esse loop realiza todo o cálculo para todos os condados, então provavelmente deveríamos nomeá-lo como `calculateCounties`.

Mas, quando selecionamos esse loop e tentamos extrair um método, aparece a caixa de diálogo mostrada na Figura 5.1.

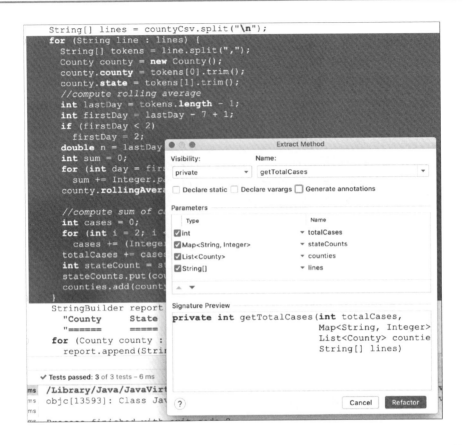

Figura 5.1 Caixa de diálogo Extract Method

O IDE quer nomear a função `getTotalCases`. É preciso dar crédito aos autores do IDE — eles trabalharam arduamente para sugerir nomes. O IDE decidiu esse nome, pois o código após o loop precisa do número de novos casos e não tem como obtê-lo se essa função nova não o retornar.

Mas não queremos que essa função se chame `getTotalCases`. Essa não é a finalidade que temos em mente para essa função. Queremos chamá-la de `calculateCounties`. Além do mais, também não queremos passar esses quatro argumentos. Tudo o que queremos passar para a função extraída é o array `lines`.

Então, vamos clicar em Cancel e analisar as coisas de novo.

A fim de refatorar corretamente, precisamos extrair algumas das variáveis locais dentro desse loop para os campos da classe adjacente. Para isso, utilizamos a refatoração **Extract Field**:

```
public class NewCasesReporter {
  private int totalCases;
  private final Map<String, Integer> stateCounts = new HashMap<>();
  private final List<County> counties = new ArrayList<>();

  public String makeReport(String countyCsv) {
    totalCases = 0;
    stateCounts.clear();
    counties.clear();

    String[] lines = countyCsv.split("\n");
    for (String line : lines) {
      String[] tokens = line.split(",");
      County county = new County();
```

Repare que inicializamos os valores dessas variáveis na parte superior da função `makeReport`. Isso preserva o comportamento original. Agora conseguimos extrair o loop sem passar mais variáveis do que queremos e sem retornar o `totalCases`:

```
public class NewCasesReporter {
  private int totalCases;
  private final Map<String, Integer> stateCounts = new HashMap<>();
  private final List<County> counties = new ArrayList<>();

  public String makeReport(String countyCsv) {
    String[] countyLines = countyCsv.split("\n");
    calculateCounties(countyLines);

    StringBuilder report = new StringBuilder("" +
      "County    State    Avg New Cases\n" +
      "======    =====    =============\n");
    for (County county : counties) {
```

```java
      report.append(String.format("%-11s%-10s%.2f\n",
        county.county,
        county.state,
        county.rollingAverage));
    }
    report.append("\n");
    TreeSet<String> states = new TreeSet<>(stateCounts.keySet());
    for (String state : states)
      report.append(String.format("%s cases: %d\n",
        state, stateCounts.get(state)));
    report.append(String.format("Total Cases: %d\n", totalCases));
    return report.toString();
  }

  private void calculateCounties(String[] lines) {
    totalCases = 0;
    stateCounts.clear();
    counties.clear();

    for (String line : lines) {
      String[] tokens = line.split(",");
      County county = new County();
      county.county = tokens[0].trim();
      county.state = tokens[1].trim();
      //computar média móvel
      int lastDay = tokens.length - 1;
      int firstDay = lastDay - 7 + 1;
      if (firstDay < 2)
        firstDay = 2;
      double n = lastDay - firstDay + 1;
      int sum = 0;
      for (int day = firstDay; day <= lastDay; day++)
        sum += Integer.parseInt(tokens[day].trim());
      county.rollingAverage = (sum / n);

      //computar soma dos casos.
      int cases = 0;
      for (int i = 2; i < tokens.length; i++)
        cases += (Integer.parseInt(tokens[i].trim()))
```

```
      totalCases += cases;
      int stateCount = stateCounts.getOrDefault(county.state, 0);
      stateCounts.put(county.state, stateCount + cases);
      counties.add(county);
    }
  }

  public static class County {
    public String county = null;
    public String state = null;
    public double rollingAverage = Double.NaN;
  }
}
```

Agora, com essas variáveis como campos, podemos continuar a extrair e a renomear o quanto quisermos.

```
public class NewCasesReporter {
  private int totalCases;
  private final Map<String, Integer> stateCounts = new HashMap<>();
  private final List<County> counties = new ArrayList<>();

  public String makeReport(String countyCsv) {
    String[] countyLines = countyCsv.split("\n");
    calculateCounties(countyLines);

    StringBuilder report = makeHeader();
    report.append(makeCountyDetails());
    report.append("\n");
    report.append(makeStateTotals());
    report.append(String.format("Total Cases: %d\n", totalCases));
    return report.toString();
  }

  private void calculateCounties(String[] countyLines) {
    totalCases = 0;
    stateCounts.clear();
    counties.clear();
```

```java
    for (String countyLine : countyLines)
      counties.add(calculateCounty(countyLine));
  }

  private County calculateCounty(String line) {
    County county = new County();
    String[] tokens = line.split(",");
    county.county = tokens[0].trim();
    county.state = tokens[1].trim();

    county.rollingAverage = calculateRollingAverage(tokens);

    int cases = calculateSumOfCases(tokens);
    totalCases += cases;
    incrementStateCounter(county.state, cases);

    return county;
  }

  private double calculateRollingAverage(String[] tokens) {
    int lastDay = tokens.length - 1;
    int firstDay = lastDay - 7 + 1;
    if (firstDay < 2)
      firstDay = 2;
    double n = lastDay - firstDay + 1;
    int sum = 0;
    for (int day = firstDay; day <= lastDay; day++)
      sum += Integer.parseInt(tokens[day].trim());
    return (sum / n);
  }

  private int calculateSumOfCases(String[] tokens) {
    int cases = 0;
    for (int i = 2; i < tokens.length; i++)
      cases += (Integer.parseInt(tokens[i].trim()));
    return cases;
  }

  private void incrementStateCounter(String state, int cases) {
```

Refatoração

```
      int stateCount = stateCounts.getOrDefault(state, 0);
      stateCounts.put(state, stateCount + cases);
    }

    private StringBuilder makeHeader() {
      return new StringBuilder("" +
        "County     State      Avg New Cases\n" +
        "======     =====      =============\n");
    }

    private StringBuilder makeCountyDetails() {
      StringBuilder countyDetails = new StringBuilder();
      for (County county : counties) {
        countyDetails.append(String.format("%-11s%-10s%.2f\n",
          county.county,
          county.state,
          county.rollingAverage));
      }
      return countyDetails;
    }

    private StringBuilder makeStateTotals() {
      StringBuilder stateTotals = new StringBuilder();
      TreeSet<String> states = new TreeSet<>(stateCounts.keySet());
      for (String state : states)
        stateTotals.append(String.format("%s cases: %d\n",
          state, stateCounts.get(state)));
      return stateTotals;
    }

    public static class County {
      public String county = null;
      public String state = null;
      public double rollingAverage = Double.NaN;
    }
  }
```

Ficou bem melhor, mas não gosto do fato de que o código que formata o relatório está na mesma classe do código que calcula os dados. É uma infração do princípio de responsabilidade única, pois o formato do relatório e os cálculos podem ser alterados por diferentes motivos.

Para extrair a parte de cálculo do código em uma classe nova, usamos a refatoração **Extract Superclass** a fim de puxar os cálculos em uma superclasse chamada `NewCasesCalculator`. A `NewCasesReporter` derivará dela.

```java
public class NewCasesCalculator {
  protected final Map<String, Integer> stateCounts = new HashMap<>();
  protected final List<County> counties = new ArrayList<>();
  protected int totalCases;

  protected void calculateCounties(String[] countyLines) {
    totalCases = 0;
    stateCounts.clear();
    counties.clear();

    for (String countyLine : countyLines)
      counties.add(calculateCounty(countyLine));
  }

  private County calculateCounty(String line) {
    County county = new County();
    String[] tokens = line.split(",");
    county.county = tokens[0].trim();
    county.state = tokens[1].trim();

    county.rollingAverage = calculateRollingAverage(tokens);

    int cases = calculateSumOfCases(tokens);
    totalCases += cases;
    incrementStateCounter(county.state, cases);

    return county;
  }

  private double calculateRollingAverage(String[] tokens) {
```

```java
    int lastDay = tokens.length - 1;
    int firstDay = lastDay - 7 + 1;
    if (firstDay < 2)
      firstDay = 2;
    double n = lastDay - firstDay + 1;
    int sum = 0;
    for (int day = firstDay; day <= lastDay; day++)
      sum += Integer.parseInt(tokens[day].trim());
    return (sum / n);
  }

  private int calculateSumOfCases(String[] tokens) {
    int cases = 0;
    for (int i = 2; i < tokens.length; i++)
      cases += (Integer.parseInt(tokens[i].trim()));
    return cases;
  }

  private void incrementStateCounter(String state, int cases) {
    int stateCount = stateCounts.getOrDefault(state, 0);
    stateCounts.put(state, stateCount + cases);
  }

  public static class County {
    public String county = null;
    public String state = null;
    public double rollingAverage = Double.NaN;
  }
}

=======

public class NewCasesReporter extends NewCasesCalculator {
  public String makeReport(String countyCsv) {
    String[] countyLines = countyCsv.split("\n");
    calculateCounties(countyLines);

    StringBuilder report = makeHeader();
    report.append(makeCountyDetails());
```

```java
      report.append("\n");
      report.append(makeStateTotals());
      report.append(String.format("Total Cases: %d\n", totalCases));
      return report.toString();
    }

    private StringBuilder makeHeader() {
      return new StringBuilder("" +
        "County     State    Avg New Cases\n" +
        "======     =====    =============\n");
    }

    private StringBuilder makeCountyDetails() {
      StringBuilder countyDetails = new StringBuilder();
      for (County county : counties) {
        countyDetails.append(String.format("%-11s%-10s%.2f\n",
          county.county,
          county.state,
          county.rollingAverage));
      }
      return countyDetails;
    }

    private StringBuilder makeStateTotals() {
      StringBuilder stateTotals = new StringBuilder();
      TreeSet<String> states = new TreeSet<>(stateCounts.keySet());
      for (String state : states)
        stateTotals.append(String.format("%s cases: %d\n",
          state, stateCounts.get(state)));
      return stateTotals;
    }
  }
```

Esse particionamento separa bem as coisas. Agora os relatórios e os cálculos são realizados em módulos separados. E tudo por causa daquele **Extract Field** inicial.

Cubo Mágico

Até agora, tentei mostrar como um pequeno conjunto de refatorações pode ser poderoso. No meu dia a dia, dificilmente uso mais do que o conjunto que demonstrei aqui. O segredo é aprendê-lo bem e compreender todos os detalhes do IDE e as manhas para usá-los.

Não raro, comparo a refatoração à solução de um cubo mágico (ou cubo de Rubik). Se você nunca resolveu um desses cubos, vale a pena aprender. Depois de conhecer as manhas, fica relativamente fácil.

No cubo, há um conjunto de "operações" que você pode usar e que preserva a maioria das posições dele, alterando somente determinadas posições de formas previsíveis. Depois de conhecer três ou quatro dessas operações, você consegue manipular de forma incremental o cubo em uma posição, chegando à solução pretendida.

Quanto mais operações aprender e mais hábil ficar em realizá-las, mais rápido e mais diretamente você conseguirá solucionar o cubo. No entanto, o melhor é você aprender bem essas operações. Se você se perder em uma etapa, o cubo vira um mar aleatório de outros cubinhos coloridos, e você tem que começar tudo de novo.

O código de refatoração é muito parecido com o cubo. Quanto mais refatorações você souber e mais hábil ficar em realizá-las, mais fácil será mexer, retirar e inserir código em qualquer direção desejada. Mas é melhor você testar também. Sem testar, tudo vai por água abaixo.

As Disciplinas

Quando praticada de maneira contínua e disciplinada, a refatoração é segura, fácil e poderosa. Agora, se você encará-la como uma atividade pontual, temporária e esporádica, não conte com a sua segurança nem com a sua facilidade.

Testes

A primeira das disciplinas, logicamente, são os testes. Testes, testes e mais testes. A fim de refatorar seu código de forma segura e confiável, você precisa de uma suíte de teste em que possa confiar sua vida.
Os testes são fundamentais.

Testes Rápidos

Os testes também precisam ser rápidos. O fato é que, caso seus testes demorem horas (ou até minutos) para serem rodados, a refatoração simplesmente não funcionará muito bem.

Em sistemas maiores, por mais que você tente reduzir o tempo de teste, é difícil até mesmo reduzi-lo em alguns minutos. Por esse motivo, gosto de organizar minha suíte de testes de forma que eu consiga rodar rápida e facilmente *o subconjunto relevante* de testes que verificam a parte do código que estou refatorando no momento. Isso normalmente me possibilita reduzir o tempo de teste de minutos para segundos. Rodo a suíte inteira de teste a cada uma hora ou mais, somente para ter certeza que nenhum bug vazou.

Quebrando Correspondências Biunívocas Profundas

Criar uma estrutura de teste que possibilite a execução de subconjuntos relevantes significa que, no nível de módulos e componentes, o design de seus testes refletirá o design de seu código. Haverá provavelmente uma correspondência biunívoca entre seus módulos de teste de alto nível e seus módulos de código de produção de alto nível.

Como aprendemos na seção anterior, correspondências biunívocas profundas entre os testes e o código resultam em testes frágeis.

A vantagem de conseguir rodar subconjuntos relevantes de teste com rapidez é bem maior do que o custo do acoplamento referente à correspondência biunívoca *no mesmo nível*. Mas, para evitarmos testes frágeis, não queremos essa correspondência. Ou seja, abaixo do nível de módulos e componentes, a quebramos propositalmente.

Refatore Continuamente

Ao preparar uma refeição, tenho como regra lavar todos os utensílios que uso no preparo enquanto cozinho.[9] Não deixo louça empilhada na pia. Sempre dá tempo de lavar os utensílios e as panelas enquanto a comida está cozinhando no fogão.

A refatoração é assim também. Não espere para refatorar. Refatore conforme você trabalha. Tenha o loop *vermelho* → verde → *refatorar* em mente e percorra esse loop a cada poucos minutos. Assim você evita que a bagunça assuma proporções grandes demais a ponto de intimidá-lo.

Refatore sem Dó nem Piedade

Refatorar sem dó nem piedade foi uma das frases de efeito de Kent Beck no livro *Programação Extrema*. É uma frase muito boa. A disciplina consiste simplesmente em ser corajoso ao refatorar. Não tenha medo de testar as coisas. Não tenha receio em fazer mudanças. Modele o código como se você fosse um escultor modelando a argila. Não tenha medo do código, pois o medo envenena a mente, fazendo-o trilhar um caminho sombrio. E, se uma vez iniciado o caminho sombrio, para sempre o seu destino ele vai dominar. Acabar com você ele irá.

Mantenha os Testes Passando!

Às vezes, você perceberá que cometeu um erro estrutural, e que uma grande parte do código precisa ser alterada. Isso pode acontecer quando surge um novo requisito que invalida seu design atual. Pode acontecer também do nada quando, um dia, você de repente se dá conta de que existe uma estrutura melhor para seu projeto.

---

9   Minha esposa questiona essa afirmação.

Seja impiedoso, mas também seja inteligente. Nunca quebre os testes! Ou melhor, nunca deixe os testes quebrados durarem mais de alguns minutos.

Se a reestruturação demorar horas ou dias para ser concluída, divida-a em pequenos pedaços enquanto mantém os testes passando e ao mesmo tempo em que continua realizando outras atividades.

Por exemplo, digamos que você perceba que precisa alterar uma estrutura de dados fundamental no sistema — uma estrutura de dados usada por boa parte do código. Se você alterasse essa estrutura de dados, esses trechos parariam de funcionar e muitos testes quebrariam.

Em vez disso, você deve criar uma estrutura de dados que espelhe o conteúdo da antiga estrutura de dados. Em seguida, aos poucos, desloque cada parte do código da estrutura de dados antiga para a nova estrutura de dados, enquanto garante que os testes continuem passando.

Neste ínterim, você também pode adicionar funcionalidades novas e corrigir bugs de acordo com seu cronograma normal de trabalho. Não é necessário pedir mais tempo para fazer essa reestruturação. Você continua trabalhando ao mesmo tempo em que mexe no código de forma oportuna até que a estrutura de dados antiga não seja mais utilizada e possa ser excluída.

Isso pode demorar semanas ou até meses, dependendo da importância da reestruturação. Ainda assim, em nenhum momento o sistema deve ficar indisponível para o deploy. Mesmo que a reestruturação esteja parcialmente concluída, os testes ainda devem passar e o sistema ainda deve continuar a ser implementado em produção.

Tenha uma Saída

Quando voam em condições meteorológicas desfavoráveis, recomenda-se que os pilotos sempre tenham uma rota de fuga, uma saída. Refatorar é mais ou menos assim. Às vezes, você começa uma série de refatorações e, depois de uma ou duas horas, acaba em um beco sem saída. Você começou com uma ideia que simplesmente não deu certo por algum motivo.

Em situações assim, `git reset --hard` pode ser seu amigo.

Ou seja, ao começar uma sequência de refatorações, faça questão de marcar seu repositório de origem para que possa voltar, caso precise.

Conclusão

Fiz questão de que este capítulo fosse breve, pois queria contribuir com algumas ideias para o livro *Refatoração* de Martin Fowler. Mais uma vez, recomendo que você leia a obra dele para uma compreensão mais aprofundada.

A melhor abordagem para refatorar é desenvolver um repertório satisfatório de refatorações que você use com frequência e ter um bom conhecimento prático de muitas outras. Se você usar um IDE que fornece operações de refatoração, faça questão de entendê-las minuciosamente.

Sem os testes, a refatoração não faz o menor sentido. Sem os testes, as possibilidades de erros são mais frequentes. Até as refatorações automatizadas que seu IDE fornece podem cometer erros. Portanto, *sempre* valide sua refatoração com uma suíte abrangente de testes.

Por último, seja disciplinado. Refatore com frequência. Refatore sem dó nem piedade. E refatore sem desculpas. Nunca, jamais, peça permissão para refatorar.

DESIGN SIMPLES
6

Design. O Santo Graal e o objetivo final do desenvolvimento craftsmanship. O intuito de todos nós é desenvolver um design tão perfeito a ponto de que as funcionalidades possam ser adicionadas sem problemas e sem complicações. O objetivo é desenvolver um design tão robusto que, mesmo após meses e anos de manutenção constante, o sistema ainda permaneça simples e flexível. Afinal de contas, tudo se resume a design.

Tenho escrito bastante sobre design. Tenho escrito livros sobre princípios de design, padrões de projeto e arquitetura. E estou longe de ser o único autor a focar esses assuntos. A quantidade de obras e de publicações sobre design de software é assombrosa.

Mas, neste capítulo, não falaremos sobre isso. Seria bom você pesquisar sobre design, ler os autores que escrevem a respeito, compreender os princípios e os padrões do design e da arquitetura de software como um todo.

Mas o segredo de tudo, o aspecto do design que inspira todas as qualidades que desejamos, se resume em uma palavra: *simplicidade*. Como Chet Hendrickson disse[1] uma vez: "Uncle Bob escreveu milhares de páginas sobre código limpo. Kent Beck escreveu quatro linhas." Vamos nos concentrar nessas quatro linhas.

À vista disso, fica claro que o melhor design para um sistema é um design simples que suporte todas as funcionalidades necessárias desse sistema e que, ao mesmo tempo, viabilize maior flexibilidade no quesito mudanças. No entanto, isso nos leva a refletir sobre o significado de simplicidade.[2] Simples não significa ser fácil. Ser simples significa descomplicar, só que descomplicar as coisas não é nada *fácil*.

Quando é que as coisas se complicam em um sistema? Quando temos políticas de alto nível com detalhes de baixo nível, o que se traduz em complicações onerosas e substanciais. Deparamo-nos com complexidades

---

[1] Conforme falado por Martin Fowler em um tweet citando Chet Hendrickson na AATC2017. Eu estava presente quando Chet disse isso e concordei totalmente com ele.
[2] Em 2012, Rich Hickey ministrou uma palestra maravilhosa, Simple Made Easy. Aconselho que você a assista: https://www.youtube.com/watch?v=oytL881p-nQ.

medonhas quando associamos SQL com HTML, frameworks com valores core ou o formato de um relatório com as regras de negócios que calculam os valores informados. E, apesar de ser fácil traduzir essas complicações em código, elas dificultam a adição de novas funcionalidades, a correção de bugs, o aprimoramento e a limpeza do design.

Um design simples é aquele em que as políticas de alto nível ignoram os detalhes de baixo nível. Essas políticas de alto nível são separadas e isoladas dos detalhes de baixo nível, de modo que as alterações detalhadas de baixo nível não impactem as políticas de alto nível.[3] A principal forma de criar essa separação e esse isolamento é por meio da abstração. Na *abstração*, amplificamos o essencial e eliminamos as coisas irrelevantes. Como as políticas de alto nível são essenciais, elas são amplificadas. Já os detalhes de baixo nível são irrelevantes, então eles são isolados e separados.

O processo que empregamos para essa abstração é o *polimorfismo*. Organizamos políticas de alto nível usando interfaces polimórficas para gerenciar os detalhes de baixo nível. Depois, organizamos os detalhes de baixo nível como implementações dessas interfaces polimórficas. Isso faz com que todas as dependências do código-fonte apontem dos detalhes de baixo nível para as políticas de alto nível, mantendo as políticas inconscientes das implementações dos detalhes de baixo nível. Esses, por sua vez, podem ser modificados sem impactar as políticas de alto nível (Figura 6.1).

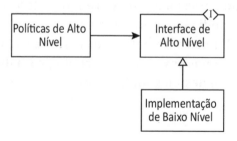

Figura 6.1 Polimorfismo

---

3   Falei muito sobre isso em *Arquitetura Limpa: O Guia do Artesão para Estrutura e Design de Software* (Alta Books).

Se o melhor design para um sistema é um design simples que suporte funcionalidades, logo podemos afirmar que esse design deve ter o mínimo de abstrações que consigam isolar a política de alto nível dos detalhes de baixo nível.

Mesmo assim, isso é totalmente o oposto da estratégia que usávamos ao longo das décadas de 1980 e 1990. Naquela época, éramos obcecados por *future-proof*,[4] deixando hooks [ganchos] para as alterações que já prevíamos.

Fazíamos isso porque era difícil aplicar alterações em um software — ainda que o design fosse simples. Por que aplicar alterações em um software era difícil? Porque se demorava bastante para desenvolver um programa e mais ainda para testá-lo.

Na década de 1980, demorava-se uma hora ou mais para desenvolver um sistema pequeno e horas a fio para testá-lo. Claro que os testes eram manuais e, consequentemente, insatisfatórios. Conforme um sistema ficava maior e mais complicado, os programadores ficavam com mais medo de fazer alterações. Isso resultava em uma mentalidade de designs exagerados, sob a qual os programadores criavam sistemas bem mais complicados do que o necessário para as funcionalidades que tinham.

No fim da década de 1990, revertemos essa situação com o advento da Extreme Programming e da Agilidade. A essa altura, a capacidade de processamento de nossas máquinas era tão poderosa que o tempo de desenvolvimento podia levar minutos e até mesmo segundos, e descobrimos que podíamos automatizar os testes e rodá-los com maior rapidez. Fomentada por esse avanço tecnológico, a disciplina YAGNI e os quatro princípios de design simples, apresentados por Kent Beck, tornaram-se viáveis.

---

4   N. da T.: Segundo a O'Reilly, código future-proof é quando conseguimos rodar nosso código em tecnologias novas, sem precisar reescrevê-lo. Confira: https://www.oreilly.com/content/future-proof-and-scale-proof-your-code/. Acesso em 6 de dezembro de 2021 (conteúdo em inglês).

YAGNI

E se você não precisar de nenhum hook ou funcionalidade?

Em 1999, eu estava ministrando um curso de Programação Extrema com Martin Fowler, Kent Beck, Ron Jeffries e outros. Acabamos entrando no assunto sobre os perigos do exagero no design e da generalização prematura. Alguém escreveu YAGNI no quadro branco e disse que significava: "You aren't gonna need it [você não vai precisar disso]". Beck interrompeu e disse algo no sentido de que talvez você precisasse, mas deveria sempre se perguntar: "E se eu não precisar?"

Essa foi a pergunta que originou o acrônimo YAGNI. Sempre que pensasse *"precisarei desse hook"*, você também se perguntaria sobre o que aconteceria se não precisasse. Se o custo do hook for tolerável, você não deveria deixá-lo no código. Agora, se o custo do hook no projeto, ano após ano, for alto, mas as chances de precisar dele são baixas, você provavelmente não deveria deixá-lo no código.

É difícil imaginar o alvoroço que essa nova perspectiva desencadeou no fim da década de 1990. Todos os programadores já estavam mais do que acostumados a deixar hooks no código. Naquela época, os hooks eram tidos como senso comum e prática recomendada.

Assim, quando a disciplina YAGNI da Programação Extrema veio à tona, ela foi rechaçada e alvo de muitas críticas, foi tida como heresia e conversa fiada. Hoje em dia, de forma irônica, é uma das disciplinas mais importantes do bom design de software. Caso tenha uma boa suíte de testes e seja habilidoso em refatorar, o custo de acrescentar uma funcionalidade nova e atualizar o design para suportar essa funcionalidade possivelmente será menor do que o custo de implementação e manutenção de todos os hooks que você talvez precise um dia.

Os hooks são problemáticos. Nós dificilmente os inserimos de modo correto no código, já que não somos bons em prever o que os clientes querem. Ou seja, costumamos inserir mais hooks do que o necessário e baseamos esses hooks em previsões que raramente se concretizam.

O resultado? O impacto das taxas de clock em gigahertz e das memórias em terabyte no processo de design e arquitetura de software nos pegou de surpresa. Até o fim da década de 1990, não havíamos nos dado conta de que esses avanços nos possibilitavam *simplificar* e muito nosso design.

Uma das grandes ironias de nossa área é que o crescimento exponencial da Lei de Moore, que nos levou a desenvolver sistemas de software cada vez mais complexos, também possibilitou simplificar o design desses sistemas.

Atualmente, revelou-se que o YAGNI é consequência imprevista do poder de processamento praticamente ilimitado à nossa disposição. Visto que nosso tempo de desenvolvimento diminuiu para a casa dos segundos, e que agora podemos também escrever e rodar suítes de testes abrangentes em segundos, podemos *abrir mão* dos hooks, refatorando o código e o design conforme os requisitos mudam.

Quer dizer então que nunca mais usaremos os hooks? Será que sempre escrevemos nossos códigos apenas para as funcionalidades de que precisamos hoje? Nunca pensamos em nosso próximo passo e planejamos o futuro?

Não, YAGNI não significa isso. Há momentos em que inserir um hook específico é uma boa ideia. Não precisa abrir mão de um código future-proof, pois é sempre bom pensar no futuro.

Mas, nas últimas décadas, os prós e os contras mudaram de forma tão radical que atualmente é melhor usar poucos hooks. Por isso a pergunta: e se eu não precisar?

Cobertura de Testes

A primeira vez que me deparei com as regras de design simples de Kent Beck foi na primeira edição do *Programação Extrema Explicada*.[5] Naquela época, as quatro regras eram as seguintes:

---

5 Kent Beck, *Programação Extrema Explicada*.

1. O sistema (código e testes) deve informar tudo o que você quer comunicar.
2. O sistema não deve ter nenhum código duplicado.
3. O sistema deve ter o menor número possível de classes.
4. O sistema deve ter o menor número possível de métodos.

Em 2011, as regras evoluíram para:

1. Os testes passam.
2. Revele a intenção.
3. Nada de duplicação.
4. Código pequeno.

Em 2014, Corey Haines escreveu um livro[6] sobre essas quatro regras.

Em 2015, Martin Fowler escreveu em um blog[7] sobre essas regras e acabou as reformulando:

1. Passe nos testes.
2. Revele intenção.
3. Nada de duplicação.
4. Tenha menos elementos.

Aqui, traduzo a primeira regra como:

1. Cobertura de testes.

Repare como a ênfase dessa primeira regra mudou ao longo dos anos. A primeira regra foi dividida em duas, e as duas últimas regras foram combinadas em uma. Repare também que, com o passar dos anos, a importância da cobertura de testes aumentou.

---

6 Corey Haines, *Understanding the Four Rules of Simple Design* (Leanpub, 2014).
7 Martin Fowler, "BeckDesignRules", 2 de março de 2015: https://martinfowler.com/bliki/BeckDesignRules.html [conteúdo em inglês].

Cobertura

O conceito de cobertura de testes é antigo. A primeira referência que consegui encontrar remonta a 1963.[8] O artigo começa com dois parágrafos que penso que você achará interessante, até sugestivo:

> *A verificação eficaz de um programa é imprescindível para qualquer sistema de computador complexo. Roda-se sempre um ou mais casos de testes para um programa antes que ele seja considerado pronto para uso na resolução do problema em questão. Cada caso de teste verifica a parte do programa que está sendo usada em seu cálculo. Entretanto, não raro, os erros aparecem diversos meses (ou até anos) depois que um programa está em operação. Trata-se de um indicativo de que as partes do programa chamadas apenas por condições de entrada de ocorrência rara não foram testadas adequadamente durante a etapa de verificação.*
>
> *Para confiar em qualquer programa específico, não basta saber se ele funciona na maior parte do tempo ou mesmo que nunca tenha cometido um erro. A questão é sabermos se podemos confiar na implementação bem-sucedida de suas especificações funcionais. Isso significa que, uma vez que o programa passou no estágio de verificação, não deve haver possibilidade de que uma combinação incomum de dados ou condições de entrada possa ocasionar um erro inesperado no programa. Cada parte do programa deve ser testada durante a verificação para que sua exatidão seja validada.*

Esse artigo foi publicado em 1963, apenas 17 anos depois do primeiro programa ser executado no primeiro computador eletrônico,[9] e já sabíamos que a única forma de mitigar efetivamente a ameaça de erros de software era testando cada linha de código.

As ferramentas para cobertura de código existem há décadas. Não me recordo quando as encontrei pela primeira vez. Acho que foi no final da

---

[8] Joan Miller e Clifford J Maloney, "Systematic Mistake Analysis of Digital Computer Programs", *Communications of the ACM* 6, nº 2 (1963): 58–63.

[9] Presumindo que o primeiro computador foi o Automated Computing Engine e que o primeiro programa foi executado em 1946.

década de 1980 ou no início dos anos 1990. Na época, eu estava trabalhando em uma estação de trabalho Sparc da Sun Microsystems e a Sun tinha uma ferramenta chamada tcov.

Não me lembro quando ouvi pela primeira vez a pergunta: "Qual é a sua cobertura de código?" Provavelmente foi no início dos anos 2000. Mas, a partir daí, a noção de que a cobertura de código era uma métrica se tornou praticamente universal. Desde então, tornou-se relativamente comum para equipes de software rodar uma ferramenta para cobertura de código como parte de seu processo de desenvolvimento contínuo e divulgar a métrica de cobertura de código para cada desenvolvimento.

O que seria uma boa métrica de cobertura de código? 80%? 90%? Muitas equipes ficam mais do que contentes em divulgar essas métricas. Mais de seis décadas antes da publicação deste livro, Miller e Maloney responderam à pergunta de um jeito bem diferente: 100%.

Qual outra métrica poderia fazer sentido? Caso fique satisfeito com uma cobertura de 80%, significa não fazer ideia se os 20% restantes de código funcionam. Como é que você pode ficar satisfeito? Como seus clientes poderiam ficar satisfeitos com uma métrica dessas?

Ou seja, quando uso a palavra *cobertura* na primeira regra de design simples, quero dizer *cobertura* mesmo. Quero dizer 100% de cobertura em cada linha e 100% de cobertura em cada branch.

Meta Assintótica

Talvez você esteja se queixando de que 100% é uma meta inalcançável. Eu até concordaria. Alcançar 100% de cobertura de testes em cada linha e em cada branch não é uma tarefa nada fácil. Talvez seja, de fato, impraticável, dependendo da situação. Mas isso não significa que sua cobertura de testes não possa ser melhorada.

Considere 100% uma meta assintótica. Talvez você nunca alcance 100%, porém isso não é desculpa para não tentar chegar cada vez mais próximo disso após cada verificação.

Participei pessoalmente de projetos com dezenas de milhares de linhas de código ao mesmo tempo em que mantive a cobertura do código em mais de 90%.

Design?

O que a alta cobertura de código tem a ver com design simples? Por que a cobertura é a primeira regra?

Código testável é código desacoplado.

A fim de se obter alta cobertura nas linhas e branchs de cada parte individual do código, cada uma dessas partes deve ser disponibilizada para teste. Ou seja, essas partes devem ser desacopladas do resto do código de modo que possam ser isoladas e invocadas a partir de um teste individual. Logo, esses testes não são apenas testes de comportamento, mas também de desacoplamento. O ato de escrever testes isolados é um ato de design, pois o código que está sendo testado deve ser desenvolvido para ser testado.

No Capítulo 4, "Testando o Design", falamos sobre como o código de teste e o código de produção evoluem em direções distintas para evitar que os testes se acoplem fortemente ao código de produção. Isso evita o problema de testes frágeis. Só que o problema dos testes frágeis não é diferente do problema dos módulos frágeis, e o remédio para ambos é o mesmo. Se o design do seu sistema impede a fragilidade de seus testes, ele também evitará que os outros elementos do seu sistema sejam frágeis.

Mas, Espere... Isso Não É Tudo

Os testes não possibilitam somente criar designs desacoplados e robustos. Eles também possibilitam que você aperfeiçoe esses designs com o tempo. Como já analisamos diversas vezes ao longo destas páginas, uma suíte confiável de testes reduz bastante o medo de mudanças. Caso tenha uma suíte dessas e que rode rapidamente, você conseguirá aperfeiçoar o design do código sempre que se deparar com uma abordagem melhor.

Quando os requisitos mudam de uma forma que o design atual não possa acomodá-los com facilidade, os testes lhe possibilitam alterar o design sem medo visando a melhorar a aderência do código aos novos requisitos. Por isso, essa regra é a primeira e a mais importante do design simples. Sem uma suíte de teste que proporcione cobertura ao sistema, as outras três regras se tornam impraticáveis, já que essas regras são melhor aplicadas *após os testes*. As outras três regras envolvem refatoração, e refatorar é praticamente impossível sem uma boa e abrangente suíte de testes.

Maximize a Expressividade

Nas primeiras décadas de programação, nosso código não podia revelar a intenção. O próprio nome "código" já sugere que a intenção é indecifrável. Naquela época, os códigos eram parecidos com este da Figura 6.2.

```
/ROUTINE TO TYPE A MESSAGE              PAL8-V10D NO DATE    PAGE 1
                /ROUTINE TO TYPE A MESSAGE
        0200            *200
        7600            MONADR=7600
00200   7300    START,  CLA CLL         /CLEAR ACCUMULATOR AND LINK
00201   6046            TLS             /CLEAR TERMINAL FLAG
00202   1216            TAD BUFADR      /SET UP POINTER
00203   3217            DCA PNTR        /FOR GETTING CHARACTERS
00204   6041    NEXT,   TSF             /SKIP IF TERMINAL FLAG SET
00205   5204            JMP .-1         /NO: CHECK AGAIN
00206   1617            TAD I PNTR      /GET A CHARACTER
00207   6046            TLS             /PRINT A CHARACTER
00210   2217            ISZ PNTR        /DONE YET?
00211   7300            CLA CLL         /CLEAR ACCUMULATOR AND LINK
00212   1617            TAD I PNTR      /GET ANOTHER CHARACTER
00213   7640            SZA CLA         /JUMP ON ZERO AND CLEAR
00214   5204            JMP NEXT        /GET READY TO PRINT ANOTHER
00215   5631            JMP I MON       /RETURN TO MONITOR
00216   0220    BUFADR, BUFF            /BUFFER ADDRESS
00217   0220    PNTR,   BUFF            /POINTER
00220   0215    BUFF,   215;212;"H;"E;"L;"L;"O;"1;0
00221   0212
00222   0310
00223   0305
00224   0314
00225   0314
00226   0317
00227   0241
00230   0000
00231   7600    MON,    MONADR          /MONITOR ENTRY POINT
```

Figura 6.2 Exemplo de um programa antigo

Observe os comentários em todos os lugares possíveis. Eles eram necessários porque o próprio código não revelava absolutamente nada sobre a intenção do programa.

No entanto, não estamos mais na década de 1970. As linguagens que usamos são *bastante* expressivas. Com a disciplina adequada, podemos escrever um código que pode ser lido como "uma prosa bem escrita [que] nunca oculta a intenção do programador".[10] Vejamos o pequeno exemplo de código em Java da videolocadora do Capítulo 4:

```java
public class RentalCalculator {
  private List<Rental> rentals = new ArrayList<>();

  public void addRental(String title, int days) {
    rentals.add(new Rental(title, days));
  }

  public int getRentalFee() {
    int fee = 0;
    for (Rental rental : rentals)
      fee += rental.getFee();
    return fee;
  }

  public int getRenterPoints() {
    int points = 0;
    for (Rental rental : rentals)
      points += rental.getPoints();
    return points;
  }
}
```

Se você não estivesse trabalhando nesse projeto como programador, talvez não entendesse tudo o que está rolando no código. No entanto, mesmo depois de olhar rapidamente, fica mais fácil de identificar a intenção básica do programador. Os nomes das variáveis, das funções e dos tipos são bastante descritivos. É fácil enxergar a estrutura do algoritmo. Esse código é expressivo. É um código simples.

---

10   Martin, *Código Limpo*, p. 8 (correspondência pessoal com Grady Booch).

Abstração Subjacente

Antes que você pense que expressividade é somente uma questão de nomes bonitos para funções e variáveis, devo ressaltar que há outra preocupação: a separação de níveis e a exposição da abstração subjacente.

Um sistema de software é expressivo se cada linha de código, cada função e cada módulo estão em uma partição bem definida que apresenta claramente o nível do código e seu lugar na abstração geral.

Talvez a última frase tenha lhe deixado confuso, então me deixe ser um pouco mais claro e ao mesmo tempo mais prolixo. Imagine uma aplicação com um conjunto complexo de requisitos. O exemplo que gosto de usar é um sistema de folha de pagamento.

- Os funcionários que ganham por hora são pagos todas as sextas-feiras com base nos cartões de ponto que usaram. Eles recebem uma hora e meia para cada hora de trabalho após quarenta horas semanais.
- Os funcionários comissionados são pagos na primeira e na terceira sexta-feira de cada mês. Eles recebem um salário-base mais uma comissão sobre os recibos de vendas que fizeram.
- Funcionários assalariados são pagos no último dia do mês. Eles recebem um salário fixo mensal.

Não deve ser difícil imaginar um conjunto de funções com uma instrução `switch` complexa ou instruções `if/else` que traduzam esses requisitos. Mas esse conjunto de funções provavelmente ocultará a abstração subjacente. O que seria essa abstração subjacente?

```
public List<Paycheck> run(Database db) {
  Calendar now = SystemTime.getCurrentDate();
  List<Paycheck> paychecks = new ArrayList<>();
  for (Employee e : db.getAllEmployees()) {
    if (e.isPayDay(now))
      paychecks.add(e.calculatePay());
```

```
    }
    return paychecks;
}
```

Repare que não existe menção para nenhum dos detalhes horrorosos dos requisitos. A verdade subjacente nessa aplicação é que precisamos pagar a todos os funcionários no dia do pagamento. Separar a política de alto nível dos detalhes de baixo nível é parte imprescindível para que um design seja simples e expressivo.

Testes: A Outra Metade do Problema

Vamos rever a primeira regra original de Kent Beck:

> *1. O sistema (código e testes) deve informar tudo o que você quer comunicar.*

Kent teve um motivo para que essa regra fosse escrita assim e, de certa forma, é uma pena que ela tenha sido alterada.

Não importa o quão expressivo seu código de produção seja, ele não pode comunicar o contexto em que é usado. A tarefa dos testes é justamente essa.

Cada teste que você escreve, ainda mais se eles são isolados e desacoplados, é uma demonstração de como o código de produção deve ser usado. Os testes bem escritos são como exemplos de casos de usos que testam as partes do código.

Desse modo, quando *aliados*, o código e os testes são uma expressão do que cada elemento do sistema faz, e como cada elemento do sistema deve ser usado.

O que isso tem a ver com design? Tudo, é claro, pois nosso principal objetivo é facilitar que outros programadores entendam, aperfeiçoem e atualizem nossos sistemas. Não há forma melhor de alcançar esse objetivo do que fazer com que o sistema expresse seu funcionamento e modo de utilização.

Minimize a Duplicação

No começo do desenvolvimento de software, não tínhamos editores de código-fonte. Escrevíamos nosso código usando lápis #2, em formulários de codificação pré-impressos. A melhor ferramenta de edição que tínhamos era uma borracha. Não tínhamos meios práticos para copiar e colar.

Por causa disso, não duplicávamos o código. Para nós, era mais fácil criar uma única instância de um trecho de código e inseri-la em uma sub-rotina.

Mas então inventaram os editores de código-fonte e, com eles, vieram as operações de copiar/colar. De repente, era mais fácil copiar um trecho de código e colá-lo em um novo local e, em seguida, mexer nele até que funcionasse. Assim, com o passar dos anos, mais e mais sistemas apresentavam grandes quantidades de duplicação no código.

Em geral, a duplicação é problemática. Dois ou mais trechos de código parecidos normalmente precisam ser modificados juntos. Mas encontrar esses trechos duplicados é difícil. Modificá-los corretamente é ainda mais difícil, pois eles estão em contextos diferentes. Desse modo, a duplicação resulta em fragilidade.

Via de regra, é melhor reduzir os trechos parecidos de código em uma única instância, abstraindo o código em uma nova função e fornecendo-lhe os argumentos apropriados que comunicam quaisquer diferenças de contexto.

Às vezes, essa estratégia não funciona. Por exemplo, a duplicação pode estar em um código que percorre uma estrutura de dados complexa. Talvez diferentes partes do sistema estejam atravessando essa estrutura, utilizando o mesmo código de loop e passagem para operar na estrutura de dados do corpo desse código.

Já que a estrutura dos dados muda com o tempo, os programadores terão que identificar todas as duplicações do código de travessia e atualizá-las adequadamente. Quanto mais o código de travessia é duplicado, maior o risco de fragilidade.

As duplicações do código de travessia podem ser eliminadas fazendo o encapsulamento delas em um único lugar e usando lambdas, objetos *Command*, o padrão *Strategy* ou mesmo o padrão *Template Method*,[11] a fim de passar as operações necessárias para a travessia.

Duplicação Acidental

Nem todas as duplicações devem ser eliminadas. Há casos em que dois trechos de código podem ser bastante parecidos, até idênticos, porém mudarão por motivos bem diferentes.[12] Chamo isso de *duplicação acidental*. As duplicações acidentais não devem ser eliminadas. A duplicação deve permanecer. À medida que os requisitos mudam, as duplicações evoluem separadamente e a duplicação acidental desaparece.

Quero deixar claro que o gerenciamento da duplicação não é nada simples. Identificar quais duplicações são reais e quais são acidentais, depois encapsulá-las e isolá-las das duplicações reais, exige bastante cuidado.

Diferenciar as duplicações reais das duplicações acidentais depende muito de como o código expressa sua intenção. As duplicações acidentais têm intenções distintas, já as duplicações reais têm intenções convergentes.

Agora, encapsular e isolar as duplicações reais, usando abstração, lambdas e padrões de projeto, envolve uma boa dose de refatoração. E a refatoração exige uma suíte de testes boa e robusta.

Ou seja, eliminar a duplicação é o terceiro item na lista de prioridades das regras de design simples. Primeiro, vêm os testes e a expressividade.

---

11 Erich Gamma, Richard Helm, Ralph Johnson e John M Vlissides, *Padrões de Projetos: Soluções Reutilizáveis de Software Orientados a Objetos*.

12 Confira o princípio da responsabilidade única. Robert C. Martin, *Agile Software Development: Principles, Patterns, and Practices* (Pearson, 2003).

Minimize o Tamanho

Um design simples é composto por elementos simples. Os elementos simples são pequenos. A última regra de design simples determina que, para cada função que você escreve, depois de fazer todos os testes passarem, e depois de ter deixado o código o mais expressivo possível e ter minimizado a duplicação, *é necessário* reduzir o tamanho do código dentro de cada função sem infringir os outros três princípios.

Como a gente faz isso? Extraindo principalmente mais funções. Conforme vimos no Capítulo 5, "Refatoração", você extrai funções até não poder mais.

Tal prática resulta em funções pequenas e simpáticas, com nomes longos que o ajudam a reduzi-las e a melhor expressá-las.

Design Simples

Há muitos anos, Kent Beck e eu estávamos discutindo sobre os princípios do design. Ele disse algo que sempre mexeu comigo. Kent falou que se seguíssemos essas quatro regras com o maior empenho possível, todos os outros princípios de design seriam satisfeitos — os princípios de design podem ser resumidos em cobertura, expressividade, singularização e redução.

Não sei se isso é verdade ou não. Não sei se um programa com cobertura, expressividade, singularização e redução perfeitas corresponde necessariamente ao princípio aberto/fechado (OCP) ou ao princípio da responsabilidade única. O que eu sei com certeza, no entanto, é que conhecer e estudar os princípios de bom design e de boa arquitetura (por exemplo, os princípios SOLID) facilita e muito o desenvolvimento de designs simples e bem particionados.

Mas este livro não é sobre esses princípios. Já escrevi a respeito deles diversas vezes antes,[13] assim como outros. Recomendo e incentivo que você leia essas obras e estude esses princípios como parte do amadurecimento de seu trabalho.

---

13 Veja Martin, *Código Limpo*; *Arquitetura Limpa*; e *Agile Software Development: Principles, Patterns, and Practices*.

Programação Colaborativa

7

O que significa fazer parte de uma equipe? Imagine uma equipe de jogadores trabalhando juntos, tocando a bola pelo campo contra seus adversários. Imagine que um desses jogadores tropeça e cai, mas o jogo continua. O que os outros jogadores fazem?

Os outros jogadores se adaptam à nova realidade, mudando suas posições de campo para *manter a bola se movimentando*.

É desse jeito que uma equipe se comporta. Quando um membro da equipe cai, a equipe dá cobertura para esse membro até que ele se levante novamente.

Como podemos transformar uma equipe de programação em uma equipe assim? Como a equipe pode cobrir alguém que fica doente por uma semana ou apenas está tendo um dia ruim? Colaboramos uns com os outros! Trabalhamos juntos e colaborativamente para que o conhecimento de todo o sistema se dissemine pela equipe.

Se o Bob cair, outra pessoa que trabalhou recentemente com ele pode cobrir sua posição até que ele se levante e se recupere.

O antigo ditado de que duas cabeças pensam melhor do que uma é a premissa básica da programação colaborativa. Em geral, quando dois programadores colaboram, chamamos isso de programação em dupla.[1] Se tivermos três ou mais, é programação mob ou mobbing.[2]

A disciplina envolve duas ou mais pessoas trabalhando juntas ao mesmo tempo, no mesmo código. Hoje em dia, isso normalmente é feito usando um software de compartilhamento de tela. Ambos os programadores veem o mesmo código em suas telas. Os dois podem usar o mouse e o teclado para mexer nesse código. Suas estações de trabalho são subordinadas umas às outras local ou remotamente.

---

1 Laurie Williams e Robert Kessler, *Pair Programming Illuminated* (Addison-Wesley, 2002).
2 Mark Pearl, *Code with the Wisdom of the Crowd* (Pragmatic Bookshelf, 2018).

Não é sempre que podemos trabalhar desse jeito. As sessões colaborativas normalmente são breves, informais e periódicas. O tempo total que uma equipe deve trabalhar de forma colaborativa depende da maturidade, da habilidade, da localização geográfica e dos dados demográficos e deve ser em torno de 20% a 70%.[3]

Uma sessão colaborativa pode durar de dez minutos a uma ou duas horas. É bem provável que sessões mais curtas ou mais longas do que esses limites não sejam muito produtivas. Minha estratégia de colaboração favorita é a técnica Pomodoro.[4] Essa técnica divide o tempo em "tomates" (*pomodoro*) de vinte minutos ou mais, com pequenos intervalos entre eles. Uma sessão colaborativa deve durar entre um e três tomates.

As sessões colaborativas duram menos do que as tarefas de programação. Os programadores individuais assumem a responsabilidade por tarefas específicas e, assim, vez ou outra, convidam colaboradores para ajudar a cumprir essas responsabilidades.

Nenhuma pessoa fica responsável por uma sessão colaborativa ou por um código que está sendo manipulado dentro de uma sessão. Pelo contrário, cada participante é um autor e contribui igualmente para o código em questão. O programador responsável pela tarefa é o árbitro final, caso ocorra um conflito no meio de uma sessão.

Em uma sessão, todos os olhos estão grudados na tela e todas as cabeças estão trabalhando para solucionar o problema. Uma ou duas pessoas podem estar sentadas em sua mesa, mas esses lugares podem mudar com frequência durante a sessão. Pense nessa sessão como sendo um exercício simultâneo de programação ao vivo e de revisão de código.

As sessões colaborativas são bastante intensas e exigem uma boa dose de energia mental e emocional. Ou seja, um programador normal consegue

---

[3] Existem equipes cuja taxa de colaboração é 100%. Ao que tudo indica, elas gostam de programar dessa forma, então que bom para elas.
[4] Francesco Cirillo, *A Técnica Pomodoro*.

tolerar esse intenso esforço mental por uma ou duas horas antes de precisar focar outra atividade menos desgastante.

Talvez você esteja apreensivo, achando que a programação colaborativa pode ser um desperdício de mão de obra, que pessoas que trabalham independentemente podem fazer mais coisas do que pessoas que trabalham juntas. Não é bem verdade. Estudos mostram que a produtividade[5] dos programadores em uma sessão de programação em dupla tem uma queda de 15%, diferentemente dos temidos 50%, quando trabalham sozinhos. E mais: durante a sessão colaborativa, revelou-se que a ocorrência de erros e (o mais importante) de código por funcionalidade
é 15% menor.

Esses dois últimos cálculos sugerem que a estrutura do código que está sendo desenvolvida é substancialmente melhor do que o código desenvolvido pelos programadores que trabalham sozinhos. Apesar de não ter visto nenhum estudo formal sobre mobbing, essa evidência empírica e informal[6] é animadora.

Os programadores seniores podem colaborar com os programadores juniores. Quando isso ocorre, o ritmo dos programadores mais experientes diminui durante a sessão. Em contrapartida, os programadores juniores ficam animados e aceleram o ritmo para todo o sempre — então é uma boa troca.

Os programadores seniores podem colaborar com outros seniores. Basta garantir que eles não se matem e que não haja armas por perto.

Os programadores juniores podem colaborar com os juniores, embora seja necessário que programadores mais experientes assistam cuidadosamente a essas sessões. É bem provável que os programadores juniores

---

5   Dois desses estudos são "Strengthening the Case for Pair Programming", de Laurie Williams, Robert R. Kessler, Ward Cunningham e Ron Jeffries, *IEEE Software* 17, nº 4 (2000), 19–25; e
    "The Case for Collaborative Programming", de J. T. Nosek, Communications of the ACM 41, nº 3 (1998), 105–108.
6   Agile Alliance, "Mob Programming: A Whole Team Approach", AATC2017: https://www.agilealliance.org/resources/sessions/mob-programming-aatc2017/.

prefiram trabalhar com outros juniores. Se isso ocorrer com muita frequência, um sênior deve intervir.

Algumas pessoas simplesmente não curtem participar de colaborações como essa. Algumas pessoas trabalham melhor sozinhas. Não se deve obrigá-las a trabalhar colaborativamente, pois os colegas já as pressionam o bastante. E muito menos menosprezá-las por preferirem trabalhar de outro jeito. Não raro, elas são mais felizes trabalhando com a programação mob do que com a programação em dupla.

A colaboração é uma habilidade que leva tempo e paciência para ser adquirida. Não espere dominá-la antes de praticar por muitas horas. Contudo, é uma habilidade bastante vantajosa para a equipe como um todo e para todo programador que se dedica a ela.

Testes de Aceitação

De todas as disciplinas do Craftsmanship Limpo, o teste de aceitação é aquela sobre a qual os programadores têm menos controle. A adoção dessa disciplina exige participação do segmento de negócio e da empresa. Infelizmente, até agora, diversas empresas não se mostraram dispostas a se comprometer totalmente.

Como sabemos que um sistema está pronto para ser implementado? Em todo o mundo, essa decisão é tomada pelo departamento ou pelo grupo de QA (Quality Assurance) da organização que "valida" ou "aprova" a implementação. Normalmente, o pessoal de QA executa uma porrada de testes manuais que examinam os diversos comportamentos do sistema até se convencerem de que o sistema se comporta conforme especificado. Quando esses testes "passam", pode-se implementar o sistema.

Isso significa que os requisitos efetivos do sistema *são justamente esses testes*. Pouco importa o que o documento de requisitos afirma; o importante mesmo são os testes de aceitação. Se, após a execução dos testes, o pessoal de QA aprová-los oficialmente, o sistema será implementado. Assim sendo, esses testes são os requisitos.

A disciplina de teste de aceitação reconhece esse simples fato e recomenda que todos os requisitos sejam especificados *como testes*. Esses testes devem ser escritos pelas equipes de BA (Analista de Negócios) e QA, para cada funcionalidade, pouco antes de cada uma delas ser implementada. Não é de responsabilidade da equipe de QA rodar esses testes. Pelo contrário, essa tarefa fica a cargo dos programadores; logo, é bem provável que os programadores automatizem esses testes.

Nenhum programador em sã consciência quer testar de forma manual o sistema inúmeras e repetidas vezes. Os programadores automatizam as coisas. Ou seja, se os programadores são responsáveis por rodar os testes, eles *automatizarão* esses testes.

Ocorre que, como as equipes de BA e QA criaram os testes, os programadores devem conseguir provar para essas equipes que a automatização executa efetivamente os testes que foram escritos. Assim, a linguagem em que os testes são automatizados deve ser a mesma compreendida pelas equipes de BA e QA. Na prática, as equipes de BA e QA devem ser capazes de *escrever* os testes nessa mesma linguagem de automatização.

Ao longo dos anos, diversas ferramentas foram inventadas para ajudar com esse problema: FitNesse,[1] JBehave, SpecFlow, Cucumber e outras. Mas a questão não são as ferramentas. A especificação do comportamento do software é simplesmente especificar os dados de entrada, a ação a ser executada e os dados de saída esperados. Esse é o famoso Padrão Triple A: Arrange/Act/Assert.[2]

Todos os testes começam assim: ordenação dos dados de entrada, depois o teste faz com que a ação testada seja executada. Por último, o teste assegura que os dados de saída dessa ação correspondem à expectativa. Esses três elementos podem ser especificados de diversas formas diferentes, porém a mais fácil e acessível é um formato tabular simples.

widget should render		
wiki text	html text	
normal text	normal text	
this is "italic" text	this is <i>italic</i> text	italic widget
this is '''bold''' text	this is bold text	bold widget
!c This is centered text	<center>This is centered text</center>	
!1 header	<h1>header</h1>	
!2 header	<h2>header</h2>	
!3 header	<h3>header</h3>	
!4 header	<h4>header</h4>	
!5 header	<h5>header</h5>	
!6 header	<h6>header</h6>	
http://files/x	<a href="files/x">http://files/x</a>	file link
http://fitnesse.org	<a href="http://fitnesse.org">http://fitnesse.org</a>	http link
SomePage	SomePage<a title="create page" href="SomePage\?edit&nonExistent=true">\[\?\]</a>	missing wiki word

Figura 8.1 Parte dos resultados de um dos testes de aceitação da ferramenta FitNesse

---

1 fitnesse.org.

2 Esse padrão é atribuído a Bill Wake, que o identificou em 2001: (https://xp123.com/articles/3a-arrange-act-assert).

A Figura 8.1, por exemplo, é uma parte de um dos testes de aceitação da ferramenta FitNesse. A FitNesse é uma página colaborativa, e o teste anterior verifica se as diversas linguagem markup estão traduzidas corretamente em HTML. A ação a ser executada é que o `widget deve renderizar`, os dados de entrada são o `texto wiki` e a saída é o `texto html`.

Outro formato usual é Dado-Quando-Então:

```
Dada uma página com o texto wiki: !1 header
Quando essa página é renderizada.
Então, a página conterá: <h1>header</h1>
```

Deve ficar claro que esses formalismos — sejam eles escritos em uma ferramenta de teste de aceitação, em uma planilha ou em um editor de texto simples — são relativamente fáceis de automatizar.

A Disciplina

No sentido estrito da disciplina, os testes de aceitação são escritos pelas equipes de BA e QA. A equipe de BA foca os cenários felizes, enquanto a equipe de QA se concentra em explorar a infinidade de maneiras pelas quais o sistema pode falhar.

Esses testes são escritos ao mesmo tempo, ou um pouco antes, que as funcionalidades testadas são desenvolvidas. Em um projeto ágil, dividido em sprints ou iterações, os testes são escritos durante os primeiros dias do sprint. Todos eles devem passar até o final do sprint.

As equipes de BA e QA fornecem aos programadores esses testes. Por sua vez, os programadores os automatizam de um jeito a envolver ambas as equipes. Esses testes se tornam a *Definição de Concluído*. Uma funcionalidade não está concluída até que passe e seja aprovada em todos os testes de aceitação. Quando todos os testes de aceitação passarem, aí sim a funcionalidade estará concluída.

Claro que isso coloca uma enorme responsabilidade sobre os ombros da equipe de BA e QA. Os testes que ambas as equipes escrevem devem ser especificações integrais das funcionalidades que estão sendo testadas. A suíte de testes de aceitação *é* o documento de requisitos para todo o sistema. Ao escreverem esses testes, as equipes de BA e QA garantem que, quando passarem, as funcionalidades especificadas estejam concluídas e funcionando.

Algumas equipes de BA e QA podem não estar acostumadas a escrever documentos formais e detalhados. Nesses casos, talvez os programadores queiram escrever os testes de aceitação com a orientação de ambas as equipes. O objetivo intermediário é criar testes que BA e QA *possam ler* e aprovar. O objetivo final é fazer com que ambas as equipes se sintam à vontade para escrever os testes.

O Build Contínuo

Depois que os testes de aceitação passam, eles vão diretamente para a suíte de testes executada durante o build contínuo.

O build contínuo é um procedimento automatizado executado sempre que[3] um programador faz o check-in do código no sistema de controle do código-fonte. Esse procedimento constrói o sistema a partir do código-fonte e, em seguida, roda a suíte de testes unitários automatizados pelo programador e os testes de aceitação automatizados. Os resultados dessa execução são divulgados de forma clara, geralmente via e-mail com todos os programadores e as partes interessadas copiados. O estado do build contínuo é o tipo de coisa que todos devem estar continuamente cientes.

A execução contínua de todos esses testes garante que as alterações subsequentes no sistema não quebrem as funcionalidades. Caso um teste de aceitação aprovado anteriormente falhe durante o build contínuo, a equipe deve reagir imediatamente e consertá-lo antes de fazer qualquer outra alteração. Permitir que as falhas se acumulem no build contínuo é suicídio.

---

3   Dentro de alguns minutos.

II
Os Padrões

Os padrões são *expectativas* iniciais. São os limites que decidimos não ultrapassar. São os parâmetros que estabelecemos como mínimo aceitável. E os padrões podem ser ultrapassados, mas nunca devemos deixar de satisfazê-los.

Seu Novo CTO

Imagine que sou seu novo CTO. Vou lhe dizer o que espero de você. Essas expectativas serão lidas por você, que as verá de dois pontos de vista contraditórios.

O primeiro será o ponto de vista de seus gerentes, executivos e usuários. E, do ponto de vista deles, as expectativas sobre você são óbvias e normais. Nenhum gerente, executivo ou usuário esperaria menos.

Como programador, você pode estar mais familiarizado com o segundo ponto de vista. É aquele dos programadores, arquitetos e líderes técnicos. Do ponto de vista deles, essas expectativas são extremas, impossíveis e até mesmo loucas.

A diferença entre esses dois pontos de vista, assim como a discrepância dessas expectativas, é o principal fracasso no mundo do software. É algo que devermos solucionar com urgência.

Como seu novo CTO, espero...

PRODUTIVIDADE 9

Como seu CTO, tenho algumas expectativas com relação à produtividade.

Nós Nunca Entregaremos M***A

Como seu novo CTO, espero que nunca entreguemos M***A.

Tenho certeza absoluta que você sabe o que significa *M***A*. Como seu CTO, *espero não entregarmos M***A.*

Por um acaso do destino, você já entregou alguma *M***A*? A maioria de nós sim. Eu já entreguei. Não me senti bem. Não gostei nada. Os usuários muito menos. Os gerentes então nem se fala. *Ninguém* gostou.

Mas por que fazemos isso? Por qual motivo entregamos *M***A*?

Porque, de uma forma ou de outra, decidimos que não tínhamos escolha. Talvez a questão fosse o prazo, que simplesmente tínhamos que cumprir. Talvez fosse uma estimativa que ficamos com vergonha de deixar escapar. Ou, quem sabe, foi somente um trabalho que deixou a desejar, um tremendo descuido. Às vezes, foi pressão da gerência. Talvez, autoestima.

Seja qual for o motivo, foi errado. O padrão mínimo e indiscutível é não entregarmos *M***A*.

Contudo, o que seria entregar *M***A*? Tenho certeza de que você já sabe, mas vamos esclarecer as coisas:

- Cada bug que você entrega é uma *M***A*.
- Cada função não testada é uma *M***A*.
- Cada função mal escrita é uma *M***A*.
- Cada dependência de detalhes é uma *M***A*.
- Todo acoplamento desnecessário é uma *M***A* daquelas.
- SQL na GUI é uma bela de uma *M***A*.
- O esquema do banco de dados nas regras de negócios é uma *M***A*.

Eu poderia ficar horas aqui listando todas as M***AS, mas terei que encerrar a conversa. Cada falha em qualquer uma das disciplinas dos capítulos anteriores representa um risco de entregar *M***A*.

Isso não significa que estamos completamente blindados por essas disciplinas o tempo inteiro. Somos engenheiros. Os engenheiros fazem compensações e trocas, o que não significa ser negligente e descuidado. Se você precisa infringir uma disciplina, é melhor ter uma razão válida para isso. E o mais importante: é melhor você ter um bom plano de mitigação.

Por exemplo, digamos que você esteja escrevendo um CSS (Cascading Style Sheets). Escrever testes automatizados com antecedência para CSS é quase sempre impraticável. Na verdade, você não sabe como o CSS será renderizado até que o veja na tela.

Então, como mitigaremos o fato de que o CSS infringe a disciplina Desenvolvimento Orientado a Testes?

Teremos que testar o CSS de forma manual. É necessário também testá-lo em todos os navegadores que nossos clientes provavelmente usarão. Então, é melhor criarmos uma descrição-padrão do que queremos ver na tela e quanta variação podemos tolerar. Ainda mais importante:

é melhor encontrarmos uma solução técnica que *facilite* os testes manuais do CSS, porque *nós*, e não a equipe de QA, vamos testá-lo antes mesmo de liberá-lo do desenvolvimento.

Dito de outro modo: *faça um bom trabalho!*

Isso é o que todo mundo realmente espera. Todos os nossos gerentes, todos os nossos usuários, todas as pessoas que impactam e são impactadas por nosso software, esperam que desempenhemos um bom trabalho. Não podemos desapontá-las!

Eu espero que nunca entreguemos M***A!

ADAPTABILIDADE ACESSÍVEL

Software é uma palavra inglesa composta que significa "produto flexível". A única razão pela qual o software existe é para que possamos alterar rápida e facilmente o comportamento de nossas máquinas. Agora, se desenvolvermos um software difícil de alterar, contrariamos a própria razão de existir do software.

Ainda assim, a inflexibilidade do software continua sendo um problema grave em nosso setor. O motivo pelo qual focamos tanto o design e a arquitetura é melhorar a flexibilidade e a capacidade de manutenção de nossos sistemas.

Por que um software se torna inviável, inflexível e frágil? Mais uma vez, porque as equipes de software não conseguem adotar as disciplinas de teste e de refatoração que viabilizam flexibilidade e facilidade de manutenção. Em alguns casos, essas equipes dependem exclusivamente dos empenhos iniciais de design e de arquitetura. Em outros, elas se submetem a modismos e suas promessas insustentáveis.

Não importa quantos microsserviços você crie, e o quão bem estruturado seja seu design inicial e sua arquitetura; sem as disciplinas de teste e de refatoração, o código se deteriorará rapidamente e será cada vez mais difícil de fazer a manutenção do sistema.

Não é essa a minha expectativa. Minha expectativa é que, quando os clientes solicitarem mudanças, a equipe de desenvolvimento seja capaz de responder com uma estratégia acessível, *correspondente ao escopo da mudança*.

Os clientes podem não compreender as minúcias do sistema, mas têm uma boa noção do escopo das mudanças que solicitam. Eles entendem que uma mudança pode impactar muitas funcionalidades. Eles esperam que o custo dessa mudança corresponda ao escopo dessa mudança.

Infelizmente, com o tempo, muitos sistemas se tornam tão inflexíveis, com um custo de mudança tão alto, que nem os clientes e os gerentes conseguem justificar o escopo das mudanças solicitadas. E, para piorar as coisas, não é incomum que desenvolvedores se queixem de determinados tipos de mudança, baseando-se no fato de que a mudança compromete a arquitetura do sistema.

Uma arquitetura que pode ser comprometida por causa das mudanças de um cliente é uma arquitetura totalmente contrária à razão de existir e ao propósito do software. Essa arquitetura deve ser alterada a fim de acomodar as mudanças que os clientes solicitarão. E nada facilita mais essas mudanças e essas alterações do que um sistema bem refatorado e uma suíte de testes confiável.

Minha expectativa é que o design e a arquitetura do sistema evoluam com os requisitos. Espero que, quando os clientes solicitarem mudanças, essas mudanças não sejam impossibilitadas pela arquitetura existente ou pela inflexibilidade e pela fragilidade do sistema existente.

Espero adaptabilidade acessível.

Estaremos Sempre Prontos

Como seu novo CTO, espero que estejamos sempre prontos.

Anos antes da Metodologia Ágil se popularizar, a maioria dos especialistas em software já sabia que projetos bem gerenciados têm um ritmo constante de implementação e lançamento. Nos primórdios, esse ritmo tendia a ser rápido: semanal ou mesmo diariamente. No entanto, o Movimento Cascata iniciado na década de 1970 reduziu muito o ritmo para meses, até mesmo anos.

O advento da Metodologia Ágil, na virada do milênio, reiterou a necessidade de ritmos mais rápidos. O Scrum recomenda sprints de trinta dias. A XP recomenda iterações de três semanas. Ambas as metodologias aumentaram o ritmo para um ritmo quinzenal. Atualmente, não é incomum que as equipes de desenvolvimento façam o deploy diversas vezes por dia, reduzindo efetivamente o período de desenvolvimento a quase zero.

Espero um ritmo rápido. Uma ou duas semanas, no máximo. E, no final de cada sprint, espero que o software esteja tecnicamente pronto para ser lançado.

Estar tecnicamente pronto para lançamento não significa que a empresa *deseja* lançá-lo. Um software tecnicamente pronto talvez não tenha o conjunto de funcionalidades que a empresa considere completo ou apropriado para seus clientes e usuários. Tecnicamente pronto quer dizer simplesmente que, se a empresa decidir lançá-lo, a equipe de desenvolvimento, incluindo a equipe de QA, não terá quaisquer objeções.
O software está rodando, foi testado, documentado e está pronto para implementação.

Isso significa *estar sempre pronto*. Não espero que a equipe de desenvolvimento peça à empresa que aguarde. Não espero longos períodos de burn-in[1] ou os chamados *sprints de estabilização*. Os testes alfa e beta podem ser pertinentes para determinar a compatibilidade de funcionalidades com os usuários, porém não devem ser utilizados para eliminar defeitos de programação.

Há muito tempo, minha empresa prestou consultoria para uma equipe que desenvolvia processadores de texto para o campo de atuação

---

[1] N. da T.: Burn-in se refere a testes nos quais um sistema ou componente é executado para funcionar por um longo período de tempo a fim de se detectar problemas.

jurídico. Ensinamos a eles XP, e eles chegaram ao ponto em que toda semana a equipe registrava as informações em um novo CD.[2] Eles colocavam aquele CD no topo de uma pilha de lançamentos semanais mantida no laboratório do desenvolvedor. Os vendedores, que precisavam fazer uma demonstração para clientes em potencial, entravam no laboratório e pegavam o primeiro CD da pilha. A equipe de desenvolvimento estava *pronta*. É isso que espero: que estejamos prontos.

Estar pronto com a frequência necessária exige muita disciplina de planejamento, teste, comunicação e gerenciamento de tempo. Logicamente, essas são disciplinas da Metodologia Ágil. As partes interessadas e os desenvolvedores devem estar frequentemente envolvidos para estimar e escolher as histórias de desenvolvimento de maior valor. A equipe de QA deve estar extremamente envolvida em fornecer testes de aceitação automatizados que estabeleçam a "definição de concluído". Os desenvolvedores devem trabalhar juntos e em colaboração, mantendo intensa e disciplinadamente as rotinas de teste, de revisão e de refatoração de código, visando a progredir nos curtos períodos de desenvolvimento.

No entanto, *estar sempre pronto* vai além de apenas seguir os princípios e os rituais da Metodologia Ágil. Estar sempre pronto é uma postura, um modo de vida. É um compromisso em fornecer permanentemente valor incremental.

Espero que estejamos sempre prontos.

Produtividade Estável

Em geral, os projetos de software sofrem uma queda de produtividade com o tempo. Esse é um sintoma de um problema grave, causado pela negligência das disciplinas de teste e de refatoração. Essa negligência resulta no impedimento crescente ocasionado por um código confuso, frágil e inflexível.

---

2 Sim, acreditem, houve um tempo, em uma galáxia distante, em que os programas e os softwares eram distribuídos em CD.

E esse tipo de impedimento tem um efeito descontrolado. Quanto mais frágil e inflexível se torna o código em um sistema, mais difícil é mantê-lo limpo. À medida que a fragilidade do código aumenta, o medo da mudança também aumenta. Os desenvolvedores ficam cada vez mais receosos em limpar códigos bagunçados, pois temem que qualquer esforço desse tipo resulte em mais defeitos.

Em poucos meses, esse processo resulta na perda extrema de produtividade. A cada mês, a produtividade da equipe escorre pelo ralo, até quase zero.

Os gerentes normalmente tentam reagir a essa queda de produtividade adicionando mão de obra ao projeto, só que essa estratégia não dá certo, já que os programadores novos que entraram na equipe não estão menos sujeitos ao medo da mudança do que os programadores que sempre estiveram ali. Mais do que depressa, eles aprendem o mesmo comportamento dos membros da equipe e, assim, perpetuam o problema.

Quando pressionados sobre a queda de produtividade, os desenvolvedores costumam se queixar da péssima qualidade do código. Talvez comecem até a defender um redesign do sistema. Uma vez iniciada, essa queixa cresce até que os gerentes não podem mais ignorá-la.

A alegação dos desenvolvedores é que eles podem aumentar a produtividade se redesenharem o sistema do zero. Eles sustentam que conhecem os erros que foram cometidos e não os repetirão. Os gerentes, logicamente, não acreditam nem um pouco nessas alegações. Só que eles estão desesperados por qualquer coisa que aumente a produtividade. No fim das contas, muitos gerentes atendem às demandas dos programadores, apesar dos custos e dos riscos.

Não espero que isso aconteça. Espero que as equipes de desenvolvimento mantenham sua produtividade alta de forma consistente. Espero que as equipes de desenvolvimento adotem as disciplinas que evitam a degradação estrutural do software.

Espero produtividade estável.

QUALIDADE 10

Como seu CTO, tenho muitas expectativas com relação à qualidade.

Melhoria Contínua

Espero melhoria contínua.

Os seres humanos melhoram as coisas com o tempo. Os seres humanos instituem ordem ao caos. Os seres humanos melhoram as coisas.

Nossos computadores estão melhores do que eram. Nossos carros estão melhores do que antes. Nossos aviões, nossas rodovias, nossos telefones, nossos serviços de TV e nossos serviços de comunicação estão todos melhores do que costumavam ser. Nossa tecnologia médica está melhor do antes. Nossa tecnologia espacial é melhor do que costumava ser. Nossa civilização está bem melhor do que antes.

Por que, então, o software degringola e deteriora com o tempo?
Não espero que nosso software se deteriore.

Minha expectativa é que, com o passar do tempo, o design e a arquitetura de nossos sistemas melhorem. Espero que o software fique mais limpo e flexível a cada semana que passa. Espero que o custo da mudança *diminua* à medida que o software envelhece. Espero que, com o passar do tempo, tudo melhore.

O que é necessário para melhorar um software com o tempo? Vontade. É necessário atitude. É necessário se comprometer com as disciplinas que *sabemos* que funcionam.

Espero que, sempre que qualquer programador fizer check-in do código, faça isso de forma mais limpa do que o check-out. Espero que cada programador *melhore* o código que mexe, independentemente do motivo pelo qual esteja mexendo nele. Se corrigirem um bug, eles também devem melhorar o código. Se estiverem adicionando uma funcionalidade, eles também devem melhorar o código. Espero que cada manipulação de código resulte em um código melhor, designs e arquitetura melhores.

Espero melhoria contínua.

Competência Destemida

Espero competência destemida.

Conforme a estrutura interna de um sistema deteriora, a complexidade desse sistema pode, de maneira rápida, se tornar intratável. Isso faz com que os desenvolvedores fiquem cada vez mais com medo de realizar alterações. Até mesmo simples melhorias se tornam bastante arriscadas. O receio de se realizar mudanças e melhorias pode comprometer e muito a competência dos programadores em lidar e fazer a manutenção do sistema.

Essa perda de competência não é uma coisa natural. Programadores não se tornam menos competentes. Em vez disso, a crescente complexidade intratável do sistema começa a superar a competência natural dos programadores.

Conforme o sistema se torna cada vez mais difícil para os programadores controlarem, eles começam a ter medo de trabalhar nele. Esse medo agrava ainda mais o problema, visto que os programadores que têm medo de alterar o sistema só farão as mudanças que acharem mais seguras. Tais mudanças dificilmente são aquelas que melhoram o sistema. Na prática, e não raro, as famigeradas mudanças seguras são aquelas que deterioram o sistema ainda mais.

E, se esse receio e essa apreensão não acabarem, é natural que as estimativas cresçam, que os defeitos aumentem, que os prazos fiquem cada vez mais difíceis de cumprir, que a produtividade despenque e o moral da equipe desça até o fundo do poço.

A solução é acabar com o medo que intensifica tudo isso. E acabamos com o medo empregando as disciplinas que criam suítes de testes nas quais os programadores confiam suas vidas.

Com esse tipo de teste e com a refatoração, que leva a um design simples, os programadores não sentirão medo de limpar um sistema cujas partes estão deterioradas. Eles se sentirão confiantes e competentes para corrigir rapidamente as partes deterioradas, colocando o software em uma trajetória de melhoria contínua.

Espero que a equipe sempre demonstre competência destemida.

Qualidade Extrema

Espero qualidade extrema.

Quando foi que começamos a aceitar que os bugs são uma parte natural do software? Quando se tornou aceitável entregar um software com defeitos? Quando decidimos que os testes beta eram adequados para distribuição geral?

Não aceito que os bugs sejam inevitáveis. Não aceito postura que espera defeitos. Espero que todo programador entregue um software *sem defeitos*.

E não estou me referindo somente a defeitos de comportamento. Espero que todo programador entregue um software sem defeitos de comportamento *e de estrutura*.

Seria uma meta alcançável? Como responder a essa expectativa? Se é alcançável ou não, espero que todo programador adote isso como padrão e empenhe-se constantemente para alcançá-lo.

Espero que a equipe de programação exale qualidade extrema por todos os poros.

Não Vamos Jogar a QA no Lixo

Espero que não descartemos a QA.

Por que existem departamentos de QA? Por que as empresas investiriam em grupos de pessoas totalmente independentes dos programadores para verificar o trabalho deles? A resposta é óbvia e deprimente.
As empresas optaram por criar departamentos de QA porque os programadores não estavam fazendo o próprio trabalho direito.

Quando foi que tivemos a ideia de que o processo de QA é feito somente no fim do projeto? Em muitas organizações, as equipes de QA esperam que os programadores liberem o software para elas. Obviamente, os programadores não liberam o software de acordo com o cronograma, então a equipe de QA fica empacada, descartando os testes para cumprir o prazo.

Isso coloca o pessoal de QA sob uma pressão tremenda. É um trabalho entediante e muito estressante no qual é preciso tomar atalhos para que as datas de entrega sejam mantidas. E isso claramente não é uma forma de garantir a qualidade.

A Doença da QA

Como saber se a equipe de QA está fazendo um bom trabalho? Com base em que um gerente lhes concede aumentos e promoções? Seria a identificação de defeitos? Os melhores profissionais de QA são os que mais encontram defeitos?

Nesse caso, o pessoal de QA enxerga os defeitos como coisas positivas. Quanto mais, melhor! E isso, claro, é doentio. Mas o pessoal de QA pode não ser o único que enxerga os defeitos sob uma perspectiva positiva. Há um velho ditado em nossa área:[1] "Posso cumprir qualquer prazo que você definir, desde que o software não precise funcionar corretamente."

Talvez isso seja engraçado, mas também é uma estratégia que os desenvolvedores podem usar para cumprir prazos individuais. Se o trabalho da QA é encontrar os bugs, por que não entregar no prazo e deixá-los encontrar alguns?

Nenhuma palavra precisa ser dita. Não se registra nenhum acordo. Nada de aperto de mãos. E, ainda assim, todos sabem que há um mercado clandestino de bugs entre os desenvolvedores e o pessoal de QA. É uma doença grave.

Espero que não joguemos a QA no lixo.

O Pessoal de QA Não Encontrará Nada

Espero que, se o pessoal de QA estiver terminando as coisas, não encontre nada. A equipe de desenvolvimento deve ter como objetivo o pessoal de QA nunca encontrar nem um bug sequer no final do projeto. Sempre que um bug é encontrado pelo pessoal de QA, os desenvolvedores devem descobrir o porquê, corrigir o processo e assegurar que isso nunca mais aconteça.

---

1   Ouvi isso pela primeira vez de Kent Beck.

O pessoal de QA deve se questionar por que não encontraram nada, já que estão no fim do processo.

Na verdade, a QA não pertence ao final do processo. A QA pertence ao início do processo. A tarefa do pessoal de QA não é encontrar todos os bugs; esse é o trabalho dos programadores. O trabalho do pessoal de QA é especificar o comportamento do sistema em termos de testes com detalhes suficientes para que os defeitos sejam excluídos do sistema final. Os programadores devem rodar esses testes, não o pessoal de QA.

Espero que o pessoal de QA não encontre nada.

Automatização de Testes

Na maioria dos casos, o teste manual é um tremendo desperdício de tempo e de dinheiro. Quase todos os testes que podem ser automatizados *devem* ser automatizados. Isso inclui testes unitários, testes de aceitação, de integração e de sistema.

Testes manuais são onerosos. Testes manuais devem ser reservados para situações em que é necessário o discernimento humano. Isso inclui coisas como verificar a qualidade de uma GUI, testes exploratórios e avaliação subjetiva da facilidade de uma interação.

Os testes exploratórios merecem uma menção especial. Esse tipo de teste depende inteiramente da criatividade, da intuição e da percepção humana. O intuito é derivar de forma empírica o comportamento do sistema por meio da exaustiva observação de como o sistema opera. Os testadores exploratórios devem avaliar casos extremos e indicar caminhos operacionais adequados para melhorá-los. Não é uma tarefa nada fácil e exige bastante experiência.

Por outro lado, a maior parte dos testes é bastante automatizada. A grande maioria não passa de simples Arrange/Act/Assert que podem ser executados fornecendo entradas predefinidas e examinando as saídas esperadas. Os desenvolvedores são responsáveis por fornecer uma API de chamada de função [function-callable API] que possibilita que esses testes sejam rodados de forma rápida e sem muito setup de um ambiente de execução.

Os desenvolvedores devem modelar o sistema para abstrair quaisquer operações lentas ou que precisem de muito setup. Por exemplo, se há o uso extensivo de um sistema de gerenciamento de banco de dados relacional (RDBMS), os desenvolvedores devem criar uma camada de abstração que encapsula as regras de negócios a partir dela. Essa prática possibilita que os testes automatizados substituam o RDBMS por dados de entrada predefinidos, maximizando bastante a velocidade e a confiabilidade dos testes.

Periféricos, interfaces e estruturas lentas e inconvenientes também devem ser abstraídos a fim de que os testes individuais possam ser executados em microssegundos, de modo isolado em qualquer ambiente[2] e não estejam sujeitos a qualquer ambiguidade com relação ao tempo socket, ao conteúdo de banco de dados ou ao comportamento de estrutura.

Testes Automatizados e Interfaces de Usuário

Os testes automatizados *não devem* testar as regras de negócios por meio da interface do usuário. As mudanças da interface do usuário têm mais a ver com modismos, facilidade e caos generalizado provocado pelo marketing do que com as regras de negócios. Quando os testes automatizados são realizados por meio da interface do usuário, conforme mostrado na Figura 10.1, eles estão sujeitos a essas mudanças. Como consequência disso, os testes se tornam muito frágeis, o que não raro acaba resultando em testes sendo descartados por serem extremamente difíceis.

---

2   Por exemplo, a 30 mil pés sobre o Atlântico, em seu notebook.

QUALIDADE 273

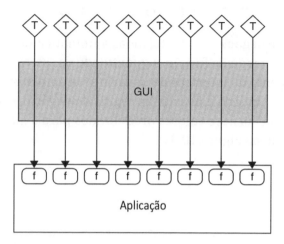

Figura 10.1 Testes realizados por meio da interface do usuário

Para evitar essa situação, é necessário que os desenvolvedores isolem as regras de negócios da interface do usuário com uma API de chamada de função, conforme mostrado na Figura 10.2. Os testes que usam essa API são totalmente independentes da interface do usuário e não estão sujeitos a alterações na interface.

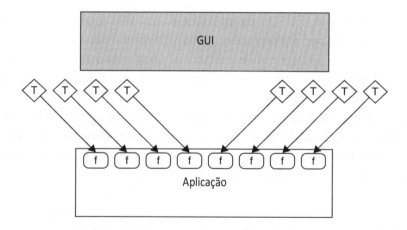

Figura 10.2 Os testes por meio da API são independentes da interface do usuário

TESTANDO A INTERFACE DO USUÁRIO

Se as regras de negócios forem testadas automaticamente por meio de uma API de chamada de função, a quantidade de testes necessária para o comportamento da interface do usuário será amplamente reduzida. Deve-se tomar cuidado em isolar as regras de negócio, substituindo-as por um stub que fornece valores predefinidos para a interface do usuário, como mostrado na Figura 10.3.

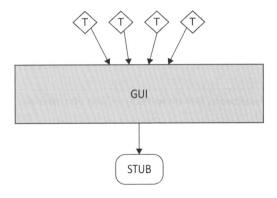

Figura 10.3 O stub fornece valores predefinidos para a interface do usuário

Isso assegura que os testes da interface do usuário sejam rápidos e sem ambiguidades. Caso a interface do usuário seja consideravelmente grande e complexa, pode-se usar uma estrutura de teste automatizado da interface do usuário. O uso do stub fará com que esses testes sejam mais confiáveis.

Se a interface do usuário for pequena e simples, talvez seja mais rápido recorrer ao teste manual, ainda mais se a aparência da GUI estiver em jogo. Mais uma vez, o uso do stub fará com que esses testes manuais sejam mais rápidos e mais fáceis de se realizar.

Espero que todos os testes que possam ser automatizados *sejam* automatizados, sejam executados rapidamente e não sejam frágeis.

Coragem

11

Como CTO, tenho muitas expectativas com respeito à coragem.

Damos Cobertura Uns aos Outros

Usamos a palavra *equipe* para descrever um grupo de desenvolvedores trabalhando em um projeto, mas será que entendemos mesmo o conceito da palavra equipe?

Uma equipe é um grupo de colaboradores que entende seus objetivos e interage tão bem que, quando um membro da equipe tropeça por algum motivo ou passa por algum problema, ainda assim, o grupo *continua progredindo a fim de alcançar seus objetivos*. Por exemplo, a bordo de um navio, cada membro da tripulação desempenha uma função. Todo mundo também sabe como fazer o trabalho de outra pessoa — por motivos óbvios. O navio deve continuar navegando, mesmo quando um membro da tripulação tropeça ou passa por algum problema.

Espero que os membros de uma equipe de programação deem cobertura uns aos outros, como a tripulação de um navio. Quando um membro da equipe cair, espero que os outros membros assumam a retaguarda até que ele se levante e reassuma seu lugar na equipe.

Em uma equipe, as pessoas podem cair pelas mais diversas razões. Elas podem ficar doentes. Podem estar com problemas em casa. Podem tirar férias. Mas o projeto não pode parar. Outros membros da equipe devem preencher a lacuna.

Se Bob for o cara do banco de dados e cair, outra pessoa deverá assumir seu lugar e retaguarda, e continuar seguindo em frente. Se Jim for o cara da GUI e cair, outra pessoa deve assumir seu lugar e seguir em frente. Ou seja, cada membro da equipe deve estar familiarizado não somente com o próprio trabalho, mas também com o trabalho dos outros, de modo que possam intervir se um deles cair.

Mas vamos reverter um pouco a situação. É *sua* responsabilidade garantir que um ou mais colegas de equipe *lhe* deem cobertura.

É sua responsabilidade garantir que você não seja o jogador indispensável da equipe. É sua responsabilidade procurar outras pessoas e ensiná-las seu trabalho para que possam assumir seu lugar em caso de emergência.

Mas como ensinar a outras pessoas o seu trabalho? Provavelmente, o melhor jeito de fazer isso é se sentar com alguém e programar juntos por cerca de uma hora. E, como é melhor prevenir do que remediar, você deve fazer isso com mais de um membro da equipe. Quanto mais pessoas se familiarizarem com seu trabalho, mais pessoas poderão ajudá-lo se você cair.

E lembre-se, uma vez não é o bastante. À medida que avança com sua parte do projeto, é melhor manter os outros membros a par do seu trabalho.

Talvez você ache a disciplina Programação Colaborativa uma mão na roda.

Espero que os membros das equipes de programação possam dar cobertura uns aos outros.

Estimativas Honestas

Espero estimativas honestas.

Como programador, a estimativa mais honesta e realista que você pode fornecer é "não sei", porque, na verdade, você não sabe quanto tempo a tarefa levará. Em contrapartida, você *sabe* que terminará a tarefa em menos de um bilhão de anos. Logo, uma estimativa honesta é uma combinação do que você sabe com o que você não faz ideia.

Vejamos uma estimativa mais ou menos honesta:

- Tenho 5% de chance de concluir esta tarefa antes de sexta-feira.
- Tenho 50% de chance de concluir esta tarefa antes da próxima sexta-feira.
- Tenho 95% de chance de concluir esta tarefa até a outra sexta-feira.

Uma estimativa dessa fornece uma distribuição de probabilidade sobre sua incerteza. E descrever sua incerteza é o que faz com que essa estimativa seja honesta.

Quando os gerentes lhe solicitarem estimativas de grandes projetos, você deve estimá-las assim. Por exemplo, eles podem estar tentando estimar o custo de um projeto antes de autorizá-lo. É nesse momento que as estimativas honestas em relação à incerteza são valiosíssimas.

Para tarefas menores, é melhor utilizar a prática ágil de pontos de história. Os pontos de história são honestos porque não se comprometem com um cronograma. Em vez disso, descrevem o custo de uma tarefa em comparação à outra. E, apesar de serem arbitrários, são também comparativos.

Vejamos uma estimativa de pontos de história:

Um Depósito Bancário tem um custo de 5.

O que seria esse 5? É um número arbitrário de pontos relativo a alguma tarefa de tamanho conhecido. Por exemplo, digamos que a história Login recebeu arbitrariamente 3 pontos. Ao estimar a história Depósito, você decide que o Depósito não é duas vezes mais difícil do que o Login, então você atribui 5. E é isso.

Os pontos de história já têm a distribuição de probabilidade embutida neles. Em primeiro lugar, os pontos não são datas ou horas: são somente pontos. Em segundo lugar, os pontos não são promessas, mas palpites. No fim de cada iteração ágil (em geral, uma ou duas semanas), totalizamos os pontos concluídos. Utilizamos esse número para estimar quantos pontos podemos concluir na próxima iteração.

Espero estimativas honestas e realistas que descrevam sua incerteza. Não espero a promessa de uma data.

Você Precisa Dizer Não

Espero que você diga não quando a resposta for não.

Uma das coisas mais importantes que um programador pode dizer é "não!". Dita na hora certa, e no contexto adequado, essa resposta pode economizar quantidades astronômicas de dinheiro para seu empregador e evitar grandes fiascos e constrangimentos.

Não se trata de uma licença para sair por aí dizendo não a tudo, a torto e a direito. Somos engenheiros; nossa tarefa é encontrar uma forma de dizer sim. Mas, às vezes, *sim* não é uma opção. Somos os únicos que podem determinar quando dizer sim ou não. Somos os únicos que sabemos quando dizer sim ou não. Portanto, cabe a nós dizer não quando a resposta realmente for não.

Digamos que seu chefe peça que você faça algo até sexta-feira. No entanto, ao ponderar as coisas, você percebe que não existe chance razoável de concluir a tarefa até sexta-feira. Você deve ir ao seu chefe e dizer "não". Seria prudente dizer também que é possível concluir a tarefa até a próxima terça-feira, mas você precisa ser firme e dizer que sexta-feira está fora de cogitação.

Gerentes normalmente não gostam de ouvir não. Eles podem pressioná-lo. Eles podem confrontá-lo. Talvez até gritem com você. O confronto emocional é uma das ferramentas que alguns gerentes utilizam. Não ceda. Se a resposta for não, agarre-se com unhas e dentes a essa resposta e não ceda à pressão.

E tome bastante cuidado com artimanhas do tipo "você vai pelo menos tentar?". Aparentemente é plausível tentar, não é? Não, porque *você já está tentando*. Você não pode fazer nada de novo para transformar o não em um sim. Ou seja, dizer que você vai tentar é uma mentira.

Espero que, quando a resposta for não, você diga não.

Aprendizagem Determinante Contínua

Nossa área é extremamente dinâmica. Podemos discutir se as coisas *deveriam* ser assim, mas não podemos discutir o porquê *são* assim. É simplesmente assim. Ou seja, o que podemos fazer é continuar aprendendo.

A linguagem na qual você programa hoje provavelmente não será a mesma em cinco anos. O framework que você está usando hoje provavelmente não será o mesmo que você utilizará no ano que vem. Esteja preparado para essas mudanças, perceba as mudanças ao seu redor.

Em geral, aconselha-se que[1] os programadores aprendam uma linguagem nova por ano. É um bom conselho. Além do mais, escolha uma linguagem que tenha um estilo com o qual você não esteja familiarizado. Caso nunca tenha programado um código em uma linguagem digitada dinamicamente, aprenda uma. Se nunca escreveu um código em uma linguagem declarativa, aprenda uma. Se você nunca escreveu em Lisp, Prolog ou Forth, aprenda.

---

1 David Thomas e Andrew Hunt, *O Programador Pragmático: De Aprendiz a Mestre.*

Como e quando você deve aprender? Se seu empregador lhe fornecer tempo e espaço para aprender, aproveite o máximo que puder. Se seu empregador não for tão prestativo, você terá que se virar e aprender. Esteja preparado para passar muitas horas por mês aprendendo. Faça questão de reservar um tempo pessoal para aprender.

Sim, eu sei, você tem obrigações familiares, boletos para pagar, voos para pegar e uma *vida*. OK, mas você também tem uma *profissão*. E as profissões exigem cuidado e atualizações.

Espero que todos recorramos à aprendizagem determinante e contínua.

Mentoria

Ao que tudo indica, temos uma necessidade infinita de cada vez mais programadores. O número de programadores no mundo está crescendo em um ritmo violento e exponencial. E, infelizmente, muitas das universidades que poderiam ensinar esses programadores, não ensinam.

Portanto, cabe a nós a tarefa de ensinar os novos programadores. Nós, programadores que estamos trabalhando há alguns anos, devemos assumir a responsabilidade de ensinar aqueles que estão começando.

Talvez você ache isso difícil. E é. Mas da dificuldade surgem enormes vantagens. E a melhor forma de aprender é ensinando. Nada se compara a ensinar. Então, se quer aprender algo, ensine.

Caso seja programador há cinco, dez ou quinze anos, você tem uma bagagem e lições de vida valiosas que pode ensinar aos novos programadores que acabaram de começar. Ajude um ou dois deles e oriente-os durante os primeiros seis meses. Sente-se com eles e ajude-os a escrever códigos. Conte-lhes histórias sobre seus fracassos e sucessos. Ensine-os sobre disciplinas, padrões e ética. Ensine-lhes o ofício.

Espero que todos os programadores se tornem mentores. Espero que você se comprometa em ajudar os outros a aprender.

III
ÉTICA

O Primeiro Programador

O desenvolvimento de software como profissão surgiu, de modo lamentável, no verão de 1935, quando Alan Turing começou a escrever um artigo. A intenção de Alan era solucionar um dilema matemático que deixou os matemáticos de cabelo em pé por uma década ou mais — o Entscheidungsproblem. O problema de decisão.

Alan foi bem-sucedido, mas ele não fazia ideia, na época, que seu artigo originaria uma indústria de abrangência global da qual todos dependeríamos e que agora é a força motriz de toda a civilização.

Muita gente acha, e com razão, que a filha de Byron, Ada, a Condessa de Lovelace, foi a primeira programadora. Ela foi a primeira pessoa que conhecemos que entendeu que os números manipulados por uma máquina de cálculo poderiam representar conceitos não numéricos. Representar símbolos em vez de números. E, sejamos justos, Ada criou alguns algoritmos para a Máquina Analítica de Charles Babbage, que infelizmente nunca foi construída.

Mas foi Alan Turing que escreveu os primeiros[1] programas a serem rodados em um computador eletrônico. E foi Alan Turing quem primeiro *estabeleceu* o desenvolvimento de software como profissão.

Em 1945, Alan escreveu o código para o Automated Computing Engine (ACE). Ele escreveu o código em linguagem de máquina binária, usando números de Base 32. Um código como esse nunca havia sido escrito antes, então ele teve que inventar e implementar conceitos como sub-rotinas, pilhas e números float.

Após diversos meses idealizando os princípios básicos e usando-os a fim de solucionar problemas matemáticos, ele escreveu um relatório que apresentava a seguinte conclusão:

---

1 Algumas pessoas ressaltam que Konrad Zuse escreveu algoritmos para seu computador eletromecânico antes de Turing programar o ACE.

> *Precisaremos de um grande número de matemáticos habilidosos, pois provavelmente haverá muito trabalho desse tipo a ser feito.*

"Um grande número." Como ele sabia? Na realidade, ele não tinha ideia de como era visionária essa afirmação — sem dúvida, temos um grande número agora.

Mas e aquela outra coisa que ele disse? "Matemáticos habilidosos." Você se considera um matemático habilidoso?

No mesmíssimo relatório, Alan escreveu:

> *Uma das nossas dificuldades será a manutenção de uma disciplina adequada a fim de não perdermos a noção do que estamos fazendo.*

"Disciplina!" Como ele sabia? Como ele poderia saber setenta anos atrás que nosso problema seria a disciplina?

Há setenta anos, Alan Turing assentou o primeiro alicerce da profissionalização do desenvolvimento de software. Ele afirmou que deveríamos ser matemáticos habilidosos, seguindo uma disciplina adequada.

Será que somos? É isso que você é?

Setenta e Cinco Anos

A vida de uma pessoa. É a idade de nossa profissão até o momento em que escrevo. Apenas 75 anos. E o que ocorreu nessas sete décadas e cinco anos? Vamos retomar com mais atenção a história que apresentei no Capítulo 1, "Craftsmanship".

Em 1945, havia um computador e um programador no mundo: Alan Turing. Mas esses números cresceram exponencialmente nos primeiros anos. Esse será nosso ponto de partida.

> *1945. Computadores: O(1). Programadores: O(1).*

Na década seguinte, a confiabilidade, a consistência e o uso de energia dos tubos a vácuo melhoraram de forma radical. Isso possibilitou a criação de computadores maiores e mais poderosos.

Em 1960, a IBM havia vendido 140 computadores modelo 700. Eram máquinas gigantescas que custavam os olhos da cara e que só podiam ser compradas por militares, pelo governo e por corporações de grande porte. Essas máquinas também eram lentas, com recursos limitados e precários.

Foi durante essa época que Grace Hopper inventou o conceito de uma linguagem de nível superior e cunhou o termo *compilador*. Em 1960, os esforços dela resultaram no COBOL.

Em 1952, John Backus apresentou a especificação para a linguagem FORTRAN, seguida rapidamente pelo surgimento do ALGOL. Em 1958, John McCarthy criou o LISP. Começou aí a disseminação do pandemônio de linguagens de programação.

Naquela época, não havia sistemas operacionais, frameworks nem bibliotecas de sub-rotinas. Se você executava alguma coisa no seu computador, era porque você havia escrito. Como resultado, era necessária uma equipe de uma dúzia ou mais de programadores somente para manter um computador funcionando.

Em 1960, quinze anos após Turing, havia O(100) computadores no mundo. O número de programadores era maior: O(1.000).

Quem eram esses programadores? Eram pessoas como Grace Hopper, Edsger Dijkstra, Jon Von Neumann, John Backus e Jean Jennings. Eram cientistas, matemáticos e engenheiros. A maioria eram pessoas que já tinham carreiras consolidadas e já entendiam as empresas e as disciplinas para as quais trabalhavam. Muitos, senão a maioria, estavam na casa dos 30, 40 e 50 anos.

A década de 1960 foi a década do transistor. Aos poucos, esses dispositivos pequenos, simples, baratos e confiáveis substituíram o tubo a vácuo.

E o impacto nos computadores foi um divisor de águas.

Em 1965, a IBM havia produzido mais de 10 mil computadores do modelo 1401 com transistores. Eles eram alugados por US$2.500 por mês, o que estava ao alcance das empresas de médio porte.

Essas máquinas eram programadas em Assembler, Fortran, COBOL e RPG. E todas as empresas que alugavam essas máquinas precisavam de equipes de programadores para desenvolver as aplicações.

A IBM não era a única empresa que fabricava computadores na época, então digamos que, em 1965, havia O(10.000) computadores no mundo. E, se cada computador precisava de dez programadores para funcionar, deve ter havido O(100.000) programadores.

Vinte anos depois de Alan, deveria haver no mundo centenas de milhares de programadores. Mas de onde vinham esses programadores? Não havia matemáticos, cientistas e engenheiros suficientes para atender toda essa demanda. E não havia nenhum graduado em ciência da computação saindo das universidades, pois não havia cursos de graduação em ciência da computação — em lugar nenhum.

Desse modo, as empresas recorriam aos melhores e mais brilhantes de seus contadores, secretários, planejadores e assim por diante — qualquer pessoa com alguma aptidão técnica comprovada. E elas encontravam muitos deles.

E, repetindo, essas eram pessoas que já eram profissionais de outra área. Pessoas que estavam na casa dos 30 e dos 40 anos. Pessoas que já entendiam prazos e compromissos, o que manter e o que abrir mão.[2] Ainda que essas pessoas não fossem matemáticos, por assim dizer, eram profissionais disciplinados. Alan provavelmente teria gostado.

Mas as coisas continuavam a todo vapor. Em 1966, a IBM produzia mensalmente mil computadores modelo 360. Esses computadores estavam

---

2   Peço desculpas a Bob Seger.

pipocando em todos os lugares. Na época, eles tinham um incrível poder de processamento. O modelo 30 podia comportar até 64K bytes de memória e executar 35 mil instruções por segundo.

Foi durante esse período, em meados da década de 1960, que Ole-Johan Dahl e Kristen Nygard inventaram a Simula-67 — a primeira linguagem orientada a objetos. Foi também nesse período que Edsger Dijkstra inventou a programação estruturada.

E foi também nessa época que Ken Thompson e Dennis Ritchie inventaram o C e o UNIX.

E as coisas não paravam. No início dos anos 1970, o circuito integrado passou a ser regularmente usado. Esses pequenos chips podiam ter dezenas, centenas, até milhares de transistores. Eles possibilitavam que os circuitos eletrônicos fossem miniaturizados em grande escala.

E assim nasceu o minicomputador.

No final da década de 1960 e na década de 1970, a Digital Equipment Corporation vendeu 50 mil computadores PDP-8 e centenas de milhares de PDP-11.

E eles não estavam sozinhos! O mercado de minicomputadores explodiu. Em meados da década de 1970, havia dezenas de empresas vendendo minicomputadores. Ou seja, em 1975, 30 anos depois de Alan, havia cerca de 1 milhão de computadores no mundo. Quantos programadores existiam? A proporção estava começando a mudar. O número de computadores estava se aproximando do número de programadores, então, em 1975, havia O(1E6) programadores.

De onde vinham esses programadores? Quem eram? O que comiam? Onde viviam?

Eram pessoas como eu. Eu e meus amigos. Eu e um bando de jovens entusiasmados e aficionados por computadores.

Dezenas de milhares de recém-saídos da engenharia eletrônica e da ciência da computação: todo mundo era jovem e inteligente. Nós, que vivíamos nos Estados Unidos, estávamos preocupados com o recrutamento. E éramos quase todos homens.

Não é que não existissem mulheres na área — elas eram poucas em número. Isso não começou até meados da década de 1980. A questão é que cada vez mais meninos (sim, éramos meninos) estavam entrando na área.

Quando consegui meu primeiro emprego como programador, em 1969, havia algumas dezenas de programadores. Todos estavam na casa dos 30 ou 40 anos, e de um terço a metade eram mulheres. Dez anos depois, eu trabalhava em uma empresa com cerca de cinquenta programadores e, dentre eles, talvez três fossem mulheres.

Então, trinta anos depois de Alan, a população de programadores mudou radicalmente: tinha-se cada vez mais homens jovens. Centenas de milhares de homens na casa dos vinte e poucos anos. Em geral, *não* éramos o que Alan havia descrito como matemáticos disciplinados.

Mas as empresas precisavam de programadores. A demanda era elevadíssima. E a disciplina que falta aos homens jovens é compensada pelo entusiasmo.

Nós também éramos baratos. Apesar dos altos salários iniciais dos programadores hoje, naquela época, as empresas contratavam os programadores por um custo bem baixo. Em 1969, meu salário anual era de US$7.200.

Desde então, a tendência tem sido a mesma. Todos os anos os cursos de ciência da computação despejam homens jovens no mercado e, aparentemente, nossa área tem um apetite insaciável por eles.

Nos trinta anos entre 1945 e 1975, o número de programadores aumentou em, pelo menos, 1 milhão. Nos quarenta anos que se seguiram, essa taxa de crescimento desacelerou um pouco, mas continua altíssima.

Quantos programadores você acha que havia no mundo em 2020? Se incluirmos os programadores VBA,[3] acho que deve haver centenas de milhões de programadores atualmente.

Podemos notar claramente esse crescimento exponencial. As curvas de crescimento exponencial têm uma taxa de duplicação. Faça os cálculos. Ei, Albert, qual é a taxa de duplicação se formos de 1 para 100 milhões em 75 anos?

O logaritmo binário de base 2 para 100 milhões é aproximadamente 27 — divida isso por 75 e você obterá cerca de 2,8. Então, talvez o número de programadores tenha dobrado a cada dois anos e meio.

Na verdade, como vimos antes, a taxa era mais alta nas primeiras décadas e agora desacelerou um pouco. Meu palpite é que a taxa de duplicação é a cada cinco anos. A cada cinco anos, o número de programadores no mundo dobra.

As consequências dessa duplicação são assombrosas. Se o número de programadores no mundo dobra a cada cinco anos, significa que metade dos programadores no globo tem menos de cinco anos de experiência, e isso sempre será uma constante enquanto a taxa de duplicação se mantiver. Isso deixa o mundo da programação na posição precária de inexperiência perpétua.

NERDS E SALVADORES

Inexperiência perpétua. Não se preocupe, isso não significa que *você* será um programador perpetuamente inexperiente. Significa apenas que, após cinco anos de experiência, o número de programadores dobrará. Quando você tiver dez anos de experiência, o número de programadores terá quadruplicado.

As pessoas olham para a quantidade de gente jovem na programação e concluem que é uma profissão de jovem. Elas perguntam: "Onde estão

---

3   Visual Basic for Applications.

as pessoas mais velhas?" Ainda estamos aqui! Não fomos para lugar nenhum. Para começo de conversa, simplesmente não há muitos de nós.

O problema é que não há um número suficiente de programadores mais velhos para ensinar os novos programadores que estão chegando. Para cada programadora com 30 anos de experiência, existem 63 programadores que precisam aprender algo com ela (ou ele), e 32 desses são novatos.

Como consequência, temos o estado de inexperiência perpétua.
Não temos mentores suficientes para solucionar o problema. Os mesmos erros de sempre são repetidos indefinidamente.

No entanto, algo mais aconteceu nos últimos setenta anos. Os programadores ganharam algo que tenho certeza de que Alan Turing nunca previu: notoriedade.

Nos anos 1950 e 1960, ninguém sabia o que era um programador.
Não éramos numerosos o bastante para causar impacto social. As pessoas não conheciam muitos programadores.

O jogo começou a mudar na década de 1970. Naquela época, os pais estavam aconselhando seus filhos (e às vezes suas filhas) a se formarem em ciência da computação. O mundo tinha programadores suficientes. Logo, todos conheciam alguém que conhecia um programador. E nascia aí a imagem do nerd geek comedor de twinkies.

Pouquíssimas pessoas haviam visto um computador, mas praticamente todo mundo havia ouvido falar em computadores. Os computadores apareciam em programas de TV como *Star Trek* e em filmes como *2001: Uma Odisseia no Espaço*. Nesses filmes, os computadores eram frequentemente considerados vilões. Mas, no livro de 1966 de Robert Heinlein, *The Moon Is a Harsh Mistress* [A Lua É uma Senhora Difícil, em tradução livre],[4] o computador era o herói que sacrificava a si mesmo.

---

4   Robert Heinlein, *The Moon Is a Harsh Mistress* (Ace, 1966).

Entretanto, repare que, em cada um dos casos, o programador não é um personagem com um papel significativo. Naquele tempo, a sociedade não sabia o que fazer com os programadores. Eles eram sombrios, misteriosos e, de alguma forma, insignificantes em comparação às próprias máquinas.

Tenho boas lembranças de um comercial de televisão daquela época. Uma esposa e seu marido, um rapazinho nerd de óculos, vestindo uma camisa com um bolso e uma calculadora, comparavam preços em uma loja. A Sra. Olsen o descreveu como "um gênio da computação" e começou a instruir a esposa e o marido sobre os benefícios de uma determinada marca de café.

O programador no comercial era ingênuo, estudioso e inconsequente. Alguém inteligente, mas sem sabedoria ou bom senso. Não era uma pessoa que você convidaria para ir a uma festa. Na verdade, os programadores eram vistos como o tipo de pessoa que apanhava bastante na escola.

Em 1983, os computadores pessoais começaram a aparecer, e ficou claro que os adolescentes se interessavam por eles pelos mais diversos motivos. A essa altura, um número grande de pessoas conhecia, pelo menos, um programador de computador. Éramos considerados profissionais, mas ainda éramos misteriosos.

Naquele ano, o filme *Jogos de Guerra* retratava o jovem Matthew Broderick como um adolescente que entende de computador e hackeamento. Ele invade o sistema de controle de armas dos Estados Unidos, pensando que é um videogame, e inicia a contagem regressiva para a guerra termonuclear. Ao final do filme, ele salva o mundo convencendo o computador de que a única jogada vencedora é não jogar.

O papel do computador e do programador havia mudado. Agora, o computador era o personagem ingênuo infantil e o programador, o canal, senão a fonte, de sabedoria.

Vimos algo semelhante no filme *Um Robô em Curto Circuito* de 1986, no qual o robô computadorizado conhecido como Número 5 é infantil e ingênuo, mas aprende a sabedoria com a ajuda de seu criador/programador e de sua namorada.

Em 1993, as coisas mudaram de forma radical. No filme *Jurassic Park*, o programador era o vilão, e o computador não era um personagem. Era somente uma ferramenta.

A sociedade estava começando a entender quem éramos e o papel que desempenhávamos. Em apenas vinte anos, passamos de nerd a professor e a vilão.

No entanto, as coisas mudariam de novo. No filme *Matrix*, de 1999, os personagens principais eram programadores e salvadores. Na verdade, seus poderes divinos eram provenientes de sua capacidade de ler e compreender "o código".

Nossos papéis estavam mudando rapidamente. De vilão a salvador em apenas alguns anos. A sociedade como um todo estava começando a entender o poder que temos, tanto para o bem quanto para o mal.

Exemplos de Inspiração e de Vilões

Quinze anos depois, em 2014, visitei o escritório da Mojang em Estocolmo para ministrar algumas palestras sobre código limpo e desenvolvimento orientado a testes. A Mojang, caso você não saiba, é a empresa que criou o jogo Minecraft.

E, como estava um clima agradável, eu e os programadores da Mojang nos sentamos do lado de fora, em uma cervejaria ao ar livre, para bater um papo. Do nada, um menino com uns doze anos corre até a gente e grita para um dos programadores: "Você não é o Jeb?"

Ele estava se referindo a Jens Bergensten, um dos principais programadores da Mojang.

O rapazinho lhe pediu um autógrafo e o encheu de perguntas. Ele não via mais ninguém, somente Jens.

E eu lá, sentado bem na frente dele...

Seja como for, a questão é que os programadores se tornaram exemplos de inspiração e ídolos para nossos filhos. Eles crescem e sonham em ser como Jeb, Dinnerbone ou Notch.

Os programadores, esses da vida real, são heróis. Mas onde existem heróis de verdade, também existem vilões de verdade.

Em outubro de 2015, Michael Horn, CEO da Volkswagen North America, testemunhou perante o Congresso dos Estados Unidos sobre o software nos carros da empresa que estava enganando os dispositivos de teste da Agência de Proteção Ambiental. Quando questionado por que a empresa fez aquilo, ele botou a culpa nos programadores, alegando: "Foram dois engenheiros de software que fizeram isso sem quaisquer motivos."

Claro que ele estava mentindo sobre a parte "sem quaisquer motivos". Ele sabia muito bem quais eram os motivos, assim como toda a Volkswagen. Todo mundo percebeu sua tentativa medíocre de colocar a culpa nos programadores. Por outro lado, ele estava certo. Quem escreveu o tal código mentiroso e trapaceiro *foram* alguns programadores.

E esses programadores — sejam lá quem forem — acabaram com a nossa reputação. Se tivéssemos uma organização profissional de verdade, o reconhecimento como programadores seria, e deveria ser, revogado. Eles traíram todos nós e a nossa profissão. Eles jogaram nossa honra na lama.

Mas nos formamos. Demorou setenta e cinco anos. Éramos os vilões e, do nada, passamos de nerds a exemplos de inspiração.

A sociedade começou — apenas começou — a entender quem somos e as ameaças e as promessas que representamos.

Nós Comandamos o Mundo

A sociedade ainda não entende tudo. Na verdade, nem nós entendemos. Veja bem, você e eu somos programadores e comandamos o mundo.

Talvez isso pareça um exagero sem tamanho, mas pare um instante e pense. Atualmente, existem mais computadores no mundo do que pessoas. E esses computadores, que nos ultrapassam em número, executam uma miríade de tarefas cruciais para nós. Eles controlam nossos lembretes e gerenciam nossos calendários. Eles entregam nossas mensagens no Facebook e cuidam de nossos álbuns de fotos. Eles conectam nossos celulares e entregam nossas mensagens de texto. Eles controlam os motores de nossos carros, bem como os freios, o acelerador e, às vezes, até os volantes.

Sem eles, nem conseguimos cozinhar e lavar nossas roupas. Os computadores mantêm nossas casas aquecidas no inverno, nos divertem quando estamos entediados, controlam nossos registros bancários e nossos cartões de crédito. Eles nos ajudam a pagar nossas contas.

Na realidade, a maioria das pessoas no mundo de hoje interage com algum sistema de software todo santo dia. Algumas interagem até quando estão dormindo.

A questão é que *nada* acontece em nossa sociedade sem um software. Não se compra nem se vende nada. Não se promulga nem se faz cumprir nenhuma lei. Não se dirige nenhum carro. Nenhum produto da Amazon é entregue. Não se conecta nenhum celular nem energia sai das tomadas. As lojas não conseguem abastecer seus estoques. Não sai água das torneiras, muito menos gás encanado. Nada disso acontece sem que um programa monitore e coordene tudo.

E *nós* desenvolvemos todos esses programas. E isso faz com que comandemos o mundo.

E, acreditem ou não, o restante do mundo pensa que estabelece as regras, só que ele passa essas mesmíssimas regras para nós e *nós* as *programamos* a fim de que as máquinas que monitoram e coordenam todos os aspectos da sociedade as executem.

A sociedade ainda não entende isso. Não exatamente. Ainda não. Mas chegará o dia em que nossa sociedade entenderá isso muito bem.

Nós, programadores, também não entendemos isso muito bem. Não exatamente. Mas, repetindo, está chegando o dia em que entenderemos a duras penas a importância de tudo o que acabei de dizer.

Catástrofes

Ao longo dos anos, vimos uma boa dose de catástrofes relacionadas aos programas de computador. Alguns foram uma catástrofe e tanto.

Por exemplo, em 2016, perdemos a Sonda Schiaparelli por causa de um problema de software que fez com que ela acreditasse que já havia pousado em Marte quando, na verdade, estava quase quatro quilômetros acima da superfície.

Em 1999, perdemos o Mars Climate Orbiter por causa de um erro de software de unidade de medida que transmitiu dados ao orbitador usando unidades inglesas (libra-segundos) em vez de unidades métricas (newton-segundos). O erro fez com que o orbitador descesse muito na atmosfera marciana, onde acabou se despedaçando.

Em 1996, o foguete Ariane 5 e sua carga foram destruídos 37 segundos após o lançamento devido a uma exceção overflow de inteiro quando um número float de 64 bits foi submetido a uma conversão não verificada e se transformou em um inteiro de 16 bits. A exceção travou os computadores de bordo e o veículo se autodestruiu.

Será que devemos falar sobre a máquina de radiação Therac-25, que, devido a uma race condition [condição de corrida, em tradução livre], matou três pessoas e feriu outras três ao explodi-las com um feixe de elétrons de alta potência?

Ou talvez devêssemos falar sobre o Knight Capital Group, que perdeu US$460 milhões em 45 minutos porque reutilizou uma flag que habilitava o dead code deixado no sistema.

Ou talvez devêssemos falar sobre o bug de stack overflow da Toyota, que fez com que os carros acelerassem descontroladamente — e pode ter matado até 89 pessoas.

E o HealthCare.gov? A falha de software que quase derrubou uma nova e controversa lei de saúde norte-americana.

Esses desastres custaram bilhões de dólares e muitas vidas. E eles foram causados por programadores. Nós, programadores, por meio do código que escrevemos, estamos matando pessoas.

Eu sei que você não entrou nessa profissão para matar ninguém. Provavelmente, você se tornou um programador porque escreveu um loop infinito que imprimiu seu nome uma vez e sentiu aquela sensação prazerosa de poder.

Mas fatos são fatos. Atualmente, estamos em uma posição da nossa sociedade em que nossas ações podem destruir fortunas, meios de subsistência e vidas.

Um dia, provavelmente não demorará muito, algum programador infeliz cometerá um erro um pouco estúpido e dezenas de milhares de pessoas morrerão. Não se trata de uma especulação sem provas — é apenas uma questão de tempo.

E, quando isso acontecer, todos os políticos ao redor do mundo exigirão prestação de contas. Eles exigirão que lhes mostremos como evitar tais erros no futuro.

E se aparecermos sem uma declaração de ética, se aparecermos sem quaisquer padrões ou disciplinas definidas, se aparecermos e nos queixarmos sobre como nossos chefes estabelecem horários e prazos irrealistas — seremos considerados CULPADOS.

O Juramento do Programador

Para começar nossa análise sobre ética como desenvolvedores de software, apresento o seguinte juramento.

> *A fim de defender e preservar a honra da profissão programador e em pleno uso das minhas faculdades mentais e discernimento, eu prometo:*

1. *Não produzir código danoso.*
2. *Que o código que escreverei será sempre o meu melhor trabalho. Nunca entregarei, em sã consciência, código com defeitos, sejam eles de comportamento ou estruturais.*
3. *Produzir, a cada entrega, uma prova (demonstração) rápida, clara e reproduzível de que cada elemento do código funciona como deveria.*
4. *Fazer entregas pequenas e frequentes para não prejudicar o progresso dos outros.*
5. *Aprimorar sem medo e sem descanso meu código em todas as oportunidades. Nunca deixarei meu código pior do que estava.*
6. *Fazer tudo o que estiver ao meu alcance para manter a minha produtividade e a dos outros a mais alta possível. Não tomarei nenhuma ação que possa representar queda na produtividade.*
7. *Garantir constantemente que outros possam me dar cobertura e que eu também possa dar cobertura a eles.*
8. *Fazer estimativas honestas, tanto na importância como na precisão. Não farei promessas sem uma certeza razoável.*
9. *Respeitar meus colegas programadores por sua ética, seus padrões, suas disciplinas e suas habilidades. Não levarei em consideração nenhuma outra qualidade ou característica.*
10. *Nunca parar de aprender e de melhorar contínua e determinantemente meu ofício.*

PREJUÍZO
12

No Juramento do Programador, temos diversas promessas relacionadas aos danos e ao prejuízo.

Primeiro, Não Prejudique

Promessa 1: não produzirei código danoso.

A primeira promessa do programador é NÃO PREJUDICAR! Isso quer dizer que seu código não deve prejudicar seus usuários, seus empregadores, seus gerentes ou outros programadores.

Você deve saber o que seu código faz. Você deve saber o que funciona. E você deve saber o que está limpo ou não.

Há algum tempo, descobriu-se que alguns programadores da Volkswagen escreveram um código que falsificava propositalmente os resultados dos testes de emissões da Agência de Proteção Ambiental (EPA). Esses programadores escreveram códigos danosos. Foi prejudicial, desonesto. O código que enganou a EPA permitia a venda de carros que emitiam uma quantidade de óxidos nitrosos, poluentes prejudiciais, vinte vezes acima do índice considerado seguro pela agência. Ou seja, esse código possivelmente prejudicou a saúde de todas as pessoas que dirigiam e viviam próximas a esses carros.

O que deveria acontecer com esses programadores? Eles sabiam qual era a finalidade desse código? Eles deveriam saber?

Eu os colocaria no olho na rua e ainda os processaria porque, sabendo ou não, eles *deveriam* suspeitar que algo de errado não estava certo. Esconder-se atrás de requisitos escritos por outras pessoas não serve como desculpa. É você que usa o teclado, é o seu código. Você deve saber o que o código faz!

Situação complicada, não é? Desenvolvemos o código que faz nossas máquinas funcionarem, e essas máquinas costumam provocar danos terríveis. E, já que seremos responsabilizados por qualquer dano que nosso código possa provocar, nossa responsabilidade é saber o que nosso código fará.

O programador deve ser responsabilizado com base em seus níveis de experiência e de competência. À medida que você ganha experiência e reputação, a responsabilidade por suas ações e pelas ações daqueles que estão sob sua responsabilidade aumenta.

De maneira evidente, não podemos atribuir o mesmo nível de responsabilidade dos líderes de equipe aos programadores juniores. Não podemos atribuir o mesmo nível de responsabilidade dos líderes de equipes aos desenvolvedores seniores. No entanto, os seniores devem seguir um padrão altíssimo e ser, em última análise, responsáveis por aqueles a quem orientam. Isso não significa que toda a culpa recairá nos desenvolvedores seniores ou nos gerentes. Cada programador é responsável por saber o que o código faz, conforme seus níveis de maturidade e de discernimento. Cada programador é responsável pelos danos que seu código provoca.

Não Prejudique a Sociedade

Primeiro, não prejudique a sociedade em que vive.

Essa é a regra que os programadores da Volkswagen infringiram. Seu software pode ter beneficiado seu empregador — a Volkswagen —, mas prejudicou a sociedade em geral. E nós, programadores, nunca devemos causar prejuízos à sociedade.

Mas como saber se você está ou não prejudicando a sociedade? Por exemplo, desenvolver um software que controla sistemas de armamentos é prejudicial à sociedade? E quanto ao software de jogos de azar? E quanto aos videogames violentos ou sexistas? E quanto à pornografia?

Se o seu software estiver dentro dos limites da lei, ele ainda pode ser prejudicial à sociedade?

Sinceramente, isso dependerá de seu discernimento. Basta tomar a melhor decisão dentro do possível. Sua consciência terá que ser seu guia.

Outro exemplo de dano à sociedade foi o lançamento fracassado do HealthCare.gov, embora, nesse caso, o dano não tenha sido intencional.

O Affordable Care Act (ACA ou mais conhecido como Obamacare) foi aprovado pelo Congresso dos Estados Unidos e promulgado pelo então presidente em 2010. Dentre suas muitas diretivas figurava a exigência de que um site fosse criado e disponibilizado no dia 1º de outubro de 2013.

Desconsidere a insanidade de especificar, por lei, uma data específica para a entrega de um sistema gigantesco de software aos usuários.
O problema é que, no dia 1º de outubro de 2013, eles realmente disponibilizaram o site. Será que, naquele dia, alguns programadores estavam escondidos debaixo de suas mesas?

Nossa, cara, eles disponibilizaram o site mesmo.

Sim, eu sei, eles não deveriam estar fazendo isso.

Coitada da minha mãe. O que será que ela vai fazer?

Esse é o típico caso em que uma falha técnica colocou em risco uma nova política pública colossal. A lei quase foi revogada por conta dessas falhas. E pouco importa o que você pensa sobre a situação política, isso prejudicou a sociedade.

E quem foi responsável? Cada programador, líder de equipe, gerente e diretor que sabia que o sistema não estava pronto e, mesmo assim, ficaram calados.

Esse dano à sociedade foi perpetrado por todos os desenvolvedores de software que sustentaram uma atitude passivo-agressiva em relação aos seus gestores, todo mundo que disse: "Estou apenas fazendo meu trabalho — isso é problema deles." Todos os desenvolvedores de software que sabiam que algo de errado não estava certo e não fizeram nada para impedir a implementação de um sistema desse têm, sim, sua parcela de culpa.

O negócio é o seguinte: um dos principais motivos pelos quais você foi contratado como programador é que você sabe quando as coisas estão dando errado. Você tem conhecimento para identificar os problemas antes que eles aconteçam. Assim sendo, você tem a responsabilidade de se manifestar antes que algo aterrorizante ocorra.

Não Prejudique Seu Ofício

Você deve SABER como seu código funciona. Você deve SABER que o funcionamento do seu código não prejudicará sua empresa, seus usuários ou outros programadores.

No dia 1º de agosto de 2012, alguns técnicos do Knight Capital Group implementaram um software novo em seus servidores. Infelizmente, eles fizeram a implementação em apenas sete dos oito servidores. Deixaram o oitavo servidor rodando a versão mais antiga do software. Ninguém sabe por que eles cometeram esse erro. Alguém foi negligente.

A Knight Capital administrava um sistema de trading, negociando ações na Bolsa de Valores de Nova York. Parte de sua operação consistia em pegar grandes negociações e dividi-las em muitas negociações-filhas menores, a fim de evitar que outros traders percebessem o tamanho da negociação inicial e ajustassem os preços de acordo.

Oito anos antes, uma versão simples desse algoritmo pai-filho, chamado Power Peg, foi desativada e substituída por uma melhor, chamada Smart Market Access Routing System (SMARS). No entanto, curiosamente, o antigo código do Power Peg não foi removido do sistema. Ele foi simplesmente desabilitado com uma flag. Esta foi usada para reajustar o processo pai-filho. Quando a flag estava habilitada, as negociações-filhas eram efetuadas. Quando um número suficiente de negociações-filhas era efetuado, satisfazendo as negociações maiores, a flag era desabilitada. Eles simplesmente desativaram o código do Power Peg com uma flag.

Infelizmente, a nova atualização de software que alcançou apenas sete dos oito servidores conseguiu um novo propósito para a mesma flag. No oitavo servidor, a atualização habilitou a flag e começou a fazer negociações-filhas em um loop infinito e vertiginoso.

Os programadores sabiam que algo estava errado, mas não sabiam exatamente o quê. Demorou 45 minutos até que tirassem o servidor do ar — 45 minutos com o servidor fazendo péssimas negociações em um loop infinito. O resultado: nos primeiros 45 minutos de trading, a Knight Capital comprou sem querer mais de US$7 bilhões em ações e teve de vendê-las, arcando com um prejuízo de US$460 milhões. E, para piorar, a empresa tinha apenas US$360 milhões em caixa. A Knight Capital estava falida.

Uma empresa faliu em 45 minutos devido a um erro idiota. Quatrocentos e sessenta milhões de dólares. E qual foi esse erro? O erro foi que os programadores NÃO SABIAM o que seu sistema faria.

A essa altura, talvez você esteja preocupado, pois estou exigindo que os programadores conheçam perfeitamente o comportamento de seus códigos. Claro que não tem como conhecer perfeitamente, pois sempre haverá um deficit de conhecimento de algum tipo. A questão não é conhecer perfeitamente. Pelo contrário, a questão é SABER que seu código não prejudicará ninguém.

Os pobres coitados da Knight Capital tinham um deficit de conhecimento demasiadamente prejudicial — e, considerando o que estava em jogo, eles nunca deveriam ter permitido que esse deficit existisse.

Outro exemplo é o caso da Toyota e do sistema de software que fazia com que os carros acelerassem descontroladamente. Aparentemente, 89 pessoas foram mortas e mais ficaram feridas.

Imagine que você está dirigindo em um movimentado centro comercial da cidade. Imagine que, do nada, seu carro começa a acelerar e seus freios param de funcionar. Em segundos, você está em alta velocidade, atravessando semáforos e faixas de pedestres sem ter como frear.

Foi isso que os investigadores descobriram que o software da Toyota poderia fazer — e possivelmente fez. O software estava matando as pessoas.

Os programadores que desenvolveram o software NÃO SABIAM que seu código não mataria — repare na dupla negação. NÃO SABIAM que seu código NÃO MATARIA. Mas eles deveriam saber! Deveriam saber que o código NÃO MATARIA NINGUÉM.

De novo, a questão é o risco e o que está em jogo. Quando os riscos são altos, você deve conhecer seu código o mais perfeitamente possível. Se a vida das pessoas está em jogo, você tem que SABER que seu código não matará ninguém. Se quantidades astronômicas de dinheiro estão em jogo, você tem que SABER que seu código não perderá tudo.

Em contrapartida, se você estiver escrevendo um aplicativo de bate-papo ou um simples site de compras, nem fortunas nem vidas estão em jogo...

...ou estão?

Imagine se alguém que usa seu aplicativo de bate-papo tiver uma emergência médica e digitar "AJUDE-ME. LIGUE PARA A EMERGÊNCIA"? E se seu aplicativo não funcionar direito e não entregar a mensagem? E se seu site vazar informações pessoais para hackers que roubam identidades? E se o código que você escreveu for tão ruim que os clientes do seu empregador passem a procurar o concorrente?

É fácil subestimar o prejuízo ou o dano que pode ser causado pelo software. É reconfortante achar que seu software não pode prejudicar ninguém porque não é assim tão importante, mas esquecemos que desenvolver um software custa caro e, no mínimo, o dinheiro gasto nesse desenvolvimento está em jogo — sem falar tudo que os usuários colocam em jogo ao depender do software.

Ou seja, quase sempre há mais coisas em jogo e em risco do que você pensa.

Não Prejudique a Estrutura

Não prejudique a estrutura do código. Mantenha o código limpo e bem organizado. Pergunte a si mesmo: por que os programadores da Knight Capital NÃO SABIAM que seu código podia ser prejudicial?

A reposta é óbvia. Eles esqueceram que o software Power Peg ainda estava no sistema. Eles esqueceram que a flag reaproveitada o habilitaria. E eles simplesmente presumiram que todos os servidores rodariam o mesmíssimo software.

Eles não sabiam que o próprio sistema se comportaria de forma prejudicial por causa do dano provocado à estrutura pelo dead code. E essa é uma das razões principais pelas quais a estrutura e a limpeza do código são imprescindíveis. Quanto mais confusa for a estrutura, mais difícil será saber o que o código fará. Quanto mais bagunça, mais incerteza.

Veja o caso da Toyota, por exemplo. Por que os programadores não sabiam que seu software poderia matar as pessoas? Talvez o fato de eles terem mais de 10 mil variáveis globais?

Um código todo bagunçado compromete sua capacidade de saber como ele funciona e, consequentemente, prejudica sua capacidade de prevenir danos. Software bagunçado é sinônimo de dano e prejuízo.

Talvez alguns de vocês discordem, alegando que, às vezes, um patch rápido e duvidoso é necessário para corrigir um bug horroroso em produção. Sim, claro. Se é possível corrigir um bug em produção com um patch rápido e duvidoso, você deve fazer isso. Sem dúvidas.

Se uma ideia estúpida funciona, ela não é uma ideia estúpida.

No entanto, não é possível aplicar esse patch duvidoso sem provocar danos. Quanto mais tempo esse patch fica no código, mais danos ele pode causar.

Lembre-se de que a catástrofe da Knight Capital não teria acontecido se o antigo código do Power Peg tivesse sido removido da base de código. Foi esse dead code que fez péssimas negociações.

O que queremos dizer com "não prejudicar a estrutura"? Não restam dúvidas de que ter milhares de variáveis globais é uma falha estrutural, assim como o dead code deixado na base de código. Dano estrutural significa prejuízo à organização e ao conteúdo do código-fonte. Estamos falando de qualquer coisa que dificulte a leitura, o entendimento, as alterações e a reutilização do código-fonte.

Todo desenvolvedor de software profissional tem a responsabilidade de conhecer as disciplinas e os padrões de uma boa estrutura de software.

É necessário saber como refatorar, como escrever testes, como reconhecer códigos ruins, como desacoplar projetos e como criar fronteiras de arquitetura adequadas. É necessário conhecer e empregar os princípios de design de alto e de baixo níveis. E todo desenvolvedor sênior tem a responsabilidade de garantir que os desenvolvedores mais jovens aprendam essas coisas e as utilizem no código que escrevem.

FLEXIBILIDADE

Como mencionado anteriormente, software é uma palavra inglesa composta. A primeira delas é *soft*. O software deve ser SOFT e, em inglês, o significado dessa palavra pode ser traduzido como maleável, fácil, flexível. Aqui, usaremos as palavras flexibilidade e flexível. Ou seja, deve ser fácil fazer mudanças em um software. Se não quiséssemos facilidade de mudanças, não o chamaríamos de software e sim de *hardware*.

É importante lembrar por que o software existe. Nós o inventamos como um modo de facilitar as mudanças de comportamento das máquinas. Se nosso software for difícil de mudar ou de alterar, estaremos contrariando o porquê da existência dele.

Lembre-se de que o software tem dois valores. O valor de seu comportamento e o valor de sua "softness", ou seja, sua flexibilidade. Nossos clientes e nossos usuários esperam que possamos alterar esse comportamento facilmente e sem custos elevados.

Qual desses dois valores é o mais importante? Qual valor devemos priorizar em detrimento do outro? Podemos responder a essa pergunta com um simples exercício mental.

Imagine dois programas. Um funciona perfeitamente, mas é impossível de ser alterado. O outro não faz nada certo, mas é fácil de mudar. Qual deles tem mais valor?

Detesto ser a pessoa que tem que lhe dizer isso, mas, caso você não tenha percebido, os requisitos de software costumam mudar e, quando mudam, o primeiro software se tornará inútil — para sempre. Por outro lado, o segundo software pode até funcionar, pois é fácil de mudar. A princípio, pode-se levar um tempo e gastar um pouco mais para que ele funcione, mas, depois disso, ele sempre rodará com o mínimo de esforço.

Ou seja, você deve priorizar o segundo valor em todas as situações, exceto nas mais urgentes. O que quero dizer com *urgente*? Um desastre em produção que está fazendo com que a empresa perca US$10 milhões por minuto. Isso é urgente.

Que fique claro que não estou me referindo a uma startup de software. Uma startup não tem uma situação urgente que exija a criação de um software inflexível. Na verdade, é ao contrário. A única certeza de uma startup é que você está criando o produto errado.

Nenhum produto sobrevive ao contato com o usuário. No momento em que começar a disponibilizar o produto aos usuários, descobrirá que o produto que desenvolveu apresenta uma infinidade de divergências. E, se não conseguir mudar o produto sem fazer lambança, você está perdido.

Esse é um dos maiores problemas com uma startup de software. Os empreendedores de startups acreditam que estão em uma situação urgente, exigindo que todos descartem as regras e corram para a linha de chegada, deixando uma tremenda lambança para trás. Na maioria das vezes, essa lambança começa a gerar atrasos antes mesmo da primeira implementação. Esses empreendedores serão mais rápidos, melhores e sobreviverão por mais tempo se não prejudicarem a estrutura do software.

Quando se trata de software, nunca vale a pena ter pressa.

— Brian Marick

Testes

Os testes vêm primeiro. Primeiro, você escreve os testes e os limpa. Você saberá que cada linha de código funciona porque terá escrito testes comprovando que elas funcionam.

Se você não escrever testes que comprovem que as linhas de código funcionam, como evitará que o comportamento de seu código seja prejudicial?

Se você não tiver testes que permitam a limpeza do seu código, como evitará que sua estrutura seja prejudicada?

E como assegurar que sua suíte de testes está completa se você não segue as três regras do Desenvolvimento Orientado a Testes (TDD)?

O TDD é realmente uma condição prévia para o profissionalismo? Estaria eu sugerindo que você não pode ser um desenvolvedor de software profissional a menos que pratique TDD?

Sim, acho que estou sugerindo isso sim. Ou melhor, isso está se tornando uma realidade. Com o passar do tempo, isso tem se tornado realidade para alguns de nós. Acho que chegará o momento, e em breve, em que a maioria dos programadores concordará que praticar o TDD faz parte do conjunto mínimo de disciplinas e de comportamentos que qualificam um desenvolvedor profissional.

Por que acredito nisso?

Porque, como eu disse antes, nós comandamos o mundo! Nós escrevemos as regras que fazem as engrenagens do mundo funcionarem.

Em nossa sociedade, nada é comprado ou vendido sem um programa. Quase todas as comunicações são feitas por meio de um software. Quase todos os documentos são elaborados em um programa. As leis não são aprovadas ou promulgadas sem um software. Basicamente, não existe uma atividade do nosso cotidiano que não envolva um software. Sem softwares ou programas, nossa sociedade não funciona. O software se tornou o elemento constituinte mais importante da infraestrutura de nossa civilização.

A sociedade ainda não entende isso. Nós, programadores, também não entendemos isso, mas estamos começando a nos dar conta de que o software que escrevemos é de extrema importância. Estamos começando a perceber que muitas vidas e fortunas dependem de nosso trabalho.

Estamos começando a nos dar conta de que o software está sendo escrito por pessoas que não praticam um nível mínimo de disciplina.

Então, sim, eu acho que o TDD, ou alguma disciplina semelhante, acabará sendo considerado um padrão mínimo de comportamento para desenvolvedores profissionais de software. Acho que nossos clientes e nossos usuários insistirão nisso.

Meu Melhor Trabalho

> *Promessa 2: o código que escreverei será sempre o meu melhor trabalho. Nunca entregarei, em sã consciência, código com defeitos, sejam eles de comportamento ou estruturais.*

Kent Beck disse uma vez: "Primeiro faça funcionar. Faça o código funcionar adequadamente."

Fazer o programa funcionar é somente a primeira etapa, e a mais fácil. A segunda etapa, e também a mais difícil, é limpar o código.

Infelizmente, muitos programadores acham que finalizam as coisas assim que colocam um programa para rodar. Assim que o programa roda, eles passam para o próximo programa, depois para o próximo.

Dessa forma, eles deixam para trás um rastro de lambança e de código ilegível que atrasa o ritmo de toda a equipe de desenvolvimento. Eles fazem isso porque acham que só agregarão valor se forem rápidos. Eles sabem que ganham bem e, por isso, acham que devem entregar um monte de funcionalidades em um curto espaço de tempo.

Só que desenvolver um software é difícil e leva muito tempo, então eles acham que estão caminhando a passos de tartaruga. Os programadores acham que estão fazendo tudo errado, sentem-se pressionados e tentam desenvolver o mais rápido possível. Isso faz com que eles apressem as coisas. Eles se apressam para fazer o programa funcionar e rapidamente falam que terminaram, porque, na cabeça deles, já demoraram muito. A impaciência do gerente de projeto também não ajuda em nada, mas esse não é o verdadeiro motivador.

Ministro muitas aulas. Nessas aulas, forneço aos programadores pequenos projetos para eles programarem. Meu objetivo é lhes proporcionar uma experiência de programação na qual possam testar novas técnicas e disciplinas. Pouco me importa se eles terminam o projeto ou não. Na verdade, o código que eles desenvolverem será descartado.

E, ainda assim, vejo pessoas se apressando. Alguns ficam depois do final da aula, insistindo para fazer algo totalmente sem sentido funcionar.

Ou seja, embora a pressão do chefe não ajude, a maior pressão vem de nós mesmos. Associamos a rapidez do nosso desenvolvimento à nossa autoestima.

Fazendo o Certo

Como vimos anteriormente neste capítulo, existem dois valores para o software. Existe o valor de seu comportamento e o valor de sua estrutura. Afirmei também que o valor da estrutura é mais importante do que o valor do comportamento. Isso ocorre porque, para ter qualquer valor de longo prazo, os sistemas de software devem ser capazes de responder às mudanças dos requisitos.

Um software difícil de se alterar também é um software que não acompanha as atualizações dos requisitos. Softwares com uma estrutura que deixa a desejar podem ficar rapidamente desatualizados.

A fim de satisfazer os requisitos, a estrutura do software deve ser limpa o suficiente para possibilitar, e até mesmo incentivar, mudanças. Um software fácil de se alterar acompanha as mudanças e as atualizações dos requisitos, possibilitando que ele agregue valor com o mínimo de esforço. Agora, se você tem um sistema de software difícil de alterar, terá um trabalho danado para mantê-lo funcionando quando os requisitos mudarem.

Quando é mais provável que os requisitos mudem? No início do projeto, os requisitos são mais imprevisíveis, pois é quando os usuários têm o contato com as primeiras funcionalidades. Isso acontece porque eles estão vendo pela primeira vez o que o sistema faz e não o que eles imaginavam que o sistema faria.

Desse modo, é necessário limpar a estrutura do sistema desde o começo para que o desenvolvimento inicial avance rapidamente. Se você fizer lambança no começo, até mesmo a primeira entrega atrasará.

Uma boa estrutura viabiliza um bom comportamento. Já uma estrutura prejudicial, não. Quanto melhor for a estrutura, melhor será o comportamento. Quanto pior a estrutura, pior é o comportamento. O valor do comportamento depende criticamente da estrutura. Logo, o valor da estrutura é o mais crítico dos dois valores, o que significa que os desenvolvedores profissionais devem priorizar mais a estrutura do código do que o comportamento.

Sim, primeiro você faz o código funcionar, mas depois se certifica de estar fazendo a coisa certa. Você mantém a estrutura do sistema o mais limpa possível durante todo o período de vigência do projeto. Do início ao fim, ela deve estar limpa.

O Que É uma Boa Estrutura?

Uma boa estrutura facilita os testes, as alterações e as reutilizações. As mudanças efetuadas em uma parte do código não quebram as outras partes. As mudanças em um módulo não forçam recompilações e reimplementações imensas. As políticas de alto nível ficam separadas e independentes dos detalhes de baixo nível.

Já uma estrutura precária torna o sistema inflexível, frágil e imóvel. Assim, temos os tradicionais *design smells*.

A inflexibilidade ocorre quando mudanças relativamente pequenas fazem com que grandes partes do sistema sejam recompiladas, reconstruídas e reimplementadas. Um sistema é inflexível quando o esforço para integrar uma mudança é bem maior do que a própria mudança.

Já a fragilidade ocorre quando pequenas alterações no comportamento de um sistema forçam muitas alterações correspondentes em um grande número de módulos. Isso acaba gerando um risco alto de que uma pequena mudança no comportamento quebre algum outro comportamento no sistema. Quando isso acontecer, seus gerentes e seus clientes passarão a acreditar que você perdeu o controle do software e não sabe o que está fazendo.

Imobilidade é quando um módulo em um sistema existente tem um comportamento que você quer usar em um sistema novo, mas esse comportamento está tão enroscado no sistema que você não pode extraí-lo para usar no sistema novo.

Todos esses são problemas de estrutura, não de comportamento. O sistema pode passar em todos os testes e satisfazer todos os seus requisitos funcionais, mas pode não servir praticamente para nada, pois é muito difícil mexer nele.

Existe certa ironia no fato de que tantos sistemas com comportamentos corretamente implementados e valiosos acabam com uma estrutura tão precária, que contradiz esse valor e inutiliza o sistema.

E *inutilizar* nem é uma palavra muito forte. Você já participou de algum *Grand Redesign in the Sky* [O Grande Replanejamento, no livro Código Limpo]? É quando os desenvolvedores informam à gerência que a única maneira de avançar é refazer o design de todo o sistema a partir do zero; esses desenvolvedores avaliaram a situação do sistema atual e o acharam inútil.

Uma vez que os gerentes concordam em permitir que os desenvolvedores refaçam o design do sistema, significa simplesmente que concordaram com a avaliação dos desenvolvedores de que o sistema atual não serve para nada.

O que causa esse design smell que resulta na inutilização de sistemas? Dependências de código-fonte! Como corrigimos essas dependências? Gerenciamento de dependências!

Como gerenciamos dependências? Usamos os princípios SOLID[1] de Design Orientado a Objetos para que as estruturas de nossos sistemas fiquem imunes a esses design smells que as inutilizam.

Como o valor da estrutura é maior do que o valor do comportamento e depende de um bom gerenciamento de dependências, e como o bom gerenciamento de dependências se origina dos princípios SOLID, o valor geral do sistema depende da aplicação adequada dos princípios SOLID.

---

1   Esses princípios são descritos por Uncle Bob nos livros *Código Limpo* (Alta Books), e *Agile Software Development: Principles, Patterns, and Practices* (Pearson, 2003).

É uma afirmação e tanto, não é? Talvez seja um pouco difícil de acreditar. O valor do sistema depende dos princípios de design. Já vimos a lógica disso e muitos de vocês já tiveram a experiência necessária para acreditar. Portanto, essa conclusão merece a devida consideração.

Matriz de Eisenhower

O presidente Dwight D. Eisenhower disse uma vez: "Tenho dois tipos de problemas, os urgentes e os importantes. Os urgentes não são importantes e os importantes nunca são urgentes."

Há muita verdade nessa afirmação — uma verdade profunda sobre engenharia. Podemos até chamar isso de lema do engenheiro:

Quanto maior a urgência, menor a relevância.

A Figura 12.1 apresenta a Matriz de Decisão de Eisenhower: urgência no eixo vertical, importância no eixo horizontal. As quatro possibilidades são: urgentes e importantes; urgentes e não importantes; importantes, mas não urgentes; e nem importantes nem urgentes.

IMPORTANTES URGENTES	IMPORTANTES NÃO URGENTES
NÃO IMPORTANTES URGENTES	NÃO IMPORTANTES NÃO URGENTES

Figura 12.1 Matriz de Decisão de Eisenhower

Agora vamos organizá-la em ordem de prioridade. Na parte superior, estão os dois casos óbvios, importantes e urgentes e, na parte inferior, estão os casos não importantes e não urgentes.

A questão é: como você classifica os dois no meio — urgente, mas não importante, e importante, mas não urgente? Qual você deve abordar primeiro? Logicamente, as coisas que são importantes devem ser priorizadas. Além do mais, eu argumentaria que, se algo não é importante, não deveria ser feito de modo algum. Fazer coisas que não são importantes é um desperdício.

Se eliminarmos todas as coisas não importantes, sobram duas. Primeiro, fazemos as coisas importantes e urgentes. Em seguida, fazemos as coisas importantes, mas não urgentes.

Urgência tem a ver com cronograma. A importância não. Coisas importantes são de longo prazo. Coisas urgentes são de curto prazo. A estrutura é de longo prazo. Ou seja, é importante. O comportamento é de curto prazo. Logo, é apenas urgente. Portanto, a estrutura, que é importante, vem primeiro. O comportamento vem depois.

Talvez seu chefe não concorde com essa prioridade, mas ele não concorda porque não tem que se preocupar com estrutura. Você sim. Seu chefe simplesmente espera que você mantenha a estrutura limpa enquanto implementa os comportamentos urgentes.

No início deste capítulo, citei Kent Beck: "Primeiro faça funcionar, depois corrija." Agora estou afirmando que a estrutura é uma prioridade mais alta do que o comportamento. É tipo: quem veio primeiro? O ovo ou a galinha?

O motivo pelo qual fazemos funcionar primeiro é que a estrutura deve suportar o comportamento; consequentemente, implementamos o comportamento primeiro e, em seguida, a estrutura correta. No entanto, a estrutura é mais importante do que o comportamento. Damos a ela uma prioridade mais alta. Lidamos com questões estruturais antes de lidar com questões de comportamento.

Podemos dividir o problema em unidades minúsculas. Começaremos com as histórias de usuários. Você faz uma história funcionar e, em seguida, acerta a estrutura. Você não trabalha na próxima história *até* que a estrutura esteja certinha. A estrutura da história atual é uma prioridade mais alta do que o comportamento da próxima história. Só que as histórias são enormes. Precisamos de algo menor. Não. Histórias, não — testes. Os testes têm o tamanho perfeito.

Primeiro, faça um teste passar. Depois, corrija a estrutura do código que passa nesse teste antes de fazer o próximo teste passar. Toda a nossa análise tem sido o fundamento *moral* para o ciclo *Vermelho*→ Verde → → *Refatorar* do TDD.

É esse ciclo que nos ajuda a prevenir danos ao comportamento e prejuízos à estrutura. É esse ciclo que nos possibilita priorizar a estrutura em vez do comportamento. Por isso, consideramos o TDD uma técnica de *design* e não uma técnica de teste.

Programadores e Desenvolvedores São Stakeholders

Lembre-se disso. Nós temos participação no sucesso de um software. Nós, programadores e desenvolvedores, também somos stakeholders [partes interessadas]. Já pensou dessa forma? Você já se viu como um dos stakeholders do projeto?

Então se veja, porque você é. O sucesso do projeto impacta diretamente em sua carreira e sua reputação. Então, sim, você é um stakeholder. E, como stakeholder, você tem voz para dizer como o sistema é desenvolvido e estruturado. Então, sim, é o seu que está na reta também.

No entanto, você é mais do que apenas um stakeholder. Você é um engenheiro. Você foi contratado porque *sabe* como desenvolver sistemas de software e como estruturá-los para que durem. E, com esse conhecimento, vem a responsabilidade de criar o melhor produto possível. Você não apenas tem o direito como stakeholder, mas também o dever de engenheiro de assegurar que os sistemas que desenvolve não causem danos, seja por comportamento ou por estrutura medíocres.

Muitos programadores não querem esse tipo de responsabilidade. Eles preferem somente ouvir o que fazer. E isso, além de ser uma palhaçada, é uma vergonha. É totalmente antiprofissional. Os programadores que pensam desse jeito deveriam receber o mínimo e olhe lá, porque esse é o valor do trabalho deles.

Se você não assumir a responsabilidade pela estrutura do sistema, quem mais assumirá? Seu chefe?

Seu chefe entende dos princípios SOLID? E de Padrões de Projeto?

Ele conhece Design Orientado a Objetos e o Princípio de Inversão de Dependência? Seu chefe conhece a disciplina TDD? Sabe o que é self-shunt ou uma subclasse de teste específica? E um objeto humble? Por acaso, seu chefe consegue entender que as coisas que mudam juntas devem ser agrupadas e que as coisas que mudam por razões diferentes devem ser separadas?

Seu chefe entende de estrutura? Ou a compreensão dele se limita ao comportamento? A estrutura é importante. Se você não se preocupar com ela, quem se preocupará?

Mas e se seu chefe lhe disser para ignorar a estrutura e focar exclusivamente o comportamento? Você se nega. Você é um stakeholder, e também tem direitos. Você também é um engenheiro com responsabilidades que seu chefe não pode passar por cima.

Você pode achar que negar o fará ser despedido. Provavelmente não. A maioria dos gerentes costuma brigar pelas coisas de que precisam e nas quais acreditam, e respeitam aqueles que estão dispostos a fazer o mesmo. Sim, haverá brigas, até mesmo confronto, e não será nada agradável. Mas você é um stakeholder e um engenheiro. Você não pode simplesmente recuar e ceder. Isso não é profissional.

A maioria dos programadores não gosta de confronto, só que lidar com gerentes agressivos e que nos confrontam é uma habilidade que precisamos aprender. Temos que aprender a brigar pelo que sabemos ser o certo, pois assumir a responsabilidade pelas coisas importantes, e lutar por elas, é o comportamento de um profissional.

Seu Melhor

Essa promessa do Juramento do Programador é sobre fazer o seu melhor.

Sem dúvidas, é uma promessa perfeitamente sensata para um programador. Claro que você fará o seu melhor e, logicamente, não entregará, em são consciência, códigos que sejam prejudiciais. E, é claro, essa promessa nem sempre é simples. Há momentos em que a estrutura deve se curvar ao cronograma. Por exemplo, se para fazer uma feira de negócios você tem que recorrer a uma solução rápida e horrorosa, então que seja.

Essa promessa não o impede de entregar aos clientes códigos cuja estrutura não seja perfeita. Caso a estrutura já esteja fechada, mas não totalmente certa, e os clientes estiverem esperando o lançamento amanhã, que assim seja.

Em contrapartida, a promessa *significa* que você tratará dessas questões de comportamento e de estrutura antes de acrescentar mais comportamento. Você não ficará empilhando mais e mais comportamento em cima de uma estrutura ruim e já conhecida. Você não permitirá que esses defeitos se *acumulem*.

E se o seu chefe lhe disser para fazer assim mesmo? Vejamos como deve ser essa conversa.

> **Chefe:** *Quero essa funcionalidade nova esta noite.*
>
> **Programador:** *Sinto muito, mas não posso fazer isso. Preciso fazer uma limpeza estrutural antes de adicionar essa nova funcionalidade.*
>
> **Chefe:** *Limpe amanhã. Adicione essa funcionalidade hoje à noite.*
>
> **Programador:** *Fiz isso com a última funcionalidade e agora tenho uma lambança ainda maior para limpar. Tenho mesmo que terminar essa limpeza antes de começar qualquer coisa nova.*
>
> **Chefe:** *Acho que você não entendeu. Isso é trabalho. Ou temos um trabalho ou não temos um trabalho. E, se não conseguirmos criar funcionalidades, não temos trabalho. Agora, vá e faça a funcionalidade.*

Programador: Eu entendi sim. Juro que entendi. E eu concordo, temos que desenvolver funcionalidades. Mas, se eu não limpar os problemas estruturais que se acumularam nos últimos dias, vamos perder o ritmo e criar ainda menos funcionalidades.

Chefe: Sabe, eu costumava gostar de você. Eu costumava dizer que o Danny é um cara legal. Mas acho que estava enganado. Você não está sendo nada legal. Talvez você não devesse trabalhar comigo. Talvez eu deva demiti-lo.

Programador: É seu direito me demitir. Mas tenho certeza de que você quer que as funcionalidades sejam feitas rapidamente e do jeito certo.
E, outra, se eu não fizer essa limpeza hoje à noite, vamos começar a nos atrasar. E vamos entregar cada vez menos funcionalidades. Olha só, eu quero terminar as coisas rápido também, assim como você. Você me contratou porque sei fazer isso. Deixe-me fazer meu trabalho. Deixe-me fazer o que sei que é o melhor.

Chefe: Você acha mesmo que vamos nos atrasar e perder o ritmo se você não fizer essa limpeza esta noite?

Programador: Acho, sim. Sei que vamos. Já vi isso acontecer antes e você também.

Chefe: Mas tem que ser hoje à noite?

Programador: Não acho muito seguro deixar a lambança piorar.

Chefe: Você pode me entregar a funcionalidade amanhã?

Programador: Sim, e será mais fácil desenvolvê-la quando a estrutura estiver limpa.

Chefe: OK. Amanhã e nem um dia depois. Vamos lá.

Programador: OK. Já vou cuidar disso.

Chefe falando para outra pessoa: Gosto desse cara. Ele é corajoso. Tem iniciativa. Não recuou nem mesmo quando ameacei demiti-lo. Ele vai longe, acredite em mim — mas não fale para ele que eu disse isso.

Prova Reproduzível

Promessa 3: produzirei, a cada entrega, uma prova rápida, clara e reproduzível de que cada elemento do código funciona como deveria.

Isso parece lógico para você? Há lógica em esperar que você demonstre que seu código realmente funciona? Permita-me lhe apresentar Edsger Wybe Dijkstra.

Dijkstra

Edsger Wybe Dijkstra nasceu na cidade de Roterdã, em 1930. Ele sobreviveu ao bombardeio de Roterdã e à ocupação alemã nos Países Baixos e, em 1948, concluiu o ensino médio com as melhores notas possíveis em matemática, física, química e biologia. Em março de 1952, aos 21 anos, e somente 9 meses antes de eu nascer, ele começou a trabalhar no Centro de Matemática de Amsterdã como o primeiro programador dos Países Baixos.

Em 1957, ele se casou com Maria Debets. Na época, nos Países Baixos, você tinha que declarar sua profissão como parte dos ritos matrimoniais. As autoridades não estavam dispostas a aceitar "programador" como uma profissão, pois nunca tinham ouvido falar de tal profissão. Dijkstra se contentou com "físico teórico".

Em 1955, programador já há três anos, e ainda estudante, ele concluiu que o desafio intelectual da programação era maior do que o desafio intelectual da física teórica e, como resultado, escolheu trilhar a carreira de programação.

Ao tomar essa decisão, ele conversou com seu chefe, Adriaan van Wijngaarden. Dijkstra estava apreensivo, pois ninguém havia identificado ou estabelecido uma disciplina ou uma ciência da programação. Assim, ele achava que não seria levado a sério. Seu chefe lhe disse que ele bem que poderia ser uma das pessoas que faria da programação uma ciência.

Em busca desse objetivo, Dijkstra foi hipnotizado pela ideia de que o software era um sistema formal, uma espécie de matemática.

Ele concluiu que o software poderia se tornar uma estrutura matemática semelhante aos *Elementos de Euclides* — um sistema de postulados, provas, teoremas e lemas. Desse modo, ele começou a criar a linguagem e a disciplina das provas de software.

Provando a Precisão

Dijkstra percebeu que havia somente três técnicas que poderíamos usar para provar a precisão de um algoritmo: enumeração, indução e abstração. Emprega-se a enumeração para comprovar que duas instruções em sequência ou duas instruções selecionadas por uma expressão booleana estão corretas. Usa-se a indução para comprovar a precisão de um loop. Utiliza-se a abstração para dividir grupos de instruções em pedaços menores comprováveis. Parece difícil, e é.

Vejamos como é difícil. Incluí um programa Java simples para calcular o restante de um inteiro (Figura 12.2) e a prova manuscrita desse algoritmo (Figura 12.3).[2]

```java
public static int remainder(int numerator, int denominator) (
  assert(numerator > 0 && denominator > 0);
  int r = numerator;
  int dd = denominator;
  while(dd<=r)
    dd *= 2;
  while(dd != denominator) {
    dd /= 2;
    if(dd <= r)
      r -= dd;
  }
  return r;
}
```

Figura 12.2 Um simples programa Java

---

2 Tradução para Java de uma demonstração do trabalho de Dijkstra.

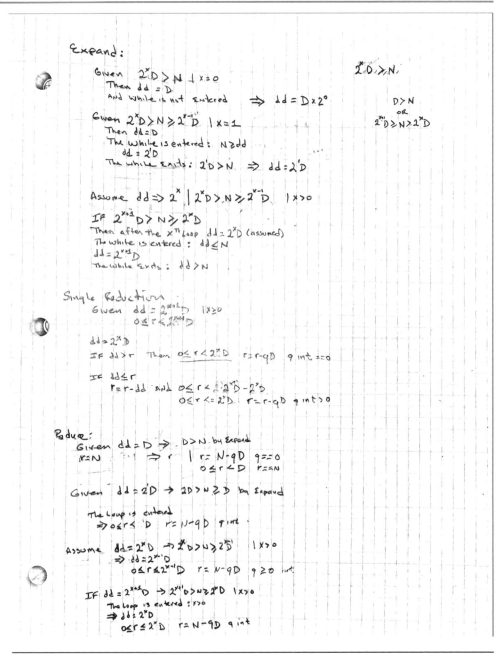

Figura 12.3 Prova manuscrita do algoritmo

Acho que você consegue enxergar o problema dessa abordagem. Na verdade, Dijkstra se queixou amargamente sobre ela:

> *Claro que eu não ousaria sugerir (pelo menos, não agora!) que é dever do programador fornecer tal prova sempre que ele escreve um loop simples em seu programa. Nesse caso, ele nunca poderia escrever um programa de qualquer tamanho.*

A esperança de Dijkstra era que tais provas se tornassem mais práticas por meio da criação de uma biblioteca de teoremas, mais uma vez, semelhante aos *Elementos de Euclides*.

No entanto, Dijkstra não entendia como o software se tornaria predominante e abrangente. Ele não previu, naquela época, que o mundo teria mais computadores do que pessoas, e que o software estaria em nossas casas, em nossos bolsos e em nossos pulsos. Caso tivesse previsto, ele teria percebido que a biblioteca de teoremas que imaginou seria grande demais para ser entendida por um mero humano.

Assim, o sonho de Dijkstra de provas matemáticas explícitas para programas quase foi esquecido. Ainda existem alguns defensores ferrenhos que têm esperanças da retomada de provas formais, mas a perspectiva deles não foi muito adotada na indústria de software como um todo. Embora o sonho tenha desvanecido, sua chama ainda arde. Ainda usamos algo dele hoje que nem percebemos.

Programação Estruturada

No começo da programação, nas décadas de 1950 e 1960, usávamos linguagens como o Fortran. Você já viu o Fortran? Deixe-me mostrar:

```
        WRITE(4,99)
99      FORMAT(" NUMERATOR:")
        READ(4,100)NN
        WRITE(4,98)
98      FORMAT(" DENOMINATOR:")
        READ(4,100)ND
```

```
100     FORMAT(I6)
        NR=NN
        NDD=ND
1       IF(NDD-NR)2,2,3
2       NDD=NDD*2
        GOTO 1

3       IF(NDD-ND)4,10,4
4       NDD=NDD/2
        IF(NDD-NR)5,5,6
5       NR=NR-NDD
6       GOTO 3

10      WRITE(4,20)NR
20      FORMAT(" REMAINDER:",I6)
        END
```

Esse pequeno programa Fortran implementa o mesmo algoritmo do programa Java anterior.

Agora, gostaria de chamar sua atenção para essas instruções GOTO. Você não vê essas instruções com muita frequência. Você não vê muitas instruções dessa, pois, hoje em dia, as enxergamos com desdém. Na verdade, a maioria das linguagens modernas nem tem mais instruções GOTO.

Por que desdenhamos das instruções GOTO? Por que nossas linguagens não as usam mais? Porque, em 1968, Dijkstra escreveu uma carta ao editor da *Communications of the ACM*, intitulada "Go To Statement Considered Harmful".[3]

Por que Dijkstra considerou a instrução GOTO prejudicial? Tudo se resume às três estratégias a fim de comprovar a precisão de uma função: enumeração, indução e abstração.

---

3   Edsger W. Dijkstra, "Go To Statement Considered Harmful", *Communications of the ACM* 11, nº 3 (1968), 147–148.

A enumeração depende do fato de que cada instrução em sequência pode ser analisada independentemente e de que o resultado de uma instrução alimenta a próxima. Deve ficar claro para você que, a fim de que a enumeração seja uma técnica eficaz que comprove a precisão de uma função, cada instrução enumerada deve ter um único ponto de entrada e um único ponto de saída. Caso contrário, não poderíamos ter certeza das entradas ou das saídas de uma instrução.

Além do mais, a indução é simplesmente uma forma especial de enumeração, na qual assumimos que a instrução enumerada é verdadeira para x e, depois, provamos por enumeração que é verdadeira para $x + 1$.

Ou seja, o corpo de um loop deve ser enumerável. Deve ter uma única entrada e uma única saída. A instrução GOTO é considerada prejudicial porque ela pode entrar ou sair do meio de uma sequência enumerada. As instruções GOTO deixam a enumeração intratável, impossibilitando provar a precisão de um algoritmo por enumeração ou por indução. Dijkstra recomendou que, a fim de se conseguir submeter o código a uma prova, ele seja desenvolvido a partir de três blocos de construção padrão:

- **Sequência,** que descrevemos como duas ou mais instruções ordenadas no tempo. Representa simplesmente linhas de código não ramificadas.
- **Seleção,** representada como duas ou mais instruções selecionadas por um predicado. Representa simplesmente as instruções if/else e switch/case.
- **Iteração,** descrita como uma instrução repetida controlada por um predicado. Representa um loop while ou for.

Dijkstra demonstrou que qualquer programa, por mais complicado que seja, pode ser composto por somente essas três estruturas e que programas estruturados dessa maneira são comprováveis. Ele chamou a técnica de *Programação Estruturada.*

Por que isso é importante se não vamos escrever essas provas? Se algo pode ser comprovado, significa que você pode raciocinar sobre isso. Agora, se algo não pode ser comprovável, significa que você não pode raciocinar a respeito. E, se você não consegue raciocinar, não pode testar adequadamente as coisas.

Decomposição Funcional

Em 1968, as ideias de Dijkstra não se tornaram populares de imediato. A maioria de nós estava usando linguagens que dependiam da instrução GOTO. Logo, a ideia de abrir mão do GOTO ou lhe impor disciplina era abominável.

As polêmicas sobre as ideias de Dijkstra duraram anos. Não tínhamos internet naquela época, então não usávamos memes do Facebook ou flames. No entanto, enviávamos cartas aos editores das principais revistas de software. E essas cartas se alastraram. Alguns afirmavam que Dijkstra era um deus, outros alegavam que era um idiota. Como a mídia social hoje, só que em um ritmo mais lento.

Com o tempo, as polêmicas ficaram menos inflamadas e a opinião de Dijkstra ganhou cada vez mais defensores até chegar ao ponto em que a maioria das linguagens que usamos hoje em dia simplesmente não tem uma instrução GOTO. Atualmente, todos lidamos com programação estruturada, pois nossas linguagens não nos dão escolha. Todos desenvolvemos programas a partir de sequências, seleções e iterações. Pouquíssimos de nós fazem uso regular e irrestrito de instruções GOTO.

Um efeito colateral imprevisto de desenvolver programas a partir dessas três estruturas foi uma técnica chamada *Decomposição Funcional*. A decomposição funcional é o processo pelo qual você começa no nível superior do seu programa e o divide recursivamente em unidades cada vez menores e comprováveis. Esse é o processo de raciocínio que fundamenta a programação estruturada. Na programação estruturada, os programadores raciocinam de cima para baixo por meio dessa decomposição recursiva e deixam as funções cada vez menores e comprováveis.

Tal vínculo entre programação estruturada e decomposição funcional foi a base para a revolução estruturada que ocorreu nas décadas de 1970 e 1980. Pessoas como Ed Yourdon, Larry Constantine, Tom DeMarco e Meilir Page-Jones popularizaram as técnicas de análise estruturada e de design estruturado durante essas décadas.

Desenvolvimento Orientado a Testes

O ciclo TDD, *Vermelho* → Verde → *Refatorar*, é uma decomposição funcional. Afinal, você precisa escrever testes para pequenas partes do problema. Ou seja, é necessário decompor funcionalmente o problema em elementos testáveis. O resultado é que todo sistema desenvolvido com TDD é criado a partir de elementos decompostos funcionalmente, como na programação estruturada. E isso significa que o sistema que eles compõem é comprovável.

E os testes são a prova. Ou melhor, os testes são a *teoria*.

Os testes criados pelo TDD não são uma prova matemática formal, como Dijkstra queria. Na verdade, Dijkstra é famoso por dizer que os testes só podem comprovar que um programa está errado; eles nunca podem comprovar que um programa está certo.

Na minha opinião, foi aí que Dijkstra se perdeu. Dijkstra pensava no software como uma espécie de matemática. Ele queria que construíssemos uma superestrutura de postulados, teoremas, corolários e lemas. Mas, ao contrário, agora percebemos que o software é uma espécie de *ciência*. Validamos essa ciência com experimentos. Construímos uma superestrutura de teorias com base na aprovação em testes, assim como fazem todas as outras ciências.

Conseguimos provar a teoria da evolução, ou a teoria da relatividade, ou a teoria do Big Bang, ou qualquer uma das principais teorias da ciência? Não. Matematicamente, não podemos comprová-las. Mas acreditamos nelas, dentro de certos limites. Na verdade, sempre que você entra em um carro ou em um avião, está apostando sua vida que as leis do movimento de Newton funcionam. Sempre que você usa um sistema GPS, está apostando que a teoria da relatividade de Einstein funciona.

O fato de não termos comprovado matematicamente essas teorias não significa que não temos provas suficientes para confiar nelas com nossas vidas. Esse é o tipo de prova que o TDD nos dá. Não é uma prova matemática formal e sim uma prova empírica experimental. O tipo de prova de que dependemos todos os dias. Isso nos leva à terceira promessa do Juramento do Programador:

> *Produzirei, a cada entrega, uma prova (demonstração) rápida, clara e reproduzível de que cada elemento do código funciona como deveria.*

Rápida, clara e reproduzível. *Rápida* significa que a suíte de testes deve ser executada em um espaço de tempo curto. Minutos em vez de horas.

Clara significa que, quando a suíte de testes passar, você saberá que pode entregar.

Reproduzível significa que esses testes podem ser executados por qualquer pessoa e em qualquer momento para garantir que o sistema está funcionando corretamente. Na verdade, queremos que os testes sejam executados muitas vezes por dia.

Talvez alguns achem que esse nível de prova já é pedir demais aos programadores. Alguns podem achar que os programadores nem devem considerar padrões tão altos. Eu, por outro lado, não consigo imaginar nenhum outro padrão que faça sentido. Quando um cliente nos paga para desenvolver um software, não é uma questão de honra provar, com o melhor de nossa capacidade, que o software que criamos faz o que ele nos pediu?

Claro que é. Nós devemos essa promessa aos nossos clientes, empregadores e colegas de equipe. Devemos isso aos nossos analistas de negócios, testadores e gerentes de projeto. Mas, principalmente, devemos essa promessa a nós mesmos, pois como podemos nos considerar profissionais se não conseguirmos comprovar que o trabalho que fizemos é aquele para o qual fomos pagos?

Ao prestar esse juramento, você não deve fornecer a prova matemática formal sonhada por Dijkstra. Em vez disso, forneça a suíte científica de testes, que cobre todo o comportamento necessário, executada em segundos ou minutos e gerando o mesmo resultado aprovado/reprovado sempre que rodada.

INTEGRIDADE 13

No Juramento do Programador, temos diversas promessas relacionadas à integridade.

Ciclos Curtos

Promessa 4: farei entregas pequenas e frequentes para não prejudicar o progresso dos outros.

Fazer entregas pequenas significa alterar uma pequena quantidade de código para cada versão. O sistema pode ser enorme, porém as mudanças incrementais nesse sistema são pequenas.

A História Sobre o Controle do Código-fonte

Vamos retornar à década de 1960. Qual é o seu sistema de controle de código-fonte quando seu código-fonte é armazenado em cartões perfurados?

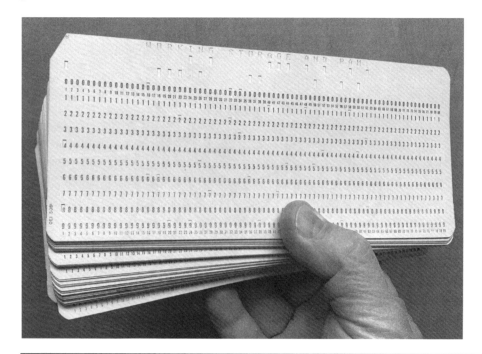

Figura 13.1 Cartões perfurados

O código-fonte não era armazenado em disco nem "no computador". O código-fonte ficava, literalmente, em suas mãos. E qual era o sistema de controle do código-fonte? A gaveta da sua mesa. Você era o único que tinha a *posse* física do código-fonte, não havia necessidade de "controlá-lo". Ninguém mais podia nem sequer encostar nele.

As coisas eram assim durante grande parte das décadas de 1950 e 1960. Ninguém nem sequer sonhava com um sistema de controle de código-fonte. Você simplesmente controlava o código-fonte armazenando-o em uma gaveta ou armário.

Se alguém quisesse fazer o "check-out" do código-fonte, bastava ir na gaveta e pegá-lo. Quando terminasse, você o colocava de volta na gaveta. Obviamente, não tínhamos problemas de merge. Era fisicamente impossível que dois programadores alterassem os mesmos módulos ao mesmo tempo.

No entanto, na década de 1970, as coisas começaram a mudar. A ideia de armazenar seu código-fonte em fita magnética ou mesmo em disco começou a se tornar interessante. Escrevíamos programas de edição de linha que nos possibilitavam adicionar, substituir e excluir linhas em arquivos de origem na fita. Não eram os editores que conhecemos hoje. *Nós perfurávamos* nossas diretivas adicionar, alterar e excluir nos cartões. O editor lia a fita de origem e aplicava as alterações de edição, gravando-as na nova fita de origem.

Talvez você ache isso péssimo, e, pensando bem, era mesmo. Mas era melhor do que tentar gerenciar programas em cartões! Tipo, 6 mil linhas de código em cartões pesavam quase 14 quilos. E se você derrubasse sem querer esses cartões? O que você faria ao ficar observando todos eles se espalharem pelo chão, por debaixo das mesas e das cadeiras?

Se você derrubar uma fita, basta pegá-la do chão.

Seja como for, veja o que acontecia. Começávamos com uma fita original e, no processo de edição, acabávamos com uma segunda fita nova. Mas a velha fita ainda existia. Se colocássemos a fita velha de volta no rack, outra pessoa poderia pegá-la e aplicar sem querer suas próprias alterações nela e, assim, teríamos um problema de merge.

Para evitar isso, simplesmente ficávamos com a fita mestra em nossa posse até que concluíssemos nossas edições e testes. Em seguida, colocamos uma nova fita mestra de volta no rack. Controlávamos o código-fonte mantendo a posse da fita.

Proteger nosso código-fonte exigia processo e prática. Um verdadeiro processo de controle de código-fonte teve que ser empregado, ainda sem nenhum software, apenas com regras humanas. Mesmo assim, o conceito de controle do código-fonte meio que se dissociou do próprio código-fonte.

À medida que os sistemas se tornavam cada vez maiores, eles precisavam de um número maior de programadores trabalhando no mesmo código e ao mesmo tempo. Pegar e manter a fita mestra se tornou um tremendo incômodo para todo mundo. Afinal, você poderia manter a fita mestra fora de circulação por alguns dias ou mais.

Foi então que decidimos extrair os módulos da fita mestra. Na época, a ideia de programação modular era muito nova. A noção de que um programa poderia ser desenvolvido a partir de muitos arquivos de origem diferentes era revolucionária.

Começamos a utilizar quadros de verificação como o da Figura 13.2.

INTEGRIDADE 335

Figura 13.2 Um quadro de verificação

O quadro de verificação tinha etiquetas para cada um dos módulos do sistema. Cada um de nós, programadores, tinha um alfinete colorido próprio. Eu era o azul. Ken era vermelho. Meu amigo CK era amarelo e assim por diante.

Se eu quisesse editar o módulo Trunk Manager, tinha que procurar no quadro para ver se havia um alfinete para esse módulo. Se não, eu colocava um alfinete azul nele. Em seguida eu pegava a fita mestra do rack e a copiava em uma fita separada.

Eu editava o módulo Trunk Manager, e apenas ele, gerando uma nova fita com as minhas alterações. Eu fazia as compilações e os testes, repetindo tudo até que as minhas alterações funcionassem. Em seguida, eu pegava a fita mestra do rack e criava uma nova fita mestra como cópia da mestra atual, mas substituindo o módulo Trunk Manager com as minhas alterações. Daí, eu colocava a nova fita mestra de volta no rack. Por último, eu tirava meu alfinete azul do quadro de verificação.

Isso funcionava, mas só funcionava porque todos nos conhecíamos e trabalhávamos juntos no mesmo escritório, cada um sabia o que os outros estavam fazendo. E *conversávamos* o tempo todo.

Eu vivia berrando: "Ken, vou alterar o módulo Trunk Manager." Ele dizia: "Coloque um alfinete." E eu: "Já coloquei." Os alfinetes eram somente lembretes. Todos sabíamos o status do código e quem estava trabalhando em quê. Por isso o método funcionava.

Na verdade, funcionava muito bem. Saber o que cada um dos programadores estava fazendo significava que podíamos nos ajudar mutuamente. Poderíamos fazer sugestões, alertar uns aos outros sobre os problemas que encontrávamos. E evitávamos o merge, pois, naquela época, os merges não eram nem um pouco divertidos.

Na década de 1980, vieram os discos. Os discos eram grandes e duradouros. Por *grande*, quero dizer centenas de megabytes. Por *duradouros*, quero dizer que eles eram montados permanentemente — sempre online.

Outra coisa que aconteceu é que tínhamos máquinas como PDP11s e VAXes. Tínhamos editores, sistemas operacionais e diversos terminais. Mais de uma pessoa podia estar editando exatamente o mesmo código e ao mesmo tempo.

A era dos alfinetes e dos quadros de verificações chegava ao fim.

A essa altura, tínhamos vinte ou trinta programadores. Não havia cores suficientes de alfinetes. Além disso, tínhamos centenas e centenas de módulos. Não tínhamos espaço suficiente no quadro de avisos. Mas, felizmente, tínhamos uma solução.

Em 1972, Marc Rochkind desenvolveu o primeiro programa de controle de código-fonte. Chamava-se SCCS (Sistema de Controle de Código-fonte), e ele o escreveu na linguagem SNOBOL.[1]

Mais tarde, ele o reescreveu em C e tornou-se parte da distribuição UNIX em PDP11s. O SCCS trabalhava em apenas um arquivo por vez, mas possibilitava o bloqueio desse arquivo para que ninguém mais conseguisse editá-lo até que você terminasse. Era como um salva-vidas.

Em 1982, o SCR (Sistema de Controle de Revisão) foi criado por Walter Tichy. Tinha também como base os arquivos e não sabia nada sobre projetos, sendo considerado um aprimoramento do SCCS e rapidamente se tornando o sistema de controle de código-fonte padrão da época.

Então, em 1986, surgiu o CVS, o Sistema de Controle de Versão ou Versionamento. Esse sistema estendeu o SCR para lidar com projetos inteiros, não apenas arquivos individuais. Introduziu também o conceito de *optimistic locking* [bloqueio otimista, em tradução livre].

Até então, a maioria dos sistemas de controle de código-fonte funcionava como meus alfinetes. Se você fizesse o check-out do módulo, ninguém mais poderia editá-lo. Isso foi chamado de *pessimistic locking* [bloqueio pessimista, em tradução livre].

O CVS utilizava o optimistic locking. Dois programadores podiam fazer o check-out e alterar o mesmo arquivo ao mesmo tempo. O CVS tentaria efetuar o merge de quaisquer mudanças não conflitantes e alertaria caso não conseguisse descobrir como fazer o merge.

---

1   Uma adorável linguagem de processamento de strings da década de 1960 que apresenta semelhanças com os padrões de nossas linguagens de programação modernas.

Depois disso, os sistemas de controle de código-fonte se popularizariam tanto que até seriam comercializados. O mercado foi inundado por uma enxurrada de produtos que faziam o controle de código-fonte. Alguns usavam o optimistic locking, enquanto outros o pessimistic locking. No setor, a estratégia de bloqueio se tornou uma espécie de divisão religiosa.

Então, em 2000, o Subversion foi criado. Ele melhorou muito o CVS, sendo determinante para tirar de circulação o pessimistic locking de uma vez por todas. O Subversion também foi o primeiro sistema de controle de código-fonte a ser usado na nuvem. Alguém se lembra do Source Forge?

Até então, todos os sistemas de controle de código-fonte tinham como base a ideia de fita mestra que eu usava na época do quadro de verificação. O código-fonte era armazenado em um único repositório central, de onde este era retirado e onde os commits eram feitos.

Mas tudo isso estava prestes a mudar.

Git

O ano é 2005. Discos de múltiplos gigabytes estão em nossos notebooks. As velocidades de rede estão cada vez mais rápidas. As taxas de clock do processador atingiram um patamar de 2,6GHz.

Estamos além, muito além, do meu antigo sistema de controle de quadro de verificação para código-fonte, só que ainda estávamos usando o conceito de fita mestra. Ainda temos um repositório central no qual todos devem fazer check-in e check-out. Cada commit, cada reversão, cada merge exige conectividade de rede com o mestre.

E então surgiu o Git.

Na verdade, o Git foi pressagiado pelo BitKeeper e pelo Monotone, só que foi o Git que chamou a atenção do mundo da programação e mudou tudo. Porque, veja bem, o Git descarta o conceito de fita mestra.

Você ainda precisa de uma versão oficial final do código-fonte, mas o Git não lhe fornece automaticamente esse local. O Git simplesmente não se importa com isso. A decisão de colocar sua versão oficial depende inteiramente de você. O Git não tem nada a ver com isso.

O Git mantém todo o histórico do código-fonte em sua máquina local. Seu notebook, se for o que você utiliza. Em sua máquina, é possível fazer commits de mudanças, criar branches, fazer o check-out de versões antigas e normalmente fazer qualquer coisa que você consegue fazer em um sistema centralizado como o Subversion — com o diferencial de que não é necessário estar conectado a nenhum servidor central.

Sempre que quiser, você pode se conectar com outro usuário e enviar por push qualquer uma das alterações feitas para ele. Ou você pode puxar quaisquer alterações feitas por ele em seu repositório local. Nada de conceito de fita mestra. Ambos são iguais. Por isso, chamamos esse conceito de peer-to-peer, ou ponto a ponto.

E o local autorizado final que você usa para fazer entregas de produção é somente outro ponto em que as pessoas podem fazer um push ou um pull a qualquer momento que quiserem.

Ou seja, você é livre para fazer quantos commits pequenos quiser antes de enviar suas alterações para outro lugar. É possível fazer commit a cada trinta segundos, se quiser. Você pode fazer um commit sempre que um teste unitário passar.

E isso nos leva a uma discussão histórica.

Se voltarmos no tempo e analisarmos a trajetória da evolução dos sistemas de controle de código-fonte, veremos que eles foram impulsionados, talvez inconscientemente, por um único imperativo subjacente.

Ciclos Curtos

Pense novamente como começamos. Quanto tempo durou o ciclo em que o código-fonte foi controlado pela posse física de cartões perfurados?

Fazíamos o check-out do código-fonte retirando os cartões de uma gaveta. Ficávamos em posse desses cartões até terminarmos o projeto. Em seguida, fazíamos o commit das mudanças e das alterações colocando os cartões de volta na gaveta. O ciclo tinha a mesma duração que um projeto.

E, quando usávamos alfinetes no quadro de verificações, seguíamos a mesma regra. Mantínhamos os alfinetes nos módulos que estávamos alterando até concluir o projeto em que estávamos trabalhando. Mesmo no final da década de 1970 e na década de 1980, quando usávamos SCCS e SCR, continuamos a seguir a estratégia de pessimistic locking, evitando que outras pessoas relassem a mão nos módulos que estávamos alterando até concluirmos tudo.

No entanto, o CVS mudou as coisas — pelo menos, para alguns de nós. O optimistic locking significava que um programador não conseguia bloquear os módulos para outras pessoas. Ainda fazíamos o commit apenas ao concluir um projeto, mas outros programadores poderiam estar trabalhando simultaneamente nos mesmos módulos. Como resultado, o tempo médio entre os commits em um projeto diminuiu bastante. O custo dessa simultaneidade, é claro, eram os merges.

E como detestávamos fazer merges. Os merges eram horríveis. Ainda mais sem testes unitários! Eles eram chatos, demorados e perigosos. Nossa aversão por merges nos levou a uma nova estratégia.

Integração Contínua

Em 2000, mesmo quando utilizávamos ferramentas como o Subversion, começamos a ensinar a disciplina de fazer commits a cada poucos minutos.

A justificativa era simples. Quanto mais commits você fizesse, menor a probabilidade de fazer um merge. E, se fosse necessário fazer um merge, seria simples.

Chamamos essa disciplina de *Integração Contínua*.

É lógico que a Integração Contínua depende criticamente de uma suíte de testes unitários extremamente confiável. Quero dizer, sem bons testes unitários, seria fácil cometer um erro de merge e quebrar o código de outra pessoa. Ou seja, a Integração Contínua anda de mãos dadas com o Desenvolvimento Orientado a Testes (TDD).

Com ferramentas como o Git, quase não há limite de redução de um ciclo. E isso levanta a questão: por que estamos tão preocupados em diminuir o ciclo? Porque ciclos longos prejudicam o progresso da equipe.

Quanto maior o tempo entre os commits, maior a chance de que outra pessoa da equipe — talvez a equipe inteira — tenha que esperar por você. E isso infringe nosso juramento.

Talvez você pense que se trata apenas de lançamentos de produção. Não, na verdade, estou falando de todos os ciclos. Trata-se de iterações e de sprints. Trata-se do ciclo de edição/compilação/teste. Trata-se do tempo entre os commits. Trata-se de *tudo*.

E lembre-se sempre da justificativa: não prejudicar o progresso alheio.

Branches versus Toggles

Eu costumava ser um branch-nazi. Quando usava o CVS e o Subversion, eu me recusava a permitir que os membros das minhas equipes ramificassem o código. Eu queria que todas as alterações fossem retornadas à main line com a maior frequência possível.

Minha justificativa era simples. Um branch é simplesmente um check-out de longo prazo. E, como vimos, os check-outs de longo prazo prejudicam o progresso de outras pessoas, prolongando o tempo entre as integrações.

Mas então comecei a usar Git — e tudo mudou da noite para o dia.

Na época, eu estava gerenciando o projeto open-source FitNesse, com cerca de uma dúzia de pessoas trabalhando nele. Eu tinha acabado de mover o repositório FitNesse do Subversion (Source Forge) para o Git

(GitHub). De repente, branches começaram a aparecer em todos os lugares.

De início, esses branches malucos do Git me deixaram confuso. Deveria eu abrir mão da minha postura branch-nazi? Eu deveria abrir mão da Integração Contínua e simplesmente permitir que todos fizessem ramificações indiscriminadamente, esquecendo-se do tempo de ciclo?

Então me ocorreu que esses branches que eu estava vendo não eram branches com nomes verdadeiros. Em vez disso, eram apenas o fluxo de commits do desenvolvedor entre os pushes. Na prática, tudo o que o Git fazia era registrar as ações do desenvolvedor entre os ciclos de Integração Contínua.

Assim, resolvi continuar com a minha regra de restringir branches, só que agora não eram os commits que retornavam imediatamente à main line, eram os pushes. A Integração Contínua estava preservada.

Se seguirmos a Integração Contínua e fizermos o push da main line a cada hora ou menos, teremos com certeza um monte de funcionalidades escritas pela metade na main line. Normalmente, existem duas estratégias para lidar com isso: branches e toggles.

A estratégia branch é simples: basta criar um branch do código-fonte para desenvolver a funcionalidade e fazer o merge quando concluí-la. Na maioria das vezes, isso é feito atrasando o push até que a funcionalidade seja concluída.

Caso mantenha o branch fora da main line por dias ou semanas, provavelmente terá que fazer um merge grande e com certeza estará prejudicando a equipe.

No entanto, há casos em que a funcionalidade nova está tão isolada do resto do código que seu branch provavelmente não causará um merge grande. Nessas circunstâncias, pode ser melhor deixar os desenvolvedores trabalharem sossegados na funcionalidade nova, sem Integração Contínua.

Na verdade, tivemos um caso como esse com o FitNesse há alguns anos. Reescrevemos completamente o parser. Era um projeto gigante. Levou algumas semanas. E não havia como fazer isso de forma incremental, já que um parser é um parser.

Assim, criamos um branch e o mantivemos isolado do resto do sistema até que o parser estivesse pronto. Tínhamos que fazer um merge no final, mas não foi tão ruim assim. O parser foi isolado o suficiente do resto do sistema. E, felizmente, tínhamos uma suíte de testes unitários e de aceitação bem abrangente.

Apesar do sucesso do branch do parser, acho que normalmente é melhor manter o desenvolvimento de funcionalidades novas na main line e usar o toggle para desabilitá-las até que estejam prontas.

Não raro, utilizamos flags para esses toggles, porém é mais frequente usarmos o padrão *Command*, o padrão *Decorator* e versões especiais do padrão *Factory* para assegurar que as funcionalidades parcialmente desenvolvidas não sejam executadas em um ambiente de produção.

E, na maioria das vezes, simplesmente não oferecemos ao usuário a opção de usar a funcionalidade nova. Quer dizer, se um botão não estiver na página web, você não pode executar essa funcionalidade.

Claro que, em muitos casos, as funcionalidades novas serão finalizadas como parte da interação atual — ou, pelo menos, antes do próximo lançamento em produção — logo, não há mesmo a necessidade de qualquer tipo de toggle.

O toggle é necessário somente se você liberar algumas funcionalidades inacabadas para produção. Com que frequência isso deve ocorrer?

Implementação Contínua

E se pudéssemos acabar com os atrasos entre os lançamentos de produção? E se pudéssemos fazer entregas para produção diversas vezes por dia? Afinal de contas, os atrasos de lançamentos de produção prejudicam os outros.

Quero que você consiga liberar seu código para produção diversas vezes por dia. Quero que você se sinta tão à vontade com seu trabalho que consiga liberar código para produção a cada push.

Obviamente que isso depende dos testes automatizados: testes automatizados escritos por programadores para cobrir todas as linhas de código, e testes automatizados escritos por analistas de negócios e pela equipe de QA que abranjam todos os comportamentos desejados.

Lembre-se de nossa conversa sobre os testes no Capítulo 12, "Prejuízo". Esses testes são a *prova* científica de que tudo funciona como deveria. E, se tudo funcionar como deveria, a próxima etapa é implementar em produção.

E, aliás, é assim que você sabe se seus testes são bons mesmo. Seus testes são bons mesmo se, quando passarem, você se sentir à vontade para implementá-los. Agora, se os testes que passarem não possibilitarem a implementação, eles não são bons.

Talvez você ache que implementar todo santo dia ou ainda diversas vezes por dia seja um caos. No entanto, o fato de *você* estar pronto para implementar não significa que a *empresa* também está pronta para implementar. Como parte de uma equipe de desenvolvimento, seu padrão deve ser estar sempre pronto.

Além do mais, queremos ajudar a empresa a remover todos os impedimentos à implementação para que o ciclo de implementação da empresa seja reduzido o máximo possível. Afinal, quanto mais cerimônia e ritual a empresa fizer para implementar, mais cara se torna essa implementação. Qualquer empresa gostaria de se livrar desse custo.

O objetivo final de qualquer empresa é a Implementação Contínua segura e sem cerimônias. A implementação deve ser o mais próximo possível de uma ocasião como qualquer outra.

Via de regra, como a implementação dá muito trabalho, com a configuração de servidores e a subida de bancos de dados, você precisa *automatizar* o procedimento de implementação. E, como os scripts de implementação fazem parte do sistema, você escreve testes para eles.

Para muitos de vocês, talvez a ideia de Implementação Contínua seja inconcebível por estar muito distante do seu dia a dia. Mas isso não significa que você não possa fazer coisas para encurtar o ciclo. Nunca se sabe, não é? Se conseguir encurtar o ciclo aos poucos, mês após mês, ano após ano, talvez, um dia, você perceba que está implementando continuamente.

Build Contínuo

Lógico que, se você pretende implementar em ciclos curtos, deve ser capaz também de fazer o build em ciclos curtos. Se você pretende implementar continuamente, deve ser capaz de fazer o build continuamente.

Talvez alguns de vocês demorem para fazer o build. Em caso afirmativo, procure builds rápidos. Sério, com a memória e a velocidade dos sistemas modernos, não há desculpa para builds lentos. Nenhuma. Builds precisam ser rápidos. Considere isso um desafio de design.

E, depois, arranje uma ferramenta de build contínuo, como Jenkins, Buildbot ou Travis. Faça questão de iniciar uma compilação a cada push e fazer o que for necessário para garantir que o build nunca falhe.

Uma falha no build é um alerta vermelho. É uma emergência. Se o build quebrar, quero que todos os membros da equipe sejam avisados por e-mail ou por mensagens de texto. Quero que soem os alarmes. Quero uma grande luz vermelha acesa na mesa do CEO. Quero que todos parem o que estiverem fazendo e lidem com a emergência.

Impedir que o build quebre ou falhe não é nenhum bicho de sete cabeças. Você simplesmente roda o build, junto com todos os testes, em seu ambiente local antes de fazer o push. Você faz o push do código somente quando todos os testes passarem. Se depois disso o build falhar, você identificou alguns problemas ambientais que precisam ser solucionados o quanto antes.

Nunca permita que o build falhe ou quebre, pois, se você permitir isso, acabará se acostumando com a falha. E, se você se acostumar com as falhas, começará a ignorá-las. Quanto mais você ignora essas falhas, mais irritantes se tornam os alertas de falha. E mais tentado você fica a desativar os testes de falha até que possa corrigi-los — mais tarde. Sabemos disso muito bem. Esse "mais tarde" nunca acontece.

É aí que os testes se transformam em mentiras.

Se os testes de falha forem removidos, o build passa. E todo mundo se sente bem. Só que é mentira. Então, faça o build continuamente. E nunca deixe o build falhar.

Melhoria Implacável

> *Promessa 5: aprimorarei sem medo e sem descanso minhas criações em todas as oportunidades. Nunca deixarei meu código pior do que estava.*

Robert Baden Powell, o pai dos escoteiros, deixou uma mensagem póstuma exortando os escoteiros a deixarem o mundo um lugar melhor do que encontraram. Foi a partir dessa mensagem que fiz minha Regra de Escoteiro: sempre deixar o código mais limpo do que estava antes.

Como? Ao mexer gentilmente no código sempre que você faz o check-in. Uma dessas gentilezas é aumentar a cobertura de teste.

Cobertura de Teste

Você já calculou quanto do seu código tem cobertura de teste? Você sabe qual a porcentagem de linhas com cobertura de teste? Você sabe qual a porcentagem de branches com cobertura de testes?

Há muitas ferramentas que podem calcular a cobertura de testes para você. Para a maioria de nós, essas ferramentas vêm junto com nosso IDE e são fáceis de rodar, ou seja, não há desculpa para não saber quais são seus percentuais de cobertura.

O que fazer com esses percentuais? Primeiro, deixe-me dizer o que *não* fazer. Não os transforme em métricas de gerenciamento. Não deixe o build falhar se sua cobertura de teste for muito baixa. A cobertura de teste é um conceito complicado que não deve ser utilizado de forma tão ingênua.

Esse uso ingênuo cria incentivos perversos para a trapaça. E é muito fácil trapacear a cobertura de teste. Lembre-se de que as ferramentas de cobertura calculam apenas a quantidade de código que foi *executado*; não o código que foi testado. Isso significa que você pode aumentar muito o percentual de cobertura retirando as asserções de seus testes com falha. E, é claro, isso inutiliza as métricas.

A melhor política é usar os cálculos de cobertura como uma ferramenta de desenvolvimento para ajudá-lo a melhorar o código. Trabalhe para escrever mais testes até atingir 100% de cobertura.

O objetivo é sempre ter 100% de cobertura de testes, porém essa também é uma meta assintótica. A maioria dos sistemas nunca alcança 100%, mas isso não deve lhe impedir de melhorar constantemente a cobertura de testes.

É por isso que você calcula a cobertura. Você usa o que calculou como uma medida para ajudá-lo a melhorar, não como um porrete para punir a equipe e a falha do build.

Teste de Mutação

Cobertura de testes de 100% significa que qualquer mudança semântica no código pode provocar uma falha de teste. O TDD é uma boa disciplina para se aproximar desse objetivo porque, se adotá-la sem dó nem piedade, cada linha de código será escrita para fazer com que um teste reprovado seja aprovado.

No entanto, essa forma implacável de realizar o TDD muitas vezes é impraticável. Os programadores são humanos e as disciplinas estão sempre sujeitas à pragmática. Ou seja, a realidade é que até o desenvolvedor que usa o TDD assiduamente deixará lacunas na cobertura de testes.

O teste de mutação é uma forma de identificar essas lacunas, e há ferramentas de teste de mutação que podem ajudar. Um testador de testes de mutação roda sua suíte de testes e calcula o percentual de cobertura. Em seguida, ele entra em um loop, alterando seu código de alguma forma semântica e, depois, executando a suíte de testes com cobertura novamente. As mudanças semânticas são coisas como mudar > para < ou == para != ou x=<alguma coisa> para x=null. Cada uma dessas mudanças semânticas se chama *mutação*.

A ferramenta espera que cada mutação falhe nos testes. As mutações que não falham nos testes são chamadas de *mutações sobreviventes*. O objetivo claramente é garantir que não haja mutações sobreviventes.

Executar um teste de mutação pode ser um grande investimento de tempo. Mesmo sistemas relativamente pequenos podem exigir horas de execução, então é melhor fazer esses tipos de testes nos fins de semana ou no final do mês. No entanto, fiquei impressionado com o que as ferramentas de teste de mutação podem encontrar. O esforço ocasional para executá-las indiscutivelmente vale a pena.

Estabilidade Semântica

O objetivo da cobertura de testes e dos testes de mutação é criar uma suíte de testes que garanta a *estabilidade semântica*. A semântica de um sistema são os comportamentos exigidos desse sistema. Uma suíte de testes que garante estabilidade semântica falha sempre que um comportamento exigido é quebrado. Rodamos essas suítes de teste para nos livrar do medo de refatorar e limpar o código. Sem uma suíte de testes semanticamente estável, o medo da mudança costuma ser gigante.

Com uma suíte de testes semanticamente estável, o TDD nos fornece um bom ponto de partida, mas isso não é o bastante para uma estabilidade semântica completa. A cobertura de testes, os testes de mutação e os testes de aceitação devem ser utilizados a fim de melhorar a estabilidade semântica no quesito abrangência.

Limpeza

Talvez a maior gentileza que você possa fazer para melhorar o código seja uma simples limpeza — refatoração com o objetivo de melhorar.

Que tipo de melhorias podem ser feitas? Obviamente devemos eliminar os code smells. Eu normalmente limpo o código mesmo quando ele não tem code smells.

Melhoro um pouquinho os nomes, a estrutura e a organização. E talvez ninguém perceba essas mudanças. Algumas pessoas podem até achar que isso deixa o código menos limpo. Entretanto, meu objetivo não é simplesmente o estado do código. Quando faço pequenas limpezas, *aprendo* sobre o código. Fico mais familiarizado e mais à vontade com ele. Talvez minha limpeza não tenha melhorado o código em nenhum sentido prático, porém melhorou meu entendimento e a facilidade de mexer nele. Essa limpeza *fez de mim* um desenvolvedor melhor.

A limpeza tem outra vantagem que não deve ser subestimada. Ao limpar o código, mesmo que pouco, estou *flexibilizando* esse código. E uma das melhores formas de garantir flexibilidade é flexibilizando regularmente o código. Na realidade, cada pequena limpeza que faço é um teste de flexibilidade do código. Se acho que uma breve limpeza está um pouco difícil, identifiquei uma área de inflexibilidade que agora posso corrigir.

Lembre-se de que o software deve ser SOFT. Ou seja, flexível. Como você sabe que o código é flexível? Testando regularmente essa flexibilidade. Fazendo pequenas limpezas e melhorias, *vendo* se essas mudanças são fáceis ou difíceis de fazer.

Criações

Usei a palavra *criações* na promessa 5. Neste capítulo, concentrei-me principalmente no código, só que código não é a única coisa que os programadores criam. Criamos projetos, documentos, cronogramas e planejamentos. Todos esses artefatos são criações que devem ser continuamente aprimoradas.

Nós somos seres humanos. Os seres humanos melhoram as coisas com o tempo. Melhoramos constantemente tudo em que trabalhamos.

Mantenha Alta Produtividade

> *Promessa 6: farei tudo o que estiver ao meu alcance para manter a minha produtividade e a dos outros a mais alta possível. Não tomarei nenhuma ação que possa representar queda na produtividade.*

Produtividade. É um assunto e tanto, não é? Com que frequência você acha que a produtividade é única coisa que importa no seu trabalho? Se você pensar bem, produtividade é o assunto deste livro e de todos os meus livros sobre desenvolvimento de software.

Produtividade é sobre avançar rápido.

E o que aprendemos nas últimas sete décadas de software é que você avança rápido quando avança bem.

A *única* forma de avançar rápido é avançar bem.

Ou seja, você mantém seu código limpo e seus designs limpos. Você escreve testes semanticamente estáveis e mantém sua cobertura de testes alta. Você conhece e usa padrões de projeto adequados. Você mantém os métodos pequenos e os nomes precisos.

Tudo isso são processos *indiretos* para alcançar produtividade. Aqui, falaremos sobre formas mais diretas de manter alta a produtividade:

1. Viscosidade — mantendo a eficiência de seu ambiente de desenvolvimento.
2. Distrações — lidando diariamente com a vida profissional e pessoal.
3. Gerenciamento de tempo — separando efetivamente o tempo produtivo de todas as outras porcarias que você precisa fazer.

Viscosidade

Os programadores costumam não enxergar o panorama como um todo quando se trata de produtividade. Eles enxergam a produtividade como a capacidade de desenvolver código rapidamente.

No entanto, o desenvolvimento do código é uma parte muito pequena do processo geral. Caso escrevêssemos código de uma *forma infinitamente* rápida, não teríamos ganhos significativos de produtividade. Isso se dá porque o processo de desenvolvimento de software envolve mais coisas do que somente escrever código. Entre elas, podemos elencar:

- Build.
- Testes.
- Debugging.
- Implementação.

Sem contar os requisitos, a análise, o design, as reuniões, a pesquisa, a infraestrutura, o conjunto de ferramentas e todas as outras coisas que fazem parte de um projeto de software.

Logo, embora seja importante escrever código de forma eficiente, isso nem de perto é a maior parte do problema. Abordaremos outros problemas, um de cada vez.

Build

Caso tenha levado cinco minutos para escrever um código e trinta para fazer o build, então você não é lá muito produtivo, não é mesmo?

Não há razão, na segunda década e nas décadas subsequentes do século XXI, para que um build demore mais que um ou dois minutos.

E, antes de discordar, pense um instante. Como acelerar um build? Estamos na era da Computação em Nuvem, você tem certeza de que não consegue acelerar um build? Identifique o que está causando a lentidão do build e corrija. Considere isso como um desafio de design.

Testes

Seus testes estão deixando o build lento? Mesma resposta: acelere seus testes.

Encare as coisas desta forma: meu simples notebook tem quatro núcleos que rodam a uma taxa de clock de 2,8GHz. Isso significa que ele pode executar cerca de *10 bilhões de instruções por segundo*. Você tem 10 bilhões de instruções em todo o seu sistema? Se não tiver, você consegue testar todo o sistema em menos de um segundo.

A menos, é claro, que você esteja executando algumas dessas instruções mais de uma vez. Por exemplo, quantas vezes você precisa testar o login para saber se funciona? De modo geral, uma vez seria o bastante. Quantos testes passam pelo processo de login? Mais do que um seria perda de tempo!

Se tiver que testar o login diversas vezes, você pode reduzir o processo de login durante os testes. Use um dos padrões mock. Ou, se necessário, remova o processo de login dos sistemas criados para teste.

A questão é: não tolere repetições em seus testes. Isso pode provocar uma tremenda lentidão.

Mais um exemplo: quantas vezes seus testes passam pela estrutura de navegação e pelo menu da interface do usuário? Quantos testes começam lá em cima e, depois, percorrem uma longa cadeia de links para finalmente colocar o sistema no estado em que o teste possa ser executado?

Testar um caminho mais de uma vez seria desperdício de tempo! Assim sendo, crie uma API especial de teste que possibilite que os testes forcem rapidamente o sistema para o estado de que você precisa, sem efetuar login e sem navegar.

Quantas vezes você precisa executar uma query para saber se funciona? Uma vez! Ou seja, simule seus bancos de dados para a maioria dos seus testes. Não permita que as mesmas queries sejam executadas inúmeras vezes.

Dispositivos periféricos são lentos. Os discos são lentos. Web sockets são lentos. As telas IU são lentas. Não deixe que coisas lentas desacelerem seus testes. Mocke eles. Ignore-os. Tire-os do caminho crítico de seus testes.

Não tolere testes lentos. Mantenha a execução rápida de seus testes!

Debugging

Você demora muito tempo para debugar as coisas? Por quê? Por que fazer debug demora?

Você está usando o TDD para escrever os testes unitários, não é mesmo? Você está escrevendo testes de aceitação também, certo? E você está calculando a cobertura de testes com uma boa ferramenta de análise de cobertura, não é? E você está comprovando periodicamente que seus testes são semanticamente estáveis usando os testes de mutação, certo?

Caso esteja fazendo todas essas coisas ou apenas *algumas* delas, o tempo do debug pode ser reduzido drasticamente.

Implementação

A implementação demora uma eternidade? Por quê? Tipo, você *está* usando scripts de implementação, certo? Você não está implementando manualmente, não é?

Lembre-se, você é um programador. Implementação é um procedimento — basta automatizá-lo! E escreva testes para esse procedimento também!

Você deve conseguir fazer deploy de seu sistema sempre e com um único clique.

Gerenciando as Distrações

Uma das coisas que mais prejudica e acaba com a produtividade é distração do trabalho. Existem muitos tipos diferentes de distrações. É importante que você saiba reconhecê-los e se defender deles.

Reuniões

Você se atrasa por causa das reuniões?

Tenho uma regra bem simples para lidar com reuniões. É mais ou menos assim:

Quando a reunião ficar chata, saia.

E seja educado ao sair. Espere alguns minutos por uma pausa. Diga aos participantes que acredita que sua opinião não é mais necessária e pergunte-lhes se eles se importariam de você voltar ao grande volume de trabalho que o espera.

Nunca tenha medo de sair de uma reunião. Se você não conseguir sair de uma reunião, ficará preso a elas para sempre.

Recuse também a maioria dos convites para reuniões. Antes de mais nada, a melhor forma de evitar fica preso em reuniões intermináveis e chatas é recusar educadamente o convite. Não se deixe seduzir pelo medo de perder alguma coisa. Se você for necessário, virão buscá-lo.

Quando alguém o convida para uma reunião, veja se sua presença é realmente necessária. Deixe claro que todos entendam que você só pode ficar alguns minutos e que é provável que saia antes do fim da reunião.

E faça questão de sentar perto da porta.

Caso seja líder ou gerente, lembre-se de que uma de suas principais funções é defender a produtividade de sua equipe, mantendo-a bem longe de reuniões.

Música

Há muitos anos, eu costumava programar ouvindo música. Mas descobri que ouvir música atrapalha minha concentração. Com o tempo, percebi que ouvir música só *parece* que ajuda a me concentrar, quando, na verdade, prejudica minha atenção.

Certo dia, enquanto analisava um código antigo, percebi que meu código estava sofrendo por causa da música. Lá, espalhadas pelo código em uma série de comentários, estavam as letras das músicas que eu estava ouvindo. Desde então, parei de ouvir música enquanto programo e descobri que fico mais feliz com o código que escrevo e presto mais atenção aos detalhes.

Programação é o ato de organizar elementos de procedimento por meio de sequência, seleção e iteração. A música é composta de elementos tonais e rítmicos organizados por meio de sequência, seleção e iteração. Será que ouvir música usa as mesmas partes do cérebro que a programação usa, consumindo assim parte de sua capacidade de programar? Essa é a minha teoria.

Você terá que descobrir isso sozinho. Talvez a música realmente o possa ajudar. Talvez não. Aconselho que você tente programar sem música por uma semana e veja se não acaba programando mais e melhor.

Estado de Espírito

É importante perceber que ser produtivo exige que você seja habilidoso em gerenciar seu estado emocional. O estresse emocional pode prejudicar e muito sua capacidade de programar. Pode tirar sua concentração e mantê-lo em um estado mental de perpétua distração.

Por exemplo, por acaso você já se deu conta de que não consegue mais programar depois de brigar com a sua cara-metade? Talvez você até digite alguns caracteres aleatórios em seu IDE, que não servem para muita coisa. Talvez você finja ser produtivo participando de uma reunião chata, à qual não precisa prestar muita atenção.

Vejamos o que descobri que funciona melhor para restaurar sua produtividade:

Agir. Corte o mal da emoção pela raiz. Não tente programar. Não tente disfarçar os sentimentos com música ou reuniões. Não vai funcionar. Tome uma atitude para resolver o que está sentindo.

Se estiver no trabalho, muito triste ou deprimido para programar por causa de uma briga com a sua cara-metade, ligue de volta a fim de tentar resolver o problema. E, caso não resolva o problema, descobrirá que mesmo o fato de agir para tentar resolvê-lo às vezes desanuvia a mente o bastante para você programar.

Na verdade, você não precisa resolver o problema. Tudo que você precisa fazer é se convencer de que já tomou as providências adequadas para tal. Normalmente, é o suficiente para redirecionar meus pensamentos ao código que tenho que programar.

Não Siga o Fluxo

Existe um estado mental alterado que muitos programadores gostam. É um estado de hiperfoco, no qual o código parece jorrar de todos os poros do seu corpo. Isso pode fazer você se sentir como um super-herói.

Apesar da sensação eufórica, descobri, ao longo dos anos, que o código que escrevo quando estou nesse estado alterado costuma ser ruim demais. O código não é tão bom quanto o código que escrevo em um estado normal de atenção e foco. Então, hoje em dia, não entro nesse fluxo. A programação em dupla é uma ótima maneira de não entrar nesse estado. O fato de você ter que se comunicar e colaborar com outra pessoa o deixa fora do fluxo.

Evitar ouvir música também me ajuda a ficar fora do fluxo, pois permite que eu mantenha a cabeça longe das nuvens e os pés no chão. Se eu descobrir que estou começando a seguir o fluxo, paro e faço outra coisa por um tempo.

Gerenciamento de Tempo

Um dos meios mais eficiente de gerenciar a distração é empregar uma disciplina de gerenciamento de tempo. A que eu mais gosto é *a Técnica Pomodoro*.[2] *Pomodoro* significa "tomate" em italiano. As equipes inglesas costumam usar a palavra *tomato* em vez de pomodoro, mas você descobrirá mais coisas no Google se pesquisar por Técnica Pomodoro.

O objetivo da técnica é ajudá-lo a administrar seu tempo e seu foco durante um dia de trabalho normal. Ela não se preocupa com nada além disso.

No fundo, a ideia é bastante simples. Antes de começar a trabalhar, você ajusta um cronômetro (tradicionalmente um cronômetro de cozinha em forma de tomate) em 25 minutos.

Em seguida, você trabalha. E trabalha até o cronômetro tocar.

Depois, você faz uma pausa de cinco minutos, para desanuviar sua mente e seu corpo.

Então, você retoma o trabalho. Ajuste o cronômetro em 25 minutos, trabalhe até que o cronômetro toque e, em seguida, faça uma pausa de 5 minutos. Faça isso repetidas vezes.

Não tem mágica. Eu diria um tempo entre 15 e 45 minutos é razoável. Mas, depois de escolher um tempo adequado, siga-o direitinho. Não mude o tamanho dos tomates!

Óbvio que, se faltasse trinta segundos para passar um teste e o cronômetro tocasse, eu concluiria o teste. Por outro lado, é importante manter a

---

2 Francesco Cirillo, *A Técnica Pomodoro: O Sistema de Gerenciamento de Tempo que Transformou o Modo como Trabalhamos*.

disciplina. Eu não ficaria um minuto além disso. Aparentemente é uma técnica banal, mas ela se destaca mesmo quando temos que lidar com interrupções, como chamadas de celular. A regra é *defender seu tomate!*

Diga a quem quer que esteja tentando interrompê-lo que você responderá em 25 minutos — ou qualquer que seja o tempo de seu tomate. Desvencilhe-se da interrupção o mais rápido possível e depois volte ao trabalho.

Após o intervalo, lide com a interrupção.

Isso significa que o tempo entre os tomates às vezes pode ficar bem longo, pois as pessoas que o interrompem geralmente tomam muito do seu tempo.

De novo, essa é a beleza dessa técnica. No final do dia, você conta o número de tomates que completou e isso lhe fornece um cálculo de sua produtividade.

Depois de aprender a dividir o dia em tomates e a defender os tomates de interrupções, você pode começar a planejar o dia alocando tomates a ele. É possível até começar a estimar suas tarefas em termos de tomates e planejar suas reuniões e seus almoços.

Trabalho em Equipe
14

No Juramento do Programador, as demais promessas refletem um compromisso com a equipe.

Trabalhe como uma Equipe

> *Promessa 7: garantirei constantemente que outros possam me dar cobertura e que eu também possa dar cobertura a eles.*

A segregação do conhecimento em silos é extremamente prejudicial para uma equipe e para uma organização. A perda de um indivíduo pode significar a perda de todo o conhecimento, paralisando a equipe e a organização. Isso significa também que os indivíduos da equipe não têm contexto suficiente para se entenderem. Muitas vezes, eles acabam não se entendendo.

O remédio para esse problema é disseminar o conhecimento pela equipe. Isso garante que cada membro da equipe saiba bastante sobre o trabalho que os outros membros da equipe estão realizando. A melhor forma de disseminar conhecimento é trabalhar em equipe — trabalhar em duplas ou recorrer ao mobbing.

Dificilmente existe um jeito melhor de aumentar a produtividade de uma equipe do que praticar a programação colaborativa. Uma equipe que conhece a profundidade do trabalho que está sendo feito é bem mais produtiva do que uma equipe de silos.

Trabalho Remoto ou Virtual

É importante também que os membros da equipe se vejam e interajam uns com os outros com muita frequência. O melhor jeito de fazer isso é colocá-los juntos em uma sala.

No início dos anos 2000, eu era proprietário de uma empresa que ajudava organizações a adotar o Desenvolvimento Ágil. Enviávamos um grupo de instrutores e coaches para essas empresas e os orientávamos durante a mudança. Antes do começo de cada empenho, pedíamos aos gerentes que reorganizassem o espaço do escritório para que as equipes que fôssemos treinar trabalhassem juntas. E mais de uma vez, antes de chegarmos para começar o coaching, os gestores nos diziam que as equipes já eram mais produtivas só porque estavam trabalhando na mesma sala.

Estou escrevendo este parágrafo no primeiro trimestre de 2021. A pandemia da Covid-19 está começando a se estabilizar, as vacinas estão sendo rapidamente distribuídas (hoje mesmo tomarei a segunda dose) e todos nós esperamos retornar à vida normal. No entanto, mesmo pós-pandemia, um grande número de equipes de software continuará trabalhando de forma remota.

Trabalhar remotamente nunca será tão produtivo quanto trabalhar juntos no mesmo espaço. Ainda que se tenha o melhor da tecnologia e da conexão, ver um ao outro nas telas dos notebooks não é tão bom quanto ver pessoalmente. Mesmo assim, os sistemas atuais de colaboração são excelentes. Portanto, se você estiver trabalhando remotamente, *use-os*.

Crie uma sala virtual para a equipe. Faça com que todos liguem as câmeras. Faça com que todos mantenham o áudio habilitado. O objetivo é criar a ilusão de uma sala de equipe, com todos trabalhando juntos.

Hoje em dia, a programação em dupla e o mobbing têm bastante suporte eletrônico. É relativamente fácil compartilhar telas e programar colaborativamente à distância. E, conforme faz isso, mantenha o áudio e a câmera ligados. É importante fazer *contato visual* com a pessoa que está trabalhando no mesmo código que você.

As equipes remotas devem tentar, ao máximo, seguir o mesmo horário de trabalho, mas isso é difícil quando se tem uma equipe de programadores ao redor do mundo. Tente manter os fusos horários em cada equipe o menor possível, e tente ter, pelo menos, seis horas contíguas por dia para que todos estejam juntos na sala virtual.

Você já percebeu como é fácil gritar com outro motorista enquanto dirige? Chamamos isso de efeito para-brisa. Quando você está sentado atrás de um para-brisa, é fácil enxergar as outras pessoas como tolas, imbecis e até mesmo inimigas. É fácil desumanizá-las. Em menor escala, essa desumanização ocorre quando estamos atrás das telas dos computadores.

A fim de evitar esse efeito, as equipes devem se reunir na mesma sala física diversas vezes por ano. Recomendo uma semana a cada trimestre. Isso ajudará a equipe a se estabilizar e a manter sua sinergia. Fica mais difícil cair na armadilha da desumanização quando você almoça ou colabora fisicamente com alguém.

Faça uma Estimativa Honesta e Justa

> *Promessa 8: farei estimativas honestas, tanto na importância como na precisão. Não farei promessas sem uma certeza razoável.*

Nesta seção, falaremos sobre como estimar projetos e grandes tarefas — coisas que demoram muitos dias ou semanas para serem realizadas. No *Desenvolvimento Ágil Limpo*,[1] falei sobre as estimativas de pequenas tarefas e histórias.

Saber fazer estimativas é uma habilidade essencial para todo desenvolvedor de software e na qual muitos de nós somos péssimos. É essencial porque toda empresa precisa saber, aproximadamente, quanto algo custará antes de alocar os recursos. Infelizmente, nossa incapacidade em entender o que as estimativas realmente são e como elaborá-las resultou em uma perda de confiança quase catastrófica entre os programadores e as empresas.

Isso ocasiona a perda de bilhões de dólares em falhas de software. Não raro, essas falhas são provocadas por estimativas medíocres. Não é incomum que as estimativas errem feio. Mas por quê? Por que é tão difícil acertas as estimativas? Em grande parte, isso se dá porque não compreendemos bem o que são as estimativas nem como elaborá-las. Para que as estimativas sejam úteis, elas devem ser acuradas: devem ser

---

1 Robert C. Martin, *Desenvolvimento Ágil Limpo: De Volta às Origens* (Alta Books, 2020).

honestas e precisas. Contudo, a maioria das estimativas não é nem uma coisa nem outra. Na verdade, a maioria das estimativas são mentiras.

Mentiras

A maioria das estimativas são mentiras, pois boa parte é elaborada a partir de uma data de término conhecida.

Lembre-se do HealthCare.gov, por exemplo. O presidente dos Estados Unidos sancionou um projeto de lei que determinava uma data específica para a disponibilização de um sistema de software. Tamanha falta de lógica é medonha. Quer dizer, é um absurdo. Não se pediu para ninguém estimar a data de término; as pessoas souberam qual deveria ser a data de término por lei!

Óbvio que todas as estimativas para essa data obrigatória eram mentiras. Poderia ter sido diferente?

Isso me faz lembrar de uma equipe para a qual trabalhei como consultor há cerca de vinte anos. Recordo-me de estar na sala com todo mundo quando o gerente do projeto entrou. Era um sujeito jovem, talvez com 25 anos. Ele tinha acabado de voltar de uma reunião com seu chefe e estava visivelmente nervoso. Ele disse à equipe como a data de término era importante: "Temos que definir uma data. *Realmente* temos que definir uma data."

Claro que o resto da equipe revirou os olhos e balançou a cabeça, já que a necessidade de se ter uma data não era a solução para se definir uma data. O jovem gerente não ofereceu nenhuma solução.

Em uma situação como essa, as estimativas são apenas mentiras que respaldam um planejamento.

E isso me faz lembrar de outro cliente meu que tinha um planejamento enorme de desenvolvimento pregado na parede — cheio de círculos, setas, etiquetas e tarefas. Os programadores chamavam esse planejamento de *piada pronta*.

Nesta seção, falaremos sobre estimativas reais, valiosas, honestas, acuradas e precisas. O tipo de estimativas que os profissionais criam.

Honestidade, Acurácia e Precisão

O aspecto mais importante de uma estimativa é a honestidade. A menos que sejam honestas, as estimativas não servem para nada.

Eu: Deixe-me perguntar uma coisa. Qual é a estimativa mais honesta que você pode me dar?

Programador: Não sei.

Eu: Certo.

Programador: Como assim certo?

Eu: Não sei.

Programador: Espera um pouco. Você me pediu a estimativa mais honesta.

Eu: Sim, pedi.

Programador: E eu disse que não sabia.

Eu: Beleza.

Programador: Como assim beleza?

Eu: Não sei.

Programador: Como você espera que eu saiba?

Eu: Você já disse isso.

Programador: Disse o que?

Eu: Não sei.

A estimativa mais honesta que você pode dar é "não sei". Só que essa estimativa não é muito acurada nem precisa. Afinal, você deve saber *alguma coisa*. O desafio é mensurar o que você sabe e o que não sabe.

Primeiro, sua estimativa deve ter acurácia. Não significa que você deve fornecer uma data definitiva — você não ousaria ter tanta acurácia. Significa apenas que você mensurou um intervalo de datas nas quais se sente confiante.

Assim, por exemplo, em algum momento entre agora e dez anos a partir de agora é uma estimativa bastante acurada de quanto tempo você levaria para escrever um programa hello world. Mas falta precisão. Em contrapartida, 2h15 é uma estimativa muito precisa, mas provavelmente não tão acurada se você ainda não começou.

Conseguiu ver a diferença? Ao fornecer uma estimativa, é necessário que ela seja honesta tanto em acurácia quanto em precisão. Para ter acurácia, você mensura um intervalo de datas que tem certeza. Para ter precisão, você restringe esse intervalo até o nível que se sentir confiante de que entregará. E, para ambos os casos, a honestidade brutal é a única opção.

Agora, para ser honesto sobre as estimativas, você precisa ter uma ideia de sua margem de erro. Deixe-me contar duas histórias sobre o quanto eu já estive errado.

História 1: Vetores

O ano era 1978. Eu trabalhava em uma empresa chamada Teradyne, em Deerfield, Illinois. Fazíamos equipamento de teste automatizado para a companhia telefônica.

Eu era um programador jovem, tinha 26 anos. E estava trabalhando em um firmware para um dispositivo de medição embutido que era aparafusado em racks em centrais telefônicas. Esse dispositivo se chamava COLT — Central Office Line Tester.

O processador do COLT era um Intel 8085 — um dos primeiros microprocessadores de 8 bits. Tínhamos 32K de RAM e outros 32K de ROM. A memória ROM tinha um chip Intel 2708, que armazenava 1K × 8, então usávamos 32 desses chips.

Esses chips eram plugados em soquetes em nossas placas de memória. Cada placa podia comportar 12 chips, assim utilizamos 3 placas.

O software foi escrito no assembler do 8085. O código-fonte era armazenado em um conjunto de arquivos-fonte, compilados como uma única unidade. A saída do compilador era um único arquivo binário, com um pouco menos que 32K de tamanho.

Pegamos esse arquivo e o cortamos em 32 pedaços de 1K. Cada pedaço de 1K foi colocado em um dos chips ROM que, por sua vez, foram inseridos nos soquetes das placas ROM.

Como você já deve ter percebido, tínhamos que colocar o chip certo no soquete adequado e na placa correta. Tomamos muito cuidado para rotular tudo. Vendemos centenas desses dispositivos. Eles foram instalados em escritórios centrais de telefonia em todo o país e no mundo todo.

O que você acha que aconteceu quando alteramos o programa?
Uma mudança de linha apenas?

Se adicionássemos ou removêssemos uma linha, todos os endereços de todas as sub-rotinas após essa linha seriam alterados. E, como essas sub-rotinas eram chamadas por outras rotinas no início do código, todos os chips foram afetados. Tivemos que refazer os 32 chips, mesmo com a mudança de apenas uma linha!

Foi um pesadelo. Tivemos que gravar centenas de conjuntos de chips e enviá-los a todos os representantes de serviço em todo o mundo. Depois, esses representantes teriam que percorrer centenas de quilômetros para chegar a todos os escritórios centrais em seu distrito. Eles teriam que abrir nossas unidades, retirar todas as placas de memória, remover todos os 32 chips antigos, inserir os 32 novos chips e reinserir as placas.

Agora, não sei se você sabe disso, mas o ato de remover e inserir um chip em um soquete não é nada confiável. Os minúsculos pinos dos chips costumam entortar e quebrar assim, do nada. Ou seja, coitado do pessoal do serviço de campo, pois eles precisavam de muitos chips sobressalentes e sofriam para fazer o inevitável debug, pois tinham que remover e reinserir os chips até que as unidades funcionassem.

Um dia, meu chefe me abordou, dizendo que tínhamos que solucionar esse problema: fazer com que cada chip fosse implementado de forma independente. Ele não usou exatamente essas palavras, é claro, mas essa era a intenção. Cada chip precisava ser transformado em uma unidade compilável que fosse implementada de forma independente. Isso nos possibilitaria fazer alterações no programa sem prejudicar todos os 32 chips. Na prática, na maioria dos casos, poderíamos simplesmente reimplementar um único chip — o chip que foi alterado.

Não vou aborrecê-lo com os detalhes da implementação. Basta dizer que tivemos que usar tabelas de vetores, chamadas indiretas e particionar o programa em blocos independentes de menos de 1K cada.[2]

Eu e meu chefe conversamos sobre a estratégia e, em seguida, ele me perguntou quanto tempo eu levaria para fazer tudo.

Eu estimei duas semanas.

O problema é que eu não terminei em duas semanas. Nem em quatro semanas. Nem em seis, oito ou dez semanas. O trabalho demorou doze semanas para ser concluído — era bem mais complicado do que eu esperava. Ou seja, eu tinha errado em dez semanas. Eu tinha errado por um fator de seis!

Felizmente, meu chefe não ficou bravo. Ele me viu trabalhando no problema todo santo dia. Ele era atualizado sobre a situação do trabalho regularmente. Ele entendia as complexidades com as quais eu estava lidando.

Mesmo assim, dez semanas? Como pude errar tanto?

---

2   Ou seja, cada chip foi transformado em um objeto polimórfico.

História 2: pCCU

Houve uma época, no início dos anos 1980, em que tive que fazer um milagre.

Veja, tínhamos prometido um novo produto ao nosso cliente. Chamava-se CCU-CMU.

O cobre é um metal precioso. É raro e caro. A companhia telefônica decidiu recolher a enorme rede de fios de cobre instalada em todo o país durante o século passado. A estratégia era substituir esses fios por uma rede de largura de banda mais barata e maior de cabo coaxial e fibra por conta dos sinais digitais. Isso era conhecido como *comutação digital*.

O CCU-CMU foi uma reformulação completa de nossa tecnologia de medição que se adequou à nova arquitetura de comutação digital da companhia telefônica.

Agora, tínhamos prometido o CCU-CMU à companhia telefônica alguns anos antes. Sabíamos que levaríamos cerca de um ano para desenvolver o software. Só que nunca chegamos a desenvolvê-lo.

Sabe como é. A companhia telefônica atrasou a implementação e, por isso, atrasamos nosso desenvolvimento. Havia sempre inúmeros outros assuntos mais urgentes para lidar.

Eis que, um dia, meu chefe me chamou e me disse que haviam se esquecido de um pequeno cliente que já havia instalado um switch digital antigo. Esse cliente estava esperando por um CCU/CMU no próximo mês — conforme prometido.

Agora eu tinha que desenvolver um software que demoraria um ano em menos de um mês.

Falei ao meu chefe que era impossível. Não havia como desenvolver um CCU/CMU totalmente funcional em um mês. Ele me encarou com um sorriso malicioso e me disse que havia como trapacear.

Veja, era um cliente pequeno. A instalação foi literalmente o menor setup possível para um switch digital. Além do mais, o setup de seus equipamentos já havia sido feito — simplesmente assim — para eliminar toda a complexidade do CCU/CMU.

Resumo da ópera: fiz uma unidade especial e única que funcionava para o cliente em duas semanas. Nós a chamamos de pCCU.

Lição Aprendida

Essas duas histórias são exemplos de como as estimativas podem variar e muito. Por um lado, subestimei a vetorização dos chips e errei por dez semanas, errei por um fator de seis. Por outro, encontramos uma solução para o CCU/CMU em um vigésimo do tempo esperado.

É aqui que a honestidade entra em cena. Porque, honestamente, quando as coisas saem errado, elas podem sair muito errado. E, quando as coisas dão certo, às vezes podem dar muito certo. Ou seja, fazer estimativas é um desafio e tanto.

Acurácia

Já deve ter ficado claro que uma estimativa para um projeto *não pode* ser uma data. Data é uma coisa demasiadamente precisa, ainda mais para um projeto que pode ter estimativas que erram por um fator de seis.

Estimativas não são datas. Estimativas são intervalos. Estimativas são *distribuições de probabilidade*.

As distribuições de probabilidade têm uma média e uma extensão — às vezes chamada de *desvio-padrão* ou *sigma*. Precisamos conseguir expressar nossas estimativas como média e sigma.

Vejamos primeiro a média.

Para encontrar o tempo médio de conclusão esperado de uma tarefa complexa, basta somar todos os tempos médios de conclusão de todas as subtarefas. E, claro, isso é recursivo. As subtarefas podem ser estimadas somando todos os tempos das subtarefas de subtarefas. Isso cria uma árvore de tarefas que geralmente se chama Estrutura Analítica de Projeto (EAP).

Parece que estamos no caminho certo. O problema é que não somos nada bons em identificar todas as subtarefas, as subtarefas das subtarefas e as subtarefas das subtarefas de subtarefas. Em geral, sempre deixamos algo para trás. Metade, talvez.

Compensamos isso multiplicando a soma por dois. Ou, às vezes, por três. Talvez até mais.

Kirk: Quanto tempo de reforma até podermos tirá-la daqui?

Scotty: Oito semanas, Senhor. Mas você não tem oito semanas, então farei isso para você em duas.

Kirk: Senhor Scott, você sempre multiplicou suas estimativas de reparo por um fator de quatro?

Scotty: Certamente, senhor. De que outra forma posso manter minha reputação de milagreiro?[3]

Agora, esse fator de correção de 2, ou 3, ou mesmo 4, parece trapaça. E, evidentemente, é. Mas o próprio ato de estimar também é.

Só existe uma forma de determinar quanto tempo algo levará: fazendo. O resto é trapaça.

Então, encare os fatos: vamos trapacear. Faremos a EAP e depois a multiplicaremos por algum F, onde F está entre 2 e 4, dependendo da sua confiança e da sua produtividade. Isso nos fornecerá o tempo médio de conclusão. Os gerentes lhe perguntarão como fez suas estimativas e você terá que lhes dizer. E, quando lhes contar sobre esse fator de correção, eles

---

[3] *Jornada nas Estrelas II: A Ira de Khan*, dirigido por Nicholas Meyer (Paramount Pictures, 1982).

pedirão que você o reduza gastando mais tempo na EAP.

É perfeitamente justo e você deve estar disposto a obedecer. No entanto, você também deve avisá-los que o custo de elaborar uma EAP completa é equivalente ao custo da própria tarefa. Na verdade, quando *tiver* elaborado toda a EAP, você também terá concluído o projeto, pois a única maneira de enumerar todas as tarefas é executando as tarefas que você conhece para descobrir o resto — recursivamente.

Logo, coloque seu esforço de estimativa em uma time box e deixe seus gerentes cientes de que obter um melhor refinamento no fator de correção será muito caro.

Há diversas técnicas para estimar as subtarefas nas folhas da árvore EAP. Você pode utilizar pontos de função ou uma medida de complexidade semelhante, mas sempre achei que essas tarefas são melhor avaliadas por meio de nossa intuição.

Normalmente, comparo as tarefas a algumas outras tarefas que já concluí. Se eu achar que é duas vezes mais difícil, multiplico o tempo por dois. Depois de estimar todas as folhas da árvore, basta somar a árvore inteira para obter a média do projeto.

E não se preocupe muito com dependências. Software é uma coisa engraçada. Mesmo que A dependa de B, B geralmente não precisa ser feito antes de A. Na realidade, *você pode* implementar o logout antes de implementar o login.

Precisão

Toda estimativa está errada. Por isso que a chamamos de estimativa. Uma estimativa correta não é uma estimativa — é um fato.

Contudo, mesmo que a estimativa esteja errada, pode não estar tão errada assim. Ou seja, parte da função de uma estimativa é estimar o quão errada ela pode estar.

Minha técnica favorita para estimar o quão errada está uma estimativa é estimar três números: o melhor cenário, o pior cenário e o cenário normal.

O cenário normal é quanto tempo você acha que a tarefa levaria se o número médio de coisas der errado — se as coisas correrem como *normalmente* acontecem. Considere como uma intuição. O cenário normal é a estimativa que você daria se fosse realista.

A definição estrita de uma estimativa normal é aquela que tem 50% de chance de ser muito curta ou muito extensa. Em outras palavras, você tem a probabilidade de errar metade de suas estimativas normais.

A estimativa do pior cenário é a estimativa da Lei de Murphy. Parte-se do pressuposto de que tudo o que pode dar errado, dará errado. É extremamente pessimista. A estimativa do pior cenário tem 95% de chance de ser muito longa. Dito de outro modo, você tem a probabilidade de errar a estimativa de uma a vinte vezes.

A estimativa do melhor cenário é quando tudo o que é possível dá certo. Você passa um café saboroso e encorpado todas as manhãs. Ao chegar ao trabalho, seus colegas são todos educados e amigáveis. Não há problemas, nem reuniões, chamadas telefônicas ou distrações. Sua probabilidade de acertar a estimativa do melhor cenário é de 5%: 1 em 20.

Agora temos três números: o melhor cenário, com 5% de probabilidade de sucesso; o cenário normal, com 50% de probabilidade de sucesso; e o pior cenário, com 95% de probabilidade de sucesso. Isso representa uma curva normal — uma distribuição de probabilidade. Essa distribuição de probabilidade é a sua estimativa real.

Perceba que não se trata de uma data. Não sabemos a data. Não sabemos quando concluiremos as coisas. Tudo o que temos é uma ideia grosseira das probabilidades. Sem conhecimento adequado, as probabilidades são a única maneira lógica de fazer estimativas.

Se sua estimativa for uma data, você está assumindo um compromisso, não uma estimativa. E, caso se comprometa, você é *obrigado* a ser bem-sucedido.

Às vezes, é necessário assumir compromissos. Só que o problema com os compromissos é que você realmente deve ser bem-sucedido na empreitada. Nunca defina uma data que não tem certeza de que pode cumprir. Fazer isso seria bastante desonesto.

Ou seja, se você não *sabe* — não sabe mesmo — uma determinada data, não forneça essa data como estimativa. Pelo contrário, forneça um intervalo de datas. Oferecer um intervalo de datas com probabilidades é mais honesto.

Agregação

Digamos que temos um projeto inteiro repleto de tarefas descritas em termos de estimativas de Melhor Cenário (B), Cenário Normal (N) e Pior Cenário (W). Como podemos agregar tudo em uma estimativa única para o projeto?

Simplesmente representamos a probabilidade de cada tarefa e, em seguida, agregamos essas probabilidades usando métodos estatísticos padrões.

A primeira coisa que fazemos é representar cada tarefa em termos de seu tempo de conclusão esperado e seu desvio-padrão.

Agora, lembre-se: seis desvios-padrão (três em cada lado da média) correspondem a uma probabilidade melhor do que 99%. Assim, definiremos nosso desvio-padrão, nosso sigma, para Pior Cenário menos o Melhor Cenário acima de 6.

O tempo de conclusão esperado (mu) é um pouco mais complicado. Observe que N provavelmente não é igual a (W-B), o ponto médio. Na verdade, o ponto médio provavelmente está além de N porque é mais provável que um projeto leve mais tempo do que pensamos do que menos tempo. Então, em média, quando essa tarefa será concluída? Qual é o tempo de conclusão *esperado*?

Provavelmente, é melhor usar uma média ponderada como esta:
mu = (2N + (B + W)/2)/3.

Agora calculamos mu e sigma para um conjunto de tarefas. O tempo de conclusão esperado para todo o projeto é a soma de todas as mus. O sigma para o projeto é a raiz quadrada da soma dos quadrados de todos os sigmas.

Isso é somente matemática estatística básica.

O que acabei de fazer é o procedimento de estimativa inventado no fim dos anos 1950 para gerenciar o programa Polaris Fleet Ballistic Missile. Desde então, ele tem sido usado com sucesso em milhares de projetos. Chama-se PERT — Avaliação do Programa e Técnica de Revisão.

Honestidade

Começamos com honestidade. Depois, falamos sobre acurácia e precisão. Agora, voltemos à honestidade.

O tipo de estimativa de que estamos falando aqui é intrinsecamente honesta. É um jeito de informar, a quem precisa saber, o nível de sua incerteza.

É honesto, porque você realmente não tem certeza. E aqueles cuja responsabilidade é gerenciar o projeto devem estar cientes dos riscos que estão assumindo para que consigam gerenciar esses riscos. Só que as pessoas não gostam de incerteza. Provavelmente seus clientes e gerentes o pressionarão para ter mais certeza.

Já falamos sobre o custo de aumentar a certeza. A única forma de aumentar a certeza é fazer partes do projeto. Só é possível ter certeza absoluta se você fizer todo o projeto. Assim, parte do que você deve informar aos seus clientes e gerentes é o custo de aumentar a certeza.

No entanto, às vezes seus superiores podem lhe pedir que você aumente a certeza usando uma tática diferente. Eles podem pedir que você se comprometa.

Fique muito atento a isso, pois eles estão tentando gerenciar o risco o colocando no seu colo. Ao pedir que se comprometa, eles estão pedindo que você assuma um risco cuja responsabilidade é deles.

Não há nada de errado com isso. Os gerentes têm todo o direito de fazer isso. E, em muitas situações, você deve obedecer. Mas — quero insistir neste ponto — você só deve fazer isso se tiver certeza de que *pode assumir* o risco.

Se seu chefe lhe perguntar se pode entregar algo até sexta-feira, pense muito bem se isso é aceitável. Se for aceitável e provável, então diga sim! Mas em hipótese alguma você deve dizer sim se não tiver certeza.

Se não tiver certeza, diga NÃO e, em seguida, fale sobre sua incerteza como acabei de fazer aqui. Não tem problema dizer: "Não posso prometer até sexta-feira. Talvez eu consiga até a próxima terça-feira."

Na verdade, é fundamental que você diga não a compromissos dos quais não tem certeza porque, se disser sim, você, seu chefe e muitas outras pessoas entrarão em uma bola de neve de fracassos sem fim. Eles contarão com você e você vai decepcioná-los.

Assim, quando lhe pedirem para se comprometer com algo e você puder se comprometer, diga sim. Mas, se não puder, diga não e fale sobre sua incerteza. Esteja disposto a discutir opções e soluções alternativas. Esteja disposto a procurar formas de dizer sim. Nunca fique ansioso para dizer não. E também nunca tenha medo de dizer não.

Você foi contratado por sua capacidade de dizer não. Qualquer um pode dizer sim. Somente pessoas com o know how e o conhecimento necessários sabem quando e como dizer não.

Um dos principais valores que você pode agregar à organização é a sua capacidade de saber quando a resposta deve ser não. Nessas ocasiões, ao dizer não, você evitará que a empresa perca dinheiro e tenha uma baita decepção.

Uma última coisa. Com frequência, os gerentes tentarão persuadi-lo a se comprometer — a dizer sim. Tome bastante cuidado com isso.

Talvez eles apelem, dizendo que você não está atuando em equipe ou que outras pessoas são mais comprometidas que você. Não caia nesse papinho.

Esteja disposto a trabalhar com eles para encontrar soluções, mas não os deixe intimidá-lo para dizer sim quando você sabe muito bem que deveria dizer não.

E tome muito cuidado com a palavra *tentar*. Seu chefe pode dizer algo como "você vai pelo menos tentar?". Responda o seguinte:

NÃO! Já estou tentando. Como você ousa sugerir que não estou? Estou tentando o máximo que posso e não tem como fazer isso. Eu sou programador e desenvolvedor, não um santo milagreiro.

Talvez você não use exatamente essas palavras, mas é o que você deve estar pensando neste momento.

E lembre-se: caso diga "Sim, vou tentar", você está mentindo. Você não tem ideia de como fará e não tem nenhum plano para mudar seu comportamento. Você disse sim apenas para se livrar do gerente. E isso é uma desonestidade sem tamanho.

Respeito

> *Promessa 9: respeitarei meus colegas programadores por sua ética, padrões, disciplinas e habilidades. Não levarei em consideração nenhuma outra qualidade ou característica.*

Nós, desenvolvedores de software, aceitamos o fardo pesado de nosso ofício. Nós somos mulheres e homens, gays, lésbicas e heterossexuais, negros, pardos, amarelos e brancos, republicanos, democratas, adeptos de todas as religiões e credos, e ateus. Somos humanos em todas as suas formas, cores, etnias, diversidades e corpos que a humanidade pode apresentar. Somos uma comunidade de respeito mútuo.

As únicas condições para entrar em nossa comunidade e ser aceito e respeitado por todos os membros dessa mesma comunidade são as habilidades, disciplinas, padrões e ética de nossa profissão. Nenhuma outra qualidade ou característica é digna de consideração. Não será tolerado nenhum tipo de discriminação.

Fim de papo.

Nunca Pare de Aprender

> *Promessa 10: nunca pararei de aprender e de melhorar contínua e determinantemente meu ofício.*

Um programador nunca para de aprender.

Tenho certeza de que você já ouviu falar que deve aprender uma nova linguagem todos os anos. Deveria mesmo. Um bom programador deve saber uma dúzia de linguagens.

E não apenas uma dúzia de variedades da mesma linguagem. Não apenas C, C ++, Java e C#. Pelo contrário, você deve conhecer linguagens totalmente diferentes.

Você deve conhecer uma linguagem estática como Java ou C#. Você deve conhecer uma linguagem procedural como C ou Pascal. Você deve conhecer uma linguagem lógica como Prolog. Você deve saber uma linguagem orientada à pilha, como o Forth. Você deve conhecer uma linguagem dinâmica como o Ruby. Você deve conhecer uma linguagem funcional como Clojure ou Haskell.

Você também deve conhecer diversos frameworks diferentes, metodologias de design distintas e vários processos de desenvolvimento diferentes. Não quero dizer que você deve ser um especialista em todas essas coisas, porém deve fazer questão de conhecê-las bem, não no nível superficial.

A lista de coisas que você deve aprender é infinita. Nossa área passou por mudanças vertiginosas ao longo das décadas e é provável que essas mudanças continuem por algum tempo. Você precisa acompanhá-las.

E isso significa que você deve aprender continuamente. Leia livros e blogs. Assista a vídeos. Continue vendo conferências e mantendo contado com grupos de usuários. Continue fazendo cursos e treinamentos. Continue estudando.

Preste atenção às obras preciosas do passado. Os livros escritos nas décadas de 1960, 1970 e 1980 são fontes maravilhosas de insights e de informações. Não caia na armadilha de pensar que todas as coisas antigas estão desatualizadas. Em nossa área, não tem muita coisa que fique realmente desatualizada. Respeite o empenho e as realizações daqueles que o antecederam e estude seus conselhos e suas conclusões.

Não caia na armadilha de pensar que é tarefa do seu empregador treiná-lo. É a *sua carreira* — assuma a responsabilidade por ela. É seu trabalho aprender. É seu trabalho descobrir o que deve aprender. Caso tenha sorte de trabalhar para uma empresa que compre livros para você e o envie para conferências e cursos de treinamento, aproveite ao máximo essas oportunidades. Caso contrário, pague pelos livros, conferências e cursos. Corra atrás.

E separe um bom tempo estudando todas essas coisas. Semanalmente. Você deve trabalhar de trinta a quarenta horas por semana. Você deve à sua carreira outras dez ou vinte.

É isso que os profissionais fazem. Os profissionais dedicam tempo para preparar e aprimorar suas carreiras. Significa que você gastará de cinquenta a sessenta horas semanais trabalhando e estudando em casa também.

ÍNDICE

A

abstração 227
    subjacente 237
acoplamento estrutural 163
Affordable Care Act 302
Alan Turing 284
algoritmos
    bubble sort 90
    quick sort 98
análise sintática 107
aprendizagem contínua 281
Arrange/Act/Assert 271
array
    de entrada 88
    vazio 87
asserções de teste 122
automatizar testes 271

B

bancos de dados 150–152
BDD 107, 110
branches 342
build contínuo 253

C

cadeias de dependências 116
cenários
    melhor 372
    normal 372
    pior 372
cobertura de teste 230–233, 232, 347
código
    comportamento 18
    de travessia 239
    fonte
        controle 334

evolução 333
limpo 18
competência destemida 267
comportamento FILO 54
Condessa de Lovelace 284
Correspondência biunívoca 163
Crivo de Eratóstenes 57
cubo de Rubik
   comparação 219
CVS 337

D

Dado-Quando-Então 252
debugar 30
Decomposição Funcional 326
Definição de Concluído 252
derivação incremental 90
Desenvolvimento Ágil 360
design 226
   inside-out 143
   Orientado a Objetos 317
   outside-in 142
   princípios 241
   simples
      regras 230
   smells 312
diga não 280
Disciplinas 14–18
   Desenvolvimento Orientado a Testes 17, 21–82
      Quarta Lei 38–39
      Regra 5

generalizar 59
Regra 6 75
Regra 7 95
Regra 8 98
Regra 9 106
Regra 10 115
Regra 11 118
Três Regras TDD 27–38
Design Simples 19
Programação Colaborativa 20
Refatoração 18
Testes de Aceitação 20
YAGNI 228
distribuições de probabilidade 369
dublê de testes 112
   dummy 113, 115
   fake 124
   mock 122
   spy 120
   stub 117
duplicação 239
   acidental 240

E

EAP 370
Edsger Wybe Dijkstra 320
efeito para-brisa 361
elaboração de documentos 27–84
Entscheidungsproblem 284
equipe 276
especificação dos testes
   formato tabular 251

espero não entregarmos M***A 258
estabilidade semântica 348
estimativas 362-370
    honestas 278
exceção de underflow 51
exemplos
    de código 31
    folha de pagamento 237
exercício
    fila FIFO 56

F

falha de design 75
ficar empacado 98
flexibilidade 307
função
    delegadora 182
    rollMany 72
    score 82
    sort 89

G

Gaius Plinius Secundus
    escrituração contábil 24-84
    lei da contabilidade 24-84
Git 338
GOTO 324
GUIs
    regras para testar 152
GWT 108

I

Imobilidade 313
Implementação Contínua 344

inexperiência perpétua 290
inflexibilidade 312
    do software 260
Integração Contínua 340
interface
    Authenticator 113
    Gateway 151

J

juramento 297
    do programador 300

K

Knight Capital Group 303

L

Lei da Tricotomia 93
lema do engenheiro 314
limpeza 349

M

manter o código limpo 38
mantra da generalização 63
manutenção do código
    reação medrosa 36
máquina de estados finitos 108
Matriz de Decisão de Eisenhower 314
melhoria contínua 266
método
    extract 72
    java
        SORT 1 86
        SORT 2 91
Metodologia Ágil 261

módulos
    presenter 153
Movimento Cascata 262
mudanças seguras 267

O

objeto
    humble 159
    mock 111
optimistic locking 337
ORM 150

P

Padrão
    de Objeto Humble 159
    de Teste Triple A 106
        Act 106
        Arrange 106
        Assert 106
    Self-Shunt 158
    Subclasse Específica de Teste 157
    Triple A 186
partidas dobradas 26
PERT 374
pessimistic locking 337
pilha, (stack) 41
polimorfismo 113, 227
políticas de alto nível 227
pontos de história 279
Power Peg 303
Premissa de Transformação Prioritária (TPP) 186

princípio
    aberto/fechado 241
    da incerteza TDD 127, 133
    de Inversão de Dependência 317
    de responsabilidade única
        infração 215
    SOLID 313
problema dos testes frágeis 163
Produtividade 350
    Distrações 351
    Gerenciamento de tempo 351
    Viscosidade 351
programação
    colaborativa 277, 360
    em dupla 244
    estruturada 325
    mob 244
progresso incremental 57

Q

quadro de verificação 335
qualidade extrema 268

R

recursividade 103
reduza o tamanho do código 241
refatoração
    definição 76
    mitos 39
    objetivo 201
    o que é 201
    toolkit

ÍNDICE 383

    extract field 206
    extract method 203
    extract variable 205
    renomear 202
Regra
    de Dependência 146
    de Escoteiro 37, 346
    Stepdown 204
Responsabilidade mal definida 75

S

SCCS 337
SCR 337
Scrum 262
seja um mentor 282
senso de design 20
série de Taylor 129
sessões colaborativas 245
    queda de produtividade 246
sistema de controle de código-fonte 333
SMARS 303
SRP
    princípio de responsabilidade única 173
Subversion 338
swapping 92

T

tail-recursive 195
TDD 27–56, 86–105, 150–154, 309, 347
    escola de Chicago 143
    escola de Londres 142
    exemplos simples 40
    objetivos 27
técnica pomodoro 245, 357
test && commit || revert 28
teste
    de aceitação 250
    de degrau 70
    de mutação 348
        mutações sobreviventes 348
    duplicação 70
    exploratório 271
    frágil
        problema 140
toggles 342
Toyota 304
transformações 197
transição de estado 109

V

valores 311
    da estrutura 311
    do comportamento 311
view model 154

W

word-wrap 99

Projetos corporativos e edições personalizadas
dentro da sua estratégia de negócio. Já pensou nisso?

Coordenação de Eventos
Viviane Paiva
viviane@altabooks.com.br

Assistente Comercial
Fillipe Amorim
vendas.corporativas@altabooks.com.br

A Alta Books tem criado experiências incríveis no meio corporativo. Com a crescente implementação da educação corporativa nas empresas, o livro entra como uma importante fonte de conhecimento. Com atendimento personalizado, conseguimos identificar as principais necessidades, e criar uma seleção de livros que podem ser utilizados de diversas maneiras, como por exemplo, para fortalecer relacionamento com suas equipes/ seus clientes. Você já utilizou o livro para alguma ação estratégica na sua empresa?

Entre em contato com nosso time para entender melhor as possibilidades de personalização e incentivo ao desenvolvimento pessoal e profissional.

PUBLIQUE
SEU LIVRO

Publique seu livro com a Alta Books.
Para mais informações envie um e-mail para: autoria@altabooks.com.br

  /altabooks   /alta-books    /altabooks   /altabooks

CONHEÇA OUTROS LIVROS DA **ALTA BOOKS**

Todas as imagens são meramente ilustrativas.